21世纪高职高专财经类规划教材

21SHIJI GAOZHIGAOZHUAN CAIJINGLEI GUIHUA JIAOCAI

国际贸易实务

（第4版）

Guoji maoyi shiwu

张燕芳 史俊红 ◎ 主编

万钧 冯晓杰 ◎ 副主编 陈广 ◎ 主审

21SHIJI GAODENG ZHIYE JIAOYU CAIJINGLEI GUIHUA JIAOCAI

人 民 邮 电 出 版 社

北 京

图书在版编目（CIP）数据

国际贸易实务 / 张燕芳，史俊红主编. -- 4版. --
北京 ：人民邮电出版社，2021.1（2022.6重印）
21世纪高职高专财经类规划教材
ISBN 978-7-115-54559-6

Ⅰ. ①国… Ⅱ. ①张… ②史… Ⅲ. ①国际贸易一贸易实务一高等职业教育一教材 Ⅳ. ①F740.4

中国版本图书馆CIP数据核字(2020)第137235号

内 容 提 要

“国际贸易实务”是一门实用性很强的课程。本书以进出口工作过程为主线，介绍了进出口交易前的准备工作、磋商、订立合同、履行合同（落实信用证、备货、租船订舱、办理保险、报检和报关、制单结汇）以及出口贸易的后续工作等贸易流程。

本书各章设有导入案例，中间穿插导入案例分析、示范、知识链接、课堂实训范例、课内阅读资料和思考与训练等，结尾设置自测题、课外实训项目及课后阅读资料等。读者扫描二维码可查看国际贸易业务真实单据的高清照片、观看重难点的微课视频，根据提示可在相关网站查询汇率、出口退税优惠及税率、运价水平及海关监管条件等。

本书配套的电子教案、教学大纲、电子课件、微课视频、书中各类题目的答案、补充教学案例集、补充习题集及答案、模拟试卷、真实单据样本、行业规范与法规等教学资料的获取方式参见“更新勘误表和配套资料索取示意图”。

本书可作为高职高专国际贸易专业及经济类相关专业“国际贸易实务”课程的教材，也可作为对外经贸工作者的参考书。

◆ 主　　编　张燕芳　史俊红
副 主 编　万　钧　冯晓杰
主　　审　陈　广
责任编辑　万国清
责任印制　周昇亮

◆ 人民邮电出版社出版发行　　北京市丰台区成寿寺路 11 号
邮编　100164　　电子邮件　315@ptpress.com.cn
网址　https://www.ptpress.com.cn
三河市兴达印务有限公司印刷

◆ 开本：787×1092　1/16
印张：14　　2021 年 1 月第 4 版
字数：338 千字　　2022 年 6 月河北第 8 次印刷

定价：48.00 元

读者服务热线：(010)81055256　印装质量热线：(010)81055316
反盗版热线：(010)81055315
广告经营许可证：京东市监广登字 20170147 号

第4版前言

本书自2011年出版后，获得众多教师认可，本版稿件交稿前，选用本书的院校已远超两百所；同时，本书也受到了普通读者的欢迎，在各大网上书店的销售榜中始终名列前茅。编者欣喜于本书被越来越多的读者认可，同时也深感压力。

2019年，我国货物贸易进出口总值增速下滑到3.4%，为多年来的最低值。受中美贸易摩擦、英国“脱欧”、新冠肺炎疫情全球流行等事件的影响，当前和今后几年我国的外贸形势不容乐观，面临的内外部环境比较复杂，外贸实务中棘手的问题比以往更多。

具体到国际贸易的操作层面，2018年关检合并后的通关政策有了巨大变化，SWIFT在2018年对SWIFT信用证报文格式进行了重大升级，2020年《国际贸易术语解释通则2020》生效，本版中的相关内容都作了相应调整。

在正式启动本版的修订工作之前，我们征求了一些教育专家、行业人士和能联系到的30余位用书教师的意见建议。根据这些意见建议，本版保留了前面3版教材的优点，例如，内容结构按国际贸易工作流程布置，正文内设置实例教学、互动内容，实践教学采用完整的外贸案例，章后设置自测题、课外实训项目、课后阅读资料等。

具体而言，本版较之前版本的更新和完善主要体现在以下几个方面。

（1）第一章 进出口交易前的准备工作：寻找客户的途径增加了国外参展、跨境电子商务平台和网络展览会等内容。

（2）第二章 进出口商品报价：根据《国际贸易术语解释通则2020》的规定重新编写了11个贸易术语的主要内容；重新编写了“第四节 核算出口价格”，从成本构成的角度更加清晰地介绍了FOB、CFR和CIF价格的核算，每一个技能点都安排了实训示范和实训练习。

（3）第六章 租船订舱：课内阅读资料给出了按新的集装箱国际标准整理而成的集装箱的规格及载重说明表，可供实际装箱参考。

（4）第八章 报检和报关：2018年国务院机构改革，按海关总署现行检验检疫和报关的要求，介绍了在中国国际贸易单一窗口标准版门户网站进行检验检疫申报的工作流程和新的报检和报关规则。

（5）增加微课。针对每章的重点和难点，我们提供了微课视频，读者扫描相应二维码可以随时进行学习。

（6）为避免网址变化给读者带来困扰，本版改用文字说明汇率、出口退税优惠及税率、运价水平及海关监管条件等国际贸易实务相关信息的查询路径。

（7）增加附录，其中包括两套自测试卷（含答案）和章后自测题参考答案，可供本书读者参考。

除以上几点外，本版还有很多细节上的修订、完善，不再一一说明。

本书的配套教学资料已经过多次修订、补充和完善，包括电子教案、教学大纲、电子课件、微课视频、书中各类题日的答案、补充教学案例集、补充习题集及答案、模拟试卷、真实单据样本、行业规范与法规等，这些资料的获取方式参见附录中的“更新勘误表和配套资料索取示意图”。

未来，本书配套教学资料将继续更新、完善，扫描本书封底二维码可随时查看是否有新增资料。

本版修订方案编制完成后，由编写团队中的教师和企业外贸专业人员共同审定，具体修订分工如下：万钧修订第一章、第十章，张燕芳修订第二章～第七章，史俊红、冯晓杰修订第八章、第九章。

感谢海南省“双师型”教学名师、海南经贸职业技术学院陈广老师对本书提出的宝贵意见以及所做的缜密细致的审稿工作！

由于作者水平和经验有限，加之外贸环境不断变化，书中难免存在不足之处，恳请广大读者批评指正，我们将利用教材重印、再版和更新本书配套教学资料的机会及时作出修订（扫描附录中的“更新勘误表及意见建议记录表”二维码可查看本书“更新勘误记录表”和“意见建议记录表”）。

编　者

2020年5月

目录

第一章

进出口交易前的准备工作

【学习目标】

企业要开展进出口贸易，必须拥有自己的客户群并配备熟悉外贸业务的员工。寻找客户以及与客户建立业务关系，是外贸业务员开展进出口业务前必须做好的准备工作。准备工作做得好与坏，对进出口计划的完成与否和每笔交易的成败有着密切的关系。

学习本章后，应掌握寻找客户的途径、建立业务关系的基本技能，并熟悉进出口业务流程。

【导入案例】

出口前作好资信调查

我国HY公司于20×9年6月接到美国FAV公司的业务信函，业务涉及的总金额高达200万美元。FAV公司在后续信函中告知，由于距货物销售的旺季——圣诞节还有一段时间，其希望在前期购买小批量货物来试探市场走向，一旦该货物市场反应良好，FAV公司将按上述金额大批量购买。

FAV公司向HY公司提出前期购买价值为30万美元的货物，要求HY公司给予60天的赊销期，HY公司的决策层经过研究，认为双方的合作前景良好，同时双方的合作又能够给公司带来相当大的利润，于是同意了FAV公司的要求，签订了售货合同。

经过了两个月的放账后，HY公司开始向FAV公司催款，但FAV公司称HY公司的货物在市场上反馈不佳，积压十分严重，并以该批货物的质量与合同规定不符等理由，要求减少还款金额。HY公司意识到情况严重，于是通过专业机构调查对方资信，发现对方财务状况十分混乱，其供货商早在3个月前就取消了给其授予的信用限额，并正在追讨欠款。FAV公司根本没有能力偿还30万美元的货款。经过几个月的追讨努力，HY公司在当地法院通过诉讼保全，拿回了40%的货款，FAV公司也随即破产。

讨论：从HY公司的遭遇中你得到什么启示？

第一节　寻找客户的途径

客户是企业的交易对象。广泛地同客户建立贸易关系，建点铺面，组织推销网，是企业开展进出口贸易业务的重要条件之一。

然而，作为刚从大学毕业进入外贸公司的新业务员，最大的困惑莫过于该如何找到自己的客户，做成自己的第一笔交易。本节就如何寻找客户从而建立自己的业务网络作出说明。

一、充分利用公司已有资源

大学毕业生就业状况调查表明，大学毕业生刚进入公司时，虽然拥有扎实的专业理论知识，但往往缺乏实际操作经验以及自己的客户网络。对于大学毕业生而言，在实际操作上，能做的就是虚心向老业务员学习，熟悉公司内部的各种管理规章和操作细节，熟练掌握外贸流程的各个操作步骤与环节，这样才能从生手逐渐成为熟手。这是任何业务员都必须经历的过程，只要勤学好问、肯动脑筋，就没有过不了的坎儿。

建立自己的客户网络，并没有那么简单。因为对于外贸业务员而言，自己的客户就是自己的饭碗，属于商业机密，即使是同事之间，也不会轻易向其他人透露自己的客户信息。而从别人那里挖客户也有悖商业道德，弄不好会引起纠纷。但这并不是说在这方面公司就毫无资源可利用，任何公司都会有一些不属于个人的公共客户，只要多加留意，就能挖掘出有用的信息，从而培养属于自己的客户。例如，某外贸公司的小李，进入公司两三个月后一直没有建立起自己的客户关系，一个偶然的机会，她从公司老板处得知有一个来自中东的客户对某电子配件进行过询盘，而接待该客户的原业务员现已离开了公司，因此，小李主动从老板处要来了这份询盘，并立即与该客户联系。通过在网上与客户的几次洽谈，最终达成协议，小李完成了自己进入公司以来的第一笔交易，并通过该客户又认识了中东的其他一些客户，从而建立起了自己在中东的客户网络。

二、充分利用各种交易会或展会

1. 国内参展

国内每年都有不少交易会或展览会，如中国进出口商品交易会（广交会）、中国-东盟博览会（东博会）、中国国际高新技术成果交易会、全国药品交易会、中国（上海）国际旅游交易会、中国国际中小企业博览会、香港春季电子产品展、香港玩具展等。来我国参加这类展会的国外团体与个人非常多，这就给我们寻找国外客户提供了十分便捷的途径。这类展会不仅有利于实现交易，更重要的是在展会中能跟客户进行面对面的沟通，增进了解，联络感情，从而建立稳定的业务关系。据不完全统计，我国各类外贸公司有 25%～30%的新业务员是通过参加各种交易会、博览会找到第一个客户、完成第一笔外贸业务的。

2. 国外参展

为了进一步开拓国际市场，除了在国内参展，有条件的企业还可以参加国外的大型展览会。据统计，每年在欧洲举办的贸易展览会约占世界总量的 60%，而且欧洲展览会规模巨大，参展商数量和观众人数众多，绝大多数世界性展览会都在欧洲举办。与欧洲相比，美国展览会的国际影响力远不及欧洲。大多数情况下，美国的展览会更多是为了满足美国各州间贸易往来的需要，因此，外国参展商的成交量常常较小。此外，日本是世界上最大的纺织品交易市场之一，所以在日本举办的纺织品展览会也受到了各国的青睐。

企业如果要到国外参展，需要了解世界各地展览会的相关信息，提高参展的效率，避免盲目参展。国外主要的展览会信息如表 1.1 所示。

表 1.1　国外主要的展览会信息

国家	展览会名称
德国	德国科隆国际五金工具博览会、德国科隆国际食品展览会、德国法兰克福国际汽车及零配件展览会、柏林国际电子消费品展览会、德国科隆国际办公家具及管理设施展、德国法兰克福国际圣诞礼品展览会等
英国	英国微型工艺品展览会、英国世界水果蔬菜展览会、英国国际广告标识展览会等
法国	法国巴黎国际食品及饮料博览会、法国巴黎国际复合材料展览会、法国国际医院医疗设备展览会等
意大利	意大利米兰国际摩托车展览会、意大利博洛尼亚国际建材展览会、意大利维罗纳国际石材展览会、米兰秋季国际箱包皮具展览会、里米尼国际陶瓷技术展览会等
美国	美国中部卡车展览会、美国厨卫展览会、美国国际体育用品展览会、美国五金工具及户外花园用品展览会、美国拉斯维加斯国际消费类电子产品展览会等
日本	日本东京国际家用纺织品展览会、日本（大阪）中国纺织品成衣展览会、日本东京国际服装展览会、日本东京国际模具及金属加工展览会等
俄罗斯	俄罗斯家用电器与家庭用品博览会，俄罗斯莫斯科国际玩具及婴童用品展览会，俄罗斯国际暖通、制冷、卫浴、空调及泳池设备展览会等
印度	印度新德里国际建材展览会、印度新德里国际 LED 照明展览会、印度孟买国际家具展览会、印度国际皮革展览会等

三、充分利用网络平台

企业可以充分利用跨境电子商务平台、网络黄页、行业网站、网络展览会、搜索引擎等网络资源寻找潜在的客户。

（一）跨境电子商务平台

跨境电子商务，是指不同国家或地区的交易双方通过互联网及其相关信息平台实现交易的一种新型贸易形式。自跨境电子商务问世以来，这种新型的线上贸易形式对传统国际贸易产生了强烈的冲击，并且有力地推动了国际贸易的发展，成为企业开拓国际市场的有利工具。

出口企业一般需要借助第三方跨境电子商务平台实现交易。跨境电子商务平台有 B2B（business to business，企业对企业）模式和 B2C（business to customer，企业对个人）模式。目前中国最知名的 B2B 模式的跨境电子商务平台当属阿里巴巴，除此之外，慧聪网、中国制造网，以及国外的 Ioffer、ECeurope Market 等也是很不错的 B2B 平台①。B2C 模式的跨境电子商务平台有阿里巴巴全球速卖通、敦煌网、亚马逊、Wish 等。

除了利用跨境电子商务平台大量获取国外客户的信息外，外贸业务员还要善于利用跨境电子商务平台为自己的公司做广告宣传，实时发布公司信息及产品介绍，这样才能让国外的客户找到你的公司和公司的产品。

（二）网络黄页

网络黄页（yellow page）又称网络工商名录（directory），收录了国内外著名的贸易公司及商号的名称、电话、邮箱地址、传真号码、公司地址、主要经营项目及历史经营情况等。

这类名录通常是由各国的商会编纂的，如欧洲黄页（europages），是一个利用多种语言和多媒体技术对欧洲市场进行推广的专业商业目录，展示语言多达 25 种，是进出口企业和出口型生

① 国际贸易实务相关网站详见本章最后提供的参考资料。

产企业特别是中小企业寻找海外客户，尤其是欧洲客户的首选途径。据统计，每月有来自 150 多个国家和地区的 160 多万名买家通过该网站来检索自己需要的商品。

又如美国黄页（yellowpages），专注于提供本地化搜索服务，曾有统计显示，56%的美国人在购买商品前会翻阅美国黄页或浏览其网站，其一年的浏览量就高达 150 亿人次。它旗下有 City Pages、People Pages 等。

（三）行业网站

由于目前跨境电子商务 B2B 平台众多，信息量大，使用者经常遇到自己的询价或报价无人问津的情况。面对这种情况，使用者除了需要耐心和反复跟进以外，也可适当考虑使用行业网站，即根据所经营的产品所属行业，查找这个行业的网站。几乎每个行业都有自己的专门网站，查找时可利用搜索引擎，输入"行业名称+industry/net/online/portal"，一般都能搜到会员列表，信息量较大；而且在这些行业网站和行业协会网站上有很多相关链接，可以对其加以充分利用。

（四）网络展览会

除了国内外实地展览会以外，网络展览会也越来越多，如网上中非经贸博览会、"一带一路经济开发与自贸园区联盟"网上博览会、中国国际进口博览会网上签约会、中视蓝海网上展览会等。

除各行政相关部门、行业协会、跨境电子商务平台组织的网络展览会外，国内外原有知名展览会陆续开通网络展览会，如中国国际进口博览会网上签约会等，值得关注。

（五）搜索引擎

通过搜索引擎寻找的对象有两类，一是客户，二是产品。只要输入关键词，就能搜索到相应的结果，这自然不难，但要说明的是，同样的关键词，使用不同的搜索引擎搜索会得到不同的结果。另外，很多国家都有本土搜索引擎，所以应尽可能多地利用目标国家的本土搜索引擎，使用目标国文字或英文输入关键词进行搜索。大胆尝试，往往会获得意想不到的效果。

下面介绍几种搜索方法。

1. 常规方法

常规的方法是直接输入产品名称或客户类型进行搜索，如输入"产品名称+客户类型"或"buy/import/ purchase+产品名称"进行搜索。表示客户类型的英文单词有 importer、distributor、buyer、company、wholesaler、retailer、supplier、vendor 及其复数形式。例如，搜索关于椅子的客户，可以输入"chair importers""chair distributor""chair wholesaler""chair retailer""buy chair"等进行搜索，可以搜到不少客户，这是非常便捷有效的方法，并且搜索时应该优先考虑给搜索词加上引号。

2. 国家名称限制方法

在常规方法的基础上加上国家名称进行搜索，如果想搜索美国客户的信息，可以搜索"USA chair distributors"。一般从这种搜索结果中可以得到搜索的产品在目标市场的情况，其中也包含不少客户信息和客户信息源。

3. 搜索引擎图片功能

利用搜索引擎的图片搜索功能，搜索产品名称，就会搜索到很多相关产品的图片。大部分情况下通过此方法找到的是一些网上商店，我们可以将搜索到的资料与自己的产品在价格、性能等方面进行对比，做到知己知彼、心中有数。对于寻找国内货源的出口商来说，这种搜索方法更加有用。

第二节 建立业务关系

找到潜在客户后，就该考虑怎样与客户建立业务联系并尽可能与其保持稳定的业务关系。

一、对潜在客户进行资信调查

正式与潜在客户签订贸易合同之前，我们应克服急于求成的心态，对潜在客户的各方面情况作深入、细致的调查，避免产生不必要的贸易纠纷，避免像本章导入案例中的 HY 公司一样上当受骗，给自己或公司带来无法挽回的经济损失。

1. 调查的内容

对潜在客户的调查包括其资信情况、经营范围、经营能力及客户所在国或所在地域的商业习惯等。

（1）资信情况，包括企业的资金和信用两个方面。资金是指企业的注册资本、实际资本、公积金、其他财产以及资产负债的情况等；信用是指企业的经营作风与习惯，如是否重合同、讲信誉，有无不良信用记录等，对中间商的资信情况更应重视。

（2）经营范围，主要是指企业经营的商品类别、企业的性质（是实际用户还是中间商、专营商或兼营商）。

（3）经营能力，主要是指企业的活动能力、销售渠道、贸易关系、经营做法以及经营历史等。

（4）商业习惯。不同国家、不同地域的人，由于受不同的文化、价值观、风俗习惯的影响，会有不同的商业习惯。为了更有效地与潜在客户进行沟通，我们必须了解其特有的商业习惯。例如，想把产品出口到日本，出口商就要了解日本人特有的商业习惯，如他们强调人际关系，注重长期稳定的往来关系，作决策既慢又比较隐晦，还有他们特有的退货和回扣条件等，出口商只有做到知己知彼、有的放矢，才能顺利地进入日本市场。

全面了解客户的上述情况，对于我们拓展国外市场、扩大经营规模是十分重要的。

导入案例分析

导入案例中，HY 公司受诱于 FAV 公司即将带来的高额利润和美好的合作前景，同意了 FAV 公司提出的赊销条件，同时又忽略了赊销条件下的资信调查，在根本不了解对方经营状况及信用限额的前提下，贸然发出大批货物，因此其遭受损失并非偶然。本案例中 HY 公司出口前忽略了对贸易伙伴的资信调查是导致自身遭受损失最直接的原因。

2. 调查的途径

对客户的资信调查可以通过银行、工商团体、咨询机构、驻外机构等途径进行调查，也可对客户进行实地考察。

（1）通过银行调查。通过国内往来银行，向对方的往来银行调查，是最常见的一种方法。这种调查通常是拟好文稿，附上调查对象的资料，寄给国内往来银行的资信部。国内往来银行根据要求，通过其国外的分支机构或其他往来银行在当地进行调查。

（2）通过工商团体和咨询机构调查。工商团体包括商会、同业公会、贸易协会等，通过这种渠道获得的信息，有时可能仅仅是纸面的"证明"，缺乏可靠性，我们需要仔细分析。通过专业咨询机构获取的信息较为客观，但费用比较高，例如，麦肯锡就是一家国际知名的咨询公司，其调查高效且报告详细。

（3）通过驻外机构就地调查或在业务活动中对客户进行实地考察。委托驻外机构就地调查或在业务往来活动中对客户进行实地考察所获得的材料，一般都比较具体、可靠，对业务的开展有较大的参考价值。同时，通过各兄弟进出口公司之间定期交流的客户资料、发生重大情况时的临时通报，可对客户的情况有更全面的了解，有利于做到互相配合、统一对外。

此外，国外出版的行业名录、厂商年鉴等刊物对了解客户的经营范围和活动情况也有一定的参考价值。

二、与潜在客户建立业务联系

对潜在客户的资信进行调研并确认后，就可以着手与其建立业务联系了。建立业务联系的途径可以是派出业务代表到客户所在地直接洽谈，也可以是以信函方式快速与客户取得联系。随着通信科技的不断发展，信函的形式不断增多，从传统的书信、电报、电传发展到传真、电子邮件、电子数据交换（EDI）等，不仅提高了通信速度而且降低了通信成本。在外贸实践中主要通过电子邮件等手段与客户建立联系。

（一）初次联系业务信函的主要内容

初次与客户取得联系，一般要说明客户信息的来源、发函的目的，以及表达希望与其建立良好业务关系的愿望，并希望对方尽快回复。通常，发信人首先要告诉对方是如何获悉其名称、地址的，然后告知对方发信人的公司性质、业务范围等，自我介绍一番，说明发函的目的，最后表达在未来业务中希望能与之合作的真诚愿望。当然，发信人也可以在信函中提出一些要求，例如，希望获得对方进一步的信息、说明交易的条件等。

微课堂
如何给客户写开发信函

1. 说明信息来源

阐述己方如何获悉对方的资料，如通过老客户介绍、网络搜索等。

【例】

（1）We learned from the…that you are interested in…

（2）Mr. …has recommended you to us as a leading importer in…

（3）We have obtained your name and address from the…

（4）Our market survey showed that you are the largest importer of…

2. 自我介绍

为引起对方的交易兴趣，在信函中要进行自我介绍，包括本公司的基本情况和产品的基本情况。前者主要包括公司性质、业务范围、宗旨以及以往业绩等情况，后者主要包括产品推荐，如质量特性、价格水平、销路情况等，同时也可附上产品目录、价目单或另行邮寄样品。

【例】

（1）We are a leading company with many years' experience in…

（2）We enjoy a good reputation internationally in the circle of…

（3）We have a good variety of…

（4）Our products are enjoying popularity in…

（5）To give you a general idea of our products, we are enclosing our catalogue for your reference.

3. 说明发函目的

发函目的基本上都是表达希望扩大产品销售（出口时）或寻找进货渠道（进口时）、建立良好外贸业务关系的愿望。

【例】

（1）In order to expand our products into…we are writing to you to seek cooperation possibilities.

（2）We are writing to you to establish long-term trade relations with you.

（3）We wish to express our desire to enter into business relationship with you.

4. 表达希望尽快取得回复

结尾部分表达希望对方尽快回复，如下单或告知相关意见。

【例】

（1）Your comments on our products or any information on your market demand will be really appreciated.

（2）We are looking forward to your specific inquiries.

（3）We are looking forward to your favorable reply.

案例 1.1

DEF Chair Co., Ltd.从阿里巴巴网站获得Chair Imports Pty Limited求购沙滩椅的信息，于4月18日通过电子邮件给该公司发出简短的业务信函，如示范1.1所示。

（二）编写初次联系业务信函的注意事项

编写初次联系业务信函时，需要注意以下几点。

（1）切忌信函过长。客户的时间很宝贵，每天都有可能收到数百封邮件，如果收到一个不认识的人发来一封长篇大论的邮件，一般都不会认真去看。而且很多外国人的时间观念很强，每天都有几块固定的时间用来处理电子邮件（E-mail），很多长篇大论的邮件，只要不是熟人发的，一般会直接删除，或者把其地址设为垃圾邮件。

（2）邮件需要一个明确的主题。一个不明确的主题，会使客户根本没兴趣打开陌生人的邮件。主题内容要言简意赅，要能直接吸引客户点开邮件，做到这一点需要一些技巧。

示范 1.1　与客户建立业务关系的信函

DEF Chair Co., Ltd.
NO. 187 ZHONGSHAN ROAD, GUANGZHOU, CHINA
TEL: 0086-20-86289412　　FAX: 0086-20-86289413

TO: Chair Imports Pty Limited
FM: DEF Chair Co., Ltd.
DATE: APRIL 18th, 2019

Dear Sir or Madam,

We have obtained your name and address from Alibaba.com.

We supply beach chair for Home Depot with high quality and competitive price. Hope to cooperate with you.

We are looking forward to your specific inquires.

Best wishes!

Yuhong Mao (Miss) Chief Seller

【例】如示范 1.1，在给对方发出的电子邮件中，可以设置这样一个主题："Re: Chair Imports Pty Limited / Home Depot vendor-chair / DEF Chair Co., Ltd."。其中 Chair Imports Pty Limited 代表客户的公司名称，在写给对方邮件的主题中首先加上对方公司名称，表示对对方的尊重；Home Depot vendor-chair 明确表示发件人是北美第二大零售商 Home Depot（家得宝）的供应商，既表明了自身实力，也易引起对方兴趣；最后的 DEF Chair Co., Ltd.代表自己的公司。

（3）切忌长篇大论的公司或工厂介绍。如果公司有突出的优势，可以写，但是最好一笔带过。如上述信函，用一两句话概括重点，吊起外国客户的胃口，让其反过来咨询各种问题，以达到吸引客户的目的，为以后的进一步交往做好铺垫。如收到其回复，业务人员继续跟进就有可能开始一笔外贸业务了。

第三节　熟悉进出口业务流程

对于一个业务上的生手来讲，接到第一个客户的询盘或发盘，无疑是令人振奋的好事。接下来业务员应该要考虑的是如何与客户进行具体的磋商、订立合同和履行合同。因此，外贸业务员必须全面熟悉外贸业务流程及掌握各个环节的具体操作。

本节主要介绍出口业务流程和进口业务流程，各业务环节的具体操作在后续相关章节中进行详细介绍。

一、出口业务流程

一笔出口交易大体上可分为三个阶段：①交易前的准备阶段；②对外洽谈阶段；③履行合同阶段。

交易前的准备工作，已经在前面第一节和第二节作了相应的介绍，即寻找客户、作好客户资信调查、与潜在的客户建立业务联系。若收到客户的询盘或发盘，则意味着双方可进入具体的洽谈阶段。图 1.1 是 CIF（成本、保险费加运费，指定目的港）条件下的出口业务流程，对外洽谈阶段就是与客户就各交易条件进行具体磋商的阶段，一般要经过询盘、发盘、还盘直至接受，接受意味着双方对所有的交易条件达成了一致，双方可着手签订一份书面合同。签订书面合同后，有关当事人必须履行合同规定的各项义务，履行合同时，有关当事人都应重合同、守信用，否则，违约的一方必须承担法律责任。

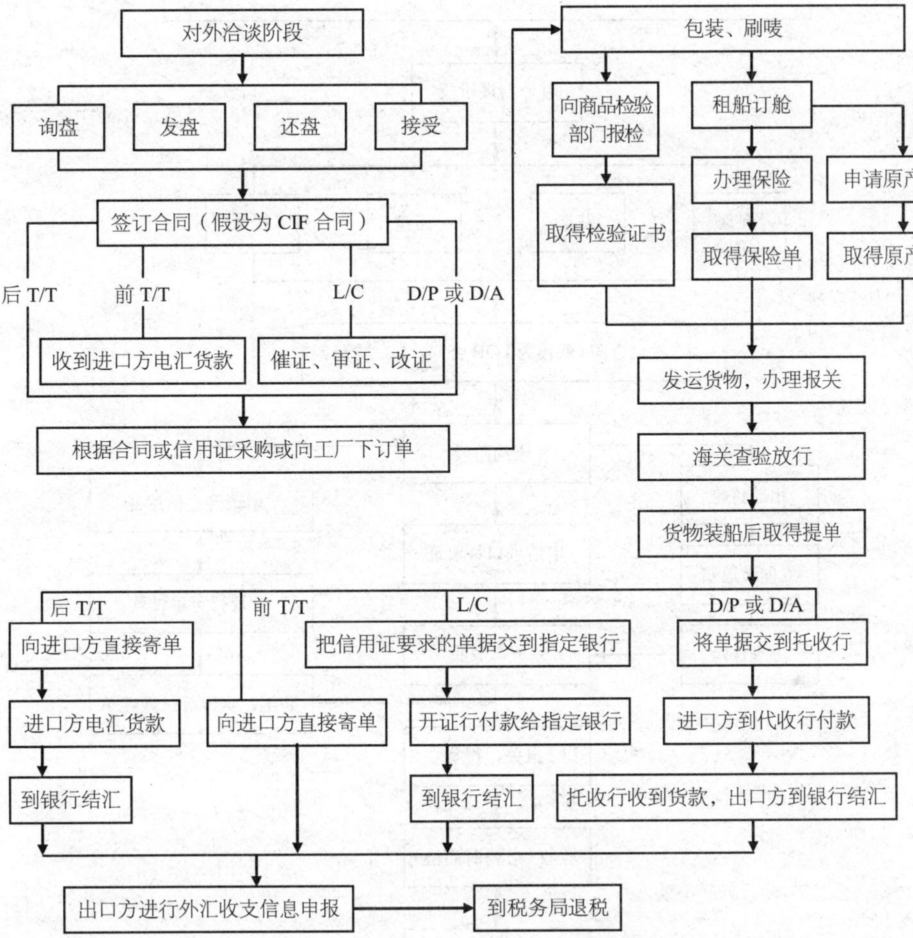

图 1.1　CIF 条件下的出口业务流程

对于出口方来讲，出口合同的履行就是要按照合同的规定履行交货并安全收回货款等一系列的工作。不同的结算方式下工作的流程会有所不同，特别是后期的交单结汇工作流程，新业务员需要特别注意。

二、进口业务流程

一笔进口交易大体上可分为三个阶段：①交易前的准备阶段；②对外洽谈阶段；③履行合同阶段。

以 FOB（装运港船上交货，指定装运港）条件成交、信用证方式结算为例，进口业务各阶段的具体工作内容如图 1.2 所示。

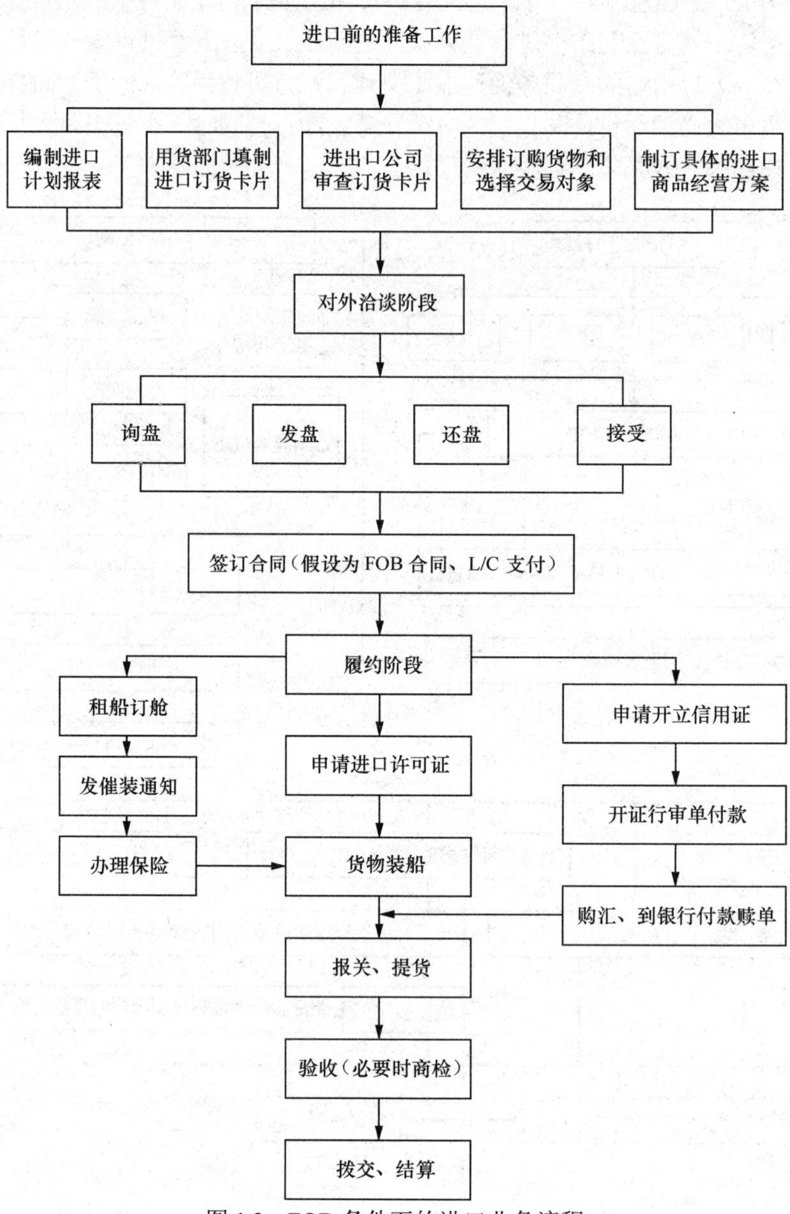

图 1.2　FOB 条件下的进口业务流程

课外实训项目

1. 利用 B2B 网站或搜索引擎寻找美国市场上经营牛仔休闲服或建筑陶瓷产品的客户。
2. 根据寻找到的客户资料，编写一封建立业务关系的信函。（仿真练习，无需发出）

课后阅读资料

中国进出口商品交易会

中国进出口商品交易会（China Import and Export Fair），俗称“广交会”，创办于1957年春季，原名“中国出口商品交易会”，2007年4月第101届起更名为“中国进出口商品交易会”。中国进出口商品交易会是中国进出口商品第一大交易会，也是我国目前历史最久、层次最高、规模最大、商品种类最全、到会客商最多、成交效果最好的综合性国际贸易盛会。有数千家资信良好且实力雄厚的外贸公司、生产企业、科研院所、外商投资/独资企业、私营企业参展。中国进出口商品交易会的贸易方式灵活多样，除传统的看样成交外，还举办网上交易会。中国进出口商品交易会上出口贸易的占比相对更大，还开展多种形式的经济技术合作与交流，以及商检、保险、运输、广告、咨询等业务活动。来自世界各地的客商云集广州，互通商情，增进友谊。

中国进出口商品交易会分春交会和秋交会。2003年第94届秋交会之前该展会是在流花路的流花展馆开展的，琶洲展馆经第94届秋交会试运行后，从第95届展会开始全面投入使用。中国进出口商品交易会以前是每届两期，自2008年第103届开始改为每届三期，每期5天。春交会的开展时间为每年的4月15日—5月5日，其中4月20日—22日、4月28日—30日为换展布展期；秋交会的开展时间为每年的10月15日—11月4日，其中10月20日—22日、10月28日—30日为换展布展期。

每期参展产品类型如下。

第一期，重工业类：大型机械及设备、小型机械、自行车、摩托车、汽车配件、化工产品、五金、工具、车辆（户外）、工程机械（户外）、家用电器、电子消费品、电子电气产品、计算机及通信产品、照明产品、建筑及装饰材料、卫浴设备、进口展区。

第二期，轻工日用消费品类：餐厨用具、日用陶瓷、工艺陶瓷、家居装饰品、玻璃工艺品、家具、编织及藤铁工艺品、园林产品、铁石制品（户外）、家居用品、个人护理用具、浴室用品、钟表眼镜、玩具、礼品及赠品、节日用品、进口展区。

第三期，纺织服装类及医药保健类：男女装、童装、内衣、运动服及休闲服、裘革皮羽绒及制品、服装饰物及配件、家用纺织品、纺织原料面料、地毯及挂毯、食品、土特产品、医药及保健品、医疗器械、耗材、敷料、体育及旅游休闲用品、办公文具、鞋、箱包、进口展区。

国际贸易实务相关网站

阿里巴巴 （alibaba） 全球最大 B2B 网站，含企业目录、供求信息和产品大全	中国制造网 （made-in-china） 资深的全球采购网	跨国采购网 （globalimporter） 其采购信息和论坛非常实用	慧聪网 （hc360） B2B 电子商务平台，提供行业资讯、供应、求购、库存信息	敦煌网 （dhgate） 中小商家的快速外贸平台
贸易黄页 （tpage） 含企业目录、供求信息	美国贸易发展局 （ustda） 提供开拓国际市场的信息	美国黄页 （yellowpages） 提供美国本地化的搜索服务	科法斯 （coface） 欧洲的商业信用咨询机构	邓白氏 （dnb） 全球最大的商业信用咨询公司
欧洲黄页 （europages） 欧洲国家的商业名录，覆盖范围广	**Bizeurope** （bizeurope） 欧洲进出口交易信息网	**Ioffer** （ioffer） 美国在线交易市场	**Trade India** （tradeindia） 印度进出口企业目录	**ECeurope** （eceurope） 欧洲在线交易市场
Rusbiz （rusbiz） 俄罗斯的贸易信息网站	非洲贸易网 （africatrade） 提供非洲贸易新闻、供求信息	福步外贸网 （fobshanghai） 论坛中有大量国际贸易实际业务讨论	中国国际商会 （ccoic） 可查询各国经贸信息、国际市场商品价格等	中国进出口商品交易会 （cantonfair）
中国国际贸易促进委员会 （ccpit） 业务网站栏目中有今日会展、ATA 单证册、网上商务认证、海损理算等子网站链接	中国商务部官网 （mofcom） 信息丰富，含有买家数据库、国别报告等	中国自由贸易区服务网 （mofcom） 查询我国自贸区发展带来的各种贸易、投资优惠和便利	国家外汇管理局官网 （safe） 可查询外汇政策	中国海关总署官网 （customs） 可查阅关税、通关法律等

第二章

进出口商品报价

【学习目标】

本章主要介绍《国际贸易术语解释通则 2020》中涉及的 11 个贸易术语、核算商品价格及对外报价的技巧。学习本章后，应掌握常用的贸易术语，并能用有关的理论分析案例及提出解决方法。在理解这些贸易术语的含义及掌握其应用的基础上，学习在国际贸易中对外报价、计算佣金和折扣，以及在合同中订立合适的价格条款等内容。

【导入案例】

CIF 合同不是到货合同

我国某外贸公司出口一批圣诞礼品给英国客户，采用 CIF 术语，凭不可撤销即期信用证付款。由于圣诞礼品的销售时间性很强，到货的早晚会直接影响货物的价格，因此，在合同中对到货时间作了如下规定："10 月自中国港口装运，卖方保证载货轮船最迟于 11 月 20 日到达英国目的港。如载货轮船迟于 11 月 20 日到达英国目的港，在买方的要求下，卖方必须同意取消合同，如货款已经收妥，则须退还买方。"合同订立后，该外贸公司于 10 月中旬将货物装船出口，凭信用证规定的单据（发票、提单、保险单等）向银行收妥了货款。不料，轮船在航行过程中主要机件损坏，无法继续航行。为保证如期到达目的港，该外贸公司以重金租用大马力拖轮拖带该轮船继续前进。但因途中又遇大风浪，致使该轮船到达目的港的时间迟于 11 月 20 日。该外贸公司最终因这笔交易遭受了重大经济损失。

讨论：（1）如按《2020 通则》的解释，采用 CIF 术语成交时卖方承担的主要义务是什么？

（2）当合同中的规定与惯例不同时，惯例是否对买卖双方有约束力？

（3）如果按英国客户的要求保证货物最迟于 11 月 20 日到达目的港，该合同应使用哪种贸易术语成交？

（4）该外贸公司从中应吸取什么教训？

第一节　贸易术语和与其有关的国际贸易惯例

贸易术语是在国际贸易的长期实践中形成的，它的出现推动了国际贸易的发展。但是，最初各国对贸易术语并没有统一的解释，为了减少分歧，陆续出现了一些有关贸易术语的解释和规则，这些解释和规则在国际上被广泛采用，从而形成了一般的国际贸易惯例。

一、贸易术语的含义和作用

国际货物买卖是在不同国家和地区之间进行的，买卖双方距离遥远，且多数情况下双方并不直接接触，在卖方交货和买方接货的过程中会涉及许多问题，如图 2.1 所示。

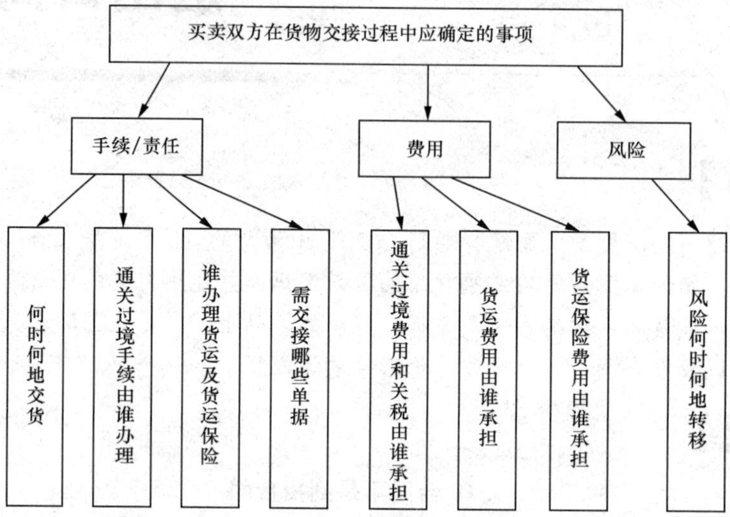

图 2.1 买卖双方在货物交接过程中应确定的事项

从图 2.1 中可以发现，如果每笔交易都要求买卖双方对上述手续/责任、费用和风险逐项反复磋商，将耗费大量的时间和精力，并影响交易的达成。为此，在国际贸易的长期实践中，逐渐形成了各种不同的贸易术语用于解决上述问题。

在图 2.1 中，交货地点是核心问题，交货地点不同，往往各方承担的风险、责任和费用也不同。例如，按装运港船上交货条件（FOB）成交与按目的地交货条件（DAP）成交，前者卖方在装运港船上交货，后者卖方在目的地交货，由于交货地点不同，后者卖方承担的责任大、费用多、风险高，DAP 价格自然要比 FOB 价格高。所以贸易术语关系到商品的价格构成，采用不同的贸易术语成交，价格应该是不同的，这是贸易术语被称为价格术语的原因。

综上所述，贸易术语（trade terms）又称价格术语（price terms）、交货条件，一般用代表相关含义的三个大写英文字母表示，后接港口（机场）或指定接货地或目的地，是用来划分买卖双方在货物交接过程中各自承担的责任、费用和风险的专门用语。采用某种专门的贸易术语，能明确买卖双方在货物交接过程中各自承担的有关责任、费用和风险，即确定交货条件。

贸易术语是在国际贸易的实践中产生的，它的出现推动了国际贸易的发展，其所起的作用体现在以下三个方面。

（1）有利于买卖双方洽商交易和订立合同。由于每种贸易术语都有其特定的含义，因此，只要买卖双方商定了按何种贸易术语成交，即可明确彼此在交接货物方面应该承担的责任、费用和风险，这就简化了交易手续，缩短了洽商交易的时间，从而有利于买卖双方迅速达成交易，订立合同。

（2）有利于买卖双方核算价格和成本。由于贸易术语表示了价格构成的因素，因此买卖双方在确定贸易术语时，必然要考虑采用的贸易术语中包含哪些从属费用，这样有利于买卖双方比价，进行成本核算。

（3）有利于买卖双方解决履约中的争议。买卖双方商定合同时，若某些合同条款规定不够明确，致使履约中产生不能依据合同规定解决的争议时，可以援引有关贸易术语的一般解释来处理，因为贸易术语的一般解释已经成为国际惯例，是大家所遵循的一种类似行为规范的准则。

二、与贸易术语有关的国际贸易惯例

在国际贸易业务实践中，由于各国法律制度、贸易惯例与习惯做法不同，国际上对同一贸易术语的理解与运用也有差异，因而容易引起贸易纠纷。为了减少纠纷和避免争议，某些国际组织、商业团体、学术机构便先后制定了一些统一解释贸易术语的规则，这些规则在国际上被广泛接受，从而成为一般的国际贸易惯例。国际贸易惯例是在国际贸易中反复实践形成的，并经国际组织加以编纂与解释的习惯做法。

有必要指出的是，国际贸易惯例本身不是法律，并不具有普遍的约束力，对买卖双方不具有强制性。国际货物买卖双方可以自愿选择采用何种惯例，并在合同中作出明确的规定。买卖双方也可在合同中作出与某种惯例不同的规定，这时合同条款的效力将超越惯例的规定，双方都要按合同的规定履约。但是，如果买卖双方在合同中既不排除也不明确规定采用何种惯例，一旦双方事后发生争议而申请诉讼或仲裁，法院或仲裁机构往往会引用某种公认的或影响较大的国际贸易惯例来判决。

有关贸易术语的国际贸易惯例主要有以下三种。

1.《1932 年华沙-牛津规则》

《1932 年华沙-牛津规则》（*Warsa-Oxford Rules 1932*）是国际法协会专门为解释 CIF 合同而制定的。19 世纪中叶，CIF 贸易术语在国际贸易中被广泛采用，但是在这一术语下买卖双方的具体义务没有统一的规定和解释。对此，国际法协会于 1928 年在波兰首都华沙开会，制定了关于 CIF 合同的统一规则，称为《1928 年华沙规则》。其后，在 1932 年的牛津会议上，对此规则进行了修改，并改名为《1932 年华沙-牛津规则》，一直沿用至今。

该规则详细解释了 CIF 合同的性质，买卖双方所承担的责任、风险和费用的划分，以及货物所有权转移等问题。该规则只解释 CIF 这一个贸易术语。该规则在其总则中说明，这一规则供交易双方自愿采用，凡明示采用该规则者，合同当事人的权利和义务应该援引该规则的规定确定。经双方当事人明示协议后，可以对该规则的任何一条进行变更、修改或添加。如该规则与合同发生矛盾，应以合同为准。凡合同中没有规定的事项，应按该规则的规定办理。

2.《1990 年美国对外贸易定义修订本》

《美国对外贸易定义》形成于 1919 年，是美国几个商业团体共同制定的有关对外贸易定义的统一解释，供从事对外贸易的人员参考使用。后鉴于贸易习惯的演变，在 1940 年美国第 27 届全国对外贸易会议上作了修改，形成《1941 年美国对外贸易定义修订本》（*Revised American Foreign Trade Definitions 1941*）。《1990 年美国对外贸易定义修订本》是基于贸易形势的新变化在《1941 年美国对外贸易定义修订本》基础上所作的修订。

《1990 年美国对外贸易定义修订本》一共解释了以下六种贸易术语：①EXW（Ex Works-named place），工厂交货；②FOB（Free on Board），在运输工具上交货；③FAS（Free Along Side），在运输工具旁边交货；④CFR（Cost and Freight），成本加运费；⑤CIF（Cost, Insurance, Freight），

成本加保险费、运费；⑥DEQ [Delivered Ex Quay（Duty Paid）]，目的港码头交货。

《1990 年美国对外贸易定义修订本》主要在北美洲国家有比较大的影响力，由于它对贸易术语的解释，尤其是对 FOB 和 FAS、DEQ 术语的解释与国际商会制定的《国际贸易术语解释通则》有明显的差异，所以，在同北美洲国家进行交易时应格外注意，以减少双方的争议。

3.《国际贸易术语解释通则》

《国际贸易术语解释通则》（*International Rules for the Interpretation of Trade Terms*，INCOTERMS，以下简称《通则》）是国际商会为统一各种贸易术语的解释而制定的。最早的《通则》产生于 1936 年，后来，为适应国际贸易业务发展的需要，国际商会先后进行了多次的修订和补充，制定了 1953 年、1967 年、1976 年、1980 年、1990 年、2000 年、2010 年、2020 年的《通则》。

为了适应国际贸易实务的最新发展，国际商会于 2016 年 9 月正式启动了《国际贸易术语解释通则 2020》（英文简称 INCOTERMS® 2020，以下简称《2020 通则》）的起草工作，并在全球进行了广泛的意见征询。2019 年 9 月 10 日，国际商会正式向全球发布了《2020 通则》，并于 2020 年 1 月 1 日生效。《2020 通则》解释的 11 个贸易术语如表 2.1 所示。

表 2.1 《2020 通则》基本内容

组别特征	简称、全称及中文含义	交货地点	风险界限	订立运输合同	订立货运保险合同	海关清关手续
适合海运和内河水运	FOB（Free On Board） 船上交货	指定装运港	装运港船上	买方办理	卖方无义务	需要时，卖方办理出口清关；买方办理进口清关
	CFR（Cost and Freight） 成本加运费	指定装运港	装运港船上	卖方办理	卖方无义务	同上
	CIF（Cost Insurance and Freight） 成本、保险费加运费	指定装运港	装运港船上	卖方办理	卖方办理	同上
	FAS（Free Alongside Ship） 船边交货	指定装运港船边	装运港船边	买方办理	卖方无义务	同上
适合任何运输方式	EXW（Ex Works） 工厂交货	货物产地、所在地	货交买方	买方办理	卖方无义务	需要时，进出口清关手续全由买方办理
	FCA（Free Carrier） 货交承运人	指定装运地	货交承运人	买方办理	卖方无义务	需要时，卖方办理出口清关；买方办理进口清关
	CPT（Carriage Paid To） 运费付至	指定装运地	货交承运人	卖方办理	卖方无义务	同上
	CIP（Carriage and Insurance Paid to） 运费和保险费付至	指定装运地	货交承运人	卖方办理	卖方办理	同上
	DAP（Delivered at Place） 目的地交货	指定目的地	货交买方	卖方办理	买方无义务	同上
	DPU(Delivered at Place Unloaded） 目的地卸货后交货	指定目的地	货交买方	卖方办理	买方无义务	同上
	DDP（Delivered Duty Paid） 完税后交货	指定目的地	货交买方	卖方办理	买方无义务	需要时，进出口清关手续全由卖方办理

国际商会意识到在实务中有很多交易者将《通则》运用于纯粹的内贸合同，因此，在《2010通则》中，国际商会首次明确贸易术语同样适用于国内贸易。如果把贸易术语应用于国内贸易，那么就不存在边境通关手续的问题。所以，《2010 通则》和《2020 通则》在一些地方都作出了明确说明，只有在适用的情况下卖方或买方才有义务办理出口或进口所需的清关手续。

《通则》只适用于规定“有形货物”的销货合同中买卖双方的权利、义务及与交货有关的事项，如谁办理货物的进出口通关手续、谁承担装卸费用以及货物灭失或损坏的风险、保险合同或运输合同由谁签订等。对于无形商品的贸易，《通则》并不适用。

第二节　常用的六种贸易术语

在我国对外贸易中，使用的主要贸易术语为 FOB、CFR 和 CIF。随着集装箱运输和多式联运业务的发展，采用 FCA、CPT 和 CIP 贸易术语的业务也日益增多。因此，熟悉这六种主要贸易术语的含义、买卖双方的义务，以及在使用中应注意的问题就显得特别重要。

微课堂
贸易术语解读——FOB

一、FOB

FOB [Free On Board (insert named port of shipment)，船上交货 (指定装运港)]，是指卖方必须在约定的日期或按买方所通知的约定期限内的交货时间在指定装运港将货物装上船 (该船舶由买方指定)，或取得已经如此交付的货物即完成交货，有关货物灭失或损坏的风险从货物装上该船舶时起转移给买方，此后所产生的一切费用由买方承担。

使用 FOB 贸易术语时，如果买卖双方当事人希望《2020 通则》适用于他们的合同，如装运港是深圳港，其正确的表达方式是“FOB Shenzhen Incoterms® 2020”。

FOB 贸易术语仅适用于海运或内河水运运输方式下买卖双方意在将货物交到船上即完成交货的情形。因此，FOB 贸易术语不适用于货物在装上船之前已经移交给承运人的情形，如货物在集装箱堆场交付给承运人，在该情形下，应该采用货交承运人的贸易术语，即 FCA 贸易术语。

（一）买卖双方基本义务的划分

根据《2020 通则》的规定，FOB 贸易术语下买卖双方的主要义务如表 2.2 所示。

（二）采用 FOB 贸易术语成交需要注意的事项

在实际业务中采用 FOB 贸易术语成交时，需注意以下几点。

1. *卖方完成交货义务问题*

卖方将货物装上船或取得已经如此交付的货物即完成交货义务，此处的“取得已经如此交付的货物”适用于交易链中的多层销售 (链式销售)，在大宗商品贸易中尤其常见。“链式销售”是指货物在运输期间沿着销售链频繁地被买卖多次。它是一种和直接销售相对的销售方式。如果发生链式销售，处于链式销售中间的销售商并不将货物“装船”，因为它们已经由处于这一链式销售的第一个销售商装船。因此，链式销售的中间销售商对其买方应承担的义务不是将货物装船，而是取得已经如此交付的货物。

表 2.2　FOB 贸易术语下买卖双方的主要义务

项目	卖　方	买　方
责任	1. 如适用，办理出口国要求的所有出口清关手续并支付费用，如出口许可证、出口安检清关、装运前检验及任何其他官方证件 2. 在约定的日期或按买方所通知的约定期限内的交货时间在指定装运港将符合合同规定的货物装上买方指定的船只，或取得已经如此交付的货物，并给予买方充分的通知 3. 在完成交货前必须遵守任何与运输有关的安全要求 4. 负责提供商业发票、合同要求的其他与合同相符的证据以及证明货物已交至船上的通常单据，根据双方约定单据可以是纸质或电子形式	1. 如适用，办理任何过境国和进口国要求的所有手续并支付费用，如进口许可证及过境所需的任何许可、进口及任何过境安检清关、装运前检验及任何其他官方证件 2. 负责订立自指定装运港起运的货物运输合同，并给予卖方任何与运输相关的安全要求、船名、装船地点及约定期限内的交货时间（如有）的充分通知 3. 收取卖方按合同规定交付的单据，支付价款，提取货物
费用	1. 货物在指定装运港装上船之前的一切费用 2. 如适用，承担出口清关有关的出口关税、税款和任何其他费用	1. 货物在指定装运港装上船之后的一切费用，包括货物从指定装运港起运的运费 2. 如适用，承担过境或进口清关有关的关税、税款和任何其他费用
风险	货物在指定装运港装上船之前的一切风险	货物在指定装运港装上船之后的一切风险

注："税款"指国内税税款，不含关税税款。

2. 船货衔接及风险前移问题

按照 FOB 贸易术语成交的合同属于装运合同，卖方的一项基本义务是按照规定的时间和地点完成装运，然而 FOB 条件下是由买方负责安排运输工具的，即租船订舱由买方负责，所以存在一个船货衔接问题。买方应及时租船订舱，并将船名、装船地点和约定期限内的交货时间（如有）及时通知卖方，以便卖方及时备货、安排装船。按照《2020 通则》的规定，如买方未能按照规定给予卖方有关船名、装船地点及约定期限内的交货时间的充分通知，或买方指定的船只未按时到达，或未能接收货物，或早于买方通知的交货时间停止装货，由此而产生的各种费用，如空舱费（dead freight）、滞期费（demurrage）及卖方增加的仓储费等，均由买方承担，但以货物已正式划归合同项下，即清楚地划出或以其他方式确定为合同项下的货物为前提条件。如果买方指派的船只按时到达装运港，而卖方却未能备妥货物按时装船，那么由此产生的上述费用将由卖方承担。

思考与训练 2.1

1. 采用 FOB 贸易术语成交，如果买方未给予卖方有关船名、装船地点和要求交货时间的充分通知，或其指定的船只未按时到达，或未接收货物，此时货物损坏或灭失的风险何时转移？

2. 国际贸易实务中很多人把 FOB 价格称为"离岸价"，这种说法是否准确？

3. 订立货运保险合同问题

按照《2020 通则》的规定，卖方没有替买方订立货运保险合同的义务，买方也没有替卖方订立货运保险合同的义务。由于货物在指定装运港装船之后灭失或损坏的风险由买方承担，所以，在实际业务中买方需要自担风险和费用为货物办理货运保险，此时，在买方要求并由其承担风险和费用的情况下，卖方必须给买方提供获得货运保险所需的信息。

二、CIF

微课堂
贸易术语解读——CIF

CIF［Cost Insurance and Freight（insert named port of destination），成本、保险费加运费（指定目的港）］，是指卖方必须在合同规定的装运期内在装运港将货物装上船，或取得已经如此交付的货物，有关货物灭失或损坏的风险从货物装上船时起转移给买方，卖方还需订立把货物运至指定目的港的运输合同并支付运费，负责订立货运保险合同及支付保险费。

使用 CIF 贸易术语时，如果买卖双方当事人希望《2020 通则》适用于他们的合同，如目的港是釜山，其正确的表达方式是“CIF Busan Incoterms® 2020”。CIF 贸易术语后注明的是目的港名称，但它与 FOB 一样，是装运港交货的贸易术语，即卖方仍是在装运港完成交货而不是货到目的港后才完成交货。

CIF 贸易术语仅适用于海运或内河水运运输方式，CIF 贸易术语不适合货物在装上船之前转移风险的情形，如货物在集装箱堆场交付给承运人，在该情形下，应该采用 CIP 贸易术语。

（一）买卖双方基本义务的划分

按照《2020 通则》的规定，CIF 贸易术语下买卖双方的主要义务如表 2.3 所示。

表 2.3　CIF 贸易术语下买卖双方的主要义务

项目	卖　方	买　方
责任	1. 如适用，办理出口国要求的所有出口清关手续并支付费用，如出口许可证、出口安检清关、装运前检验及任何其他官方证件 2. 负责订立把货物运至指定目的港的运输合同，或设法获取此运输合同，在约定的日期或期限内将符合合同规定的货物在装运港装上船，或取得已经如此交付的货物，并及时给买方发出通知 3. 自付费用订立货物运输保险合同 4. 必须遵守货物运至目的地过程中任何与运输相关的安全要求 5. 负责提供商业发票、保险单据、合同要求的其他与合同相符的证据和货物运往指定目的港的通常运输单据，根据双方约定单据可以是纸质或电子形式	1. 如适用，办理任何过境国和进口国要求的所有手续并支付费用，如进口许可证及过境所需的任何许可、进口及任何过境安检清关、装运前检验及任何其他官方证件 2. 收取卖方按合同规定交付的单据，支付价款，提取货物
费用	1. 货物在装运港装上船之前的一切费用 2. 如适用，承担出口清关有关的出口关税、税款和任何其他费用 3. 货物运至指定目的港的运费，包括装船费用及与运输相关的安全费用，根据运输合同规定应由卖方承担的在目的港产生的卸货费用 4. 货运保险费 5. 根据运输合同规定应由卖方承担的过境费用	1. 货物在装运港装上船之后的一切费用 2. 过境费用，除非运输合同规定该项费用由卖方承担 3. 卸货费用，包括驳运费和码头费，除非运输合同规定该项费用应由卖方承担 4. 如适用，承担过境或进口清关有关的关税、税款和任何其他费用
风险	货物在装运港装上船之前的一切风险	货物在装运港装上船之后的一切风险

思考与训练 2.2

CIF 贸易术语条件下，卖方是否在目的港交货？有人把 CIF 价格称为“到岸价”，这种说法是否准确？

（二）采用 CIF 贸易术语成交需要注意的事项

在实际业务中采用 CIF 贸易术语成交时，需注意以下几点。

1. 在合同中明确规定装运港和目的港很重要

在 CIF 贸易术语中，两个港口很重要，货物交到船上的港口，即装运港；货物从船上卸下的港口，即目的港。采用 CIF 贸易术语成交时，当货物在装运港装上船后，货物灭失或损坏的风险即从卖方转移给买方，卖方仍是在装运港完成交货，但是，卖方必须订立把货物从装运港运至指定目的港的运输合同。所以，买卖合同中必须明确规定装运港和目的港。

2. 风险和费用的转移地点不同

采用 CIF 贸易术语成交时，卖方承担货物在装运港装上船之前的一切风险，还要承担货物运到指定目的港为止的运费和保险费，所以风险转移地点是在装运港，而费用转移地点却延至目的港。

3. CIF 合同属于"装运合同"和"象征性交货"

虽然人们通常把 CIF 价格称为"到岸价"，但这仅指价格的构成，CIF 价格是由"成本+保险费+运费"构成的，而不是指卖方也承担货物到岸为止的风险。卖方在合同规定的装运港将货物装上船后，不再承担货物之后可能发生的任何风险。因此，采用这种贸易术语订立的买卖合同属于"装运合同"。在实际业务中，需注意在合同中应只规定装运货物的时间，而不应规定抵达目的港的具体时间。

从交货方式上来看，CIF 属于象征性交货（symbolic delivery），所谓象征性交货是针对实际性交货（physical delivery）而言的。前者是指卖方只要按期在约定的地点完成装运，并向买方提交合同规定的包括物权凭证在内的有关单证，就算完成了交货义务，而无须保证到货。后者则是指卖方要在规定的时间和地点将符合合同规定的货物提交给买方或其指定的人，不能以交单代替交货。

导入案例分析

在导入案例中，我国外贸公司就是由于在合同中订立了"卖方保证载货轮船最迟于 11 月 20 日到达英国目的港"的条款，导致费用大增并遭受重大经济损失的。按《2020 通则》关于象征性交货的解释，很明显，案例中合同条款与惯例不符。但惯例不是法律，对双方没有强制约束力，当合同中的条款与惯例不同时，以合同中的条款为准。所以，我们应多熟悉与贸易有关的惯例，尽量避免在合同中规定一些与惯例不符的条款。本案例由于卖方接受了按时到货的条款，应使用 DAP 或 DPU 贸易术语成交，并在 CIF 价格基础上适当提高货物价格。

但是，必须指出，按 CIF 贸易术语成交时，卖方履行其交单的义务只是得到买方付款的前提条件，除此之外，其还必须履行交货的义务。如果卖方提交的货物不符合合同的要求，买方即使已经付款，仍然可以根据合同的规定向卖方提出索赔。

思考与训练 2.3

我国某出口公司按 CIF London、信用证支付方式的条件向英国某进出口公司出口一批货物。该出口公司按信用证规定向中保财产保险有限公司为货物投保了一切险，并在规定的装运期内装船，取得直达清洁提单后到银行兑用货款。兑用货款后的第二天，该出口公司接到客户的来电称货物在香港转运时失火，全部被烧毁，客户要求该出口公司出面向中保财产保险有限公司提出索赔，否则要求其退回全部货款。对此，该出口公司应如何处理？为什么？

4. 订立运输合同的问题

卖方必须订立把货物从装运港运至指定目的港的运输合同或设法获取此运输合同，但其只需要按照通常条件订立运输合同，使用适合装运合同货物的通常类型的轮船，经习惯行驶航线运输货物。因此，对于在业务中买方提出的关于限制船舶的国籍、船型、船龄、船级，以及指定使用某班轮公会的船只等要求，卖方均有权拒绝接受。但卖方也可放弃这一权利，其可根据具体情况给予通融。也就是说，对于买方提出的上述要求，如果卖方能办到又不会增加额外开支，也可接受，一旦在合同中作出明确的规定，就必须严格照办。

若发生链式销售，处于链式销售中间的销售商并不需要订立运输合同，因为该合同已经由处于这一链式销售的第一个销售商办理了。因此，链式销售的中间销售商对其买方应承担的义务不是订立运输合同，而是“设法获取此运输合同”。

5. 保险险别问题

CIF 价格中包含了保险费，从责任上来讲，卖方要负责订立货运保险合同。因此，卖方应按合同中规定的保险险别、保险金额等要求办理货运保险。但在 CIF 贸易术语下，货物在装运港装船后的风险由买方承担，而运输保险又由卖方办理，因此，卖方是为了买方的利益代办保险的。在实际业务中，为了明确责任，在采用 CIF 贸易术语成交的合同中，买卖双方应对保险险别、保险金额和保险条款的适用等作出具体的规定。

如果合同中未能就保险险别等问题作出具体规定，《2020 通则》对于卖方办理保险的责任作了如下规定：除非另有约定或特定贸易中的习惯做法，卖方需自付费用取得货物保险，该保险需符合《协会货物保险条款》条款（C）或其他类似的保险条款，最低保险金额应当为合同规定价款的 110%，并以合同使用的币种投保。

微课堂
贸易术语解读
——CFR

三、CFR

CFR [Cost and Freight (insert named port of destination)，成本加运费 (指定目的港)]，是指卖方必须在合同规定的装运期内在装运港将货物装上船，或取得已经如此交付的货物，有关货物灭失或损坏的风险从货物装上船时起转移给买方，卖方还需订立把货物运至指定目的港的运输合同并支付运费。

使用 CFR 贸易术语时，如果买卖双方当事人希望《2020 通则》适用于他们的合同，如目的港是纽约，其正确的表达方式是“CFR New York Incoterms® 2020”。CFR 贸易术语后注明的是目的港名称，它与 FOB 贸易术语一样，是装运港交货的贸易术语，即卖方仍是在装运港完成交货而不是货到目的港后才完成交货。

CFR 贸易术语仅适用于海运或内河水运运输方式。CFR 贸易术语不适合在货物装上船之前转移风险的情形，如货物在集装箱堆场交付给承运人，在该情形下，应该采用 CPT 贸易术语。

与 FOB 贸易术语相同，采用 CFR 贸易术语成交时，按《2020 通则》的规定，卖方没有替买方订立货运保险合同的义务，买方也没有替卖方订立货运保险合同的义务。由于货物在指定装运港装船之后灭失或损坏的风险由买方承担，所以，在实际业务中买方需要自担风险和费用为货物办理货运保险，此时，在买方要求并由其承担风险和费用的情况下，卖方必须给买方提供获得货运保险所需的信息。

在实际业务中采用 CFR 贸易术语成交时应注意的事项除有关保险险别的问题外，其余的注意事项与 CIF 贸易术语相同。

思考与训练 2.4

从风险、责任及费用的角度分析装运港交货的三个贸易术语的异同，将结果填入表 2.4 中。

表 2.4　装运港交货的三个贸易术语的异同

贸易术语	风　险	责　任		费　用	
	何方承担货物装上船后的风险	何方订立运输合同	何方订立货运保险合同	何方支付到目的港的运费	何方支付货运保险费
FOB					
CIF					
CFR					

四、FCA

FCA［Free Carrier（insert named place of delivery），货交承运人（指定交货地点）］，是指卖方在约定的日期或期限内在指定地点（其营业场所或其他地点）将货物交给买方指定的承运人或其他人时即完成交货。买卖双方应尽可能明确指定交货地点的具体位置，有关货物灭失或损坏的风险于该地点将货物交给买方指定的承运人或其他人时转移给买方。若指定交货地点为卖方的营业场所，卖方把货物装上买方指定的运输工具时完成交货；若指定的交货地点为其他任何地方，卖方将货物置于自己的运输工具上（作好卸货的准备但无须负责卸货）交由买方指定的承运人或其他人处置时即完成交货。

使用 FCA 贸易术语时，如果买卖双方当事人希望《2020 通则》适用于他们的合同，如交货地点是广州白云机场，其正确的表达方式是“FCA Guangzhou Baiyun International Airport Incoterms® 2020”。

FCA 贸易术语可适用于所选择的任何运输方式，也可适用于使用多种运输方式的情形，如多式联运。

承运人是指签约承担运输责任的一方。货物从卖方运往买方，可以在根本不雇佣任何第三方承运人的情况下进行。《2020 通则》中考虑到了这种情况，因此，在 FCA 贸易术语中规定了允许买方使用自己的运输工具收货并运往买方所在地。

按照《2020 通则》的规定，FCA 贸易术语下买卖双方的主要义务如表 2.5 所示。

表 2.5　FCA 贸易术语下买卖双方的主要义务

项目	卖　方	买　方
责任	1. 如适用，办理出口国要求的所有出口清关手续并支付费用，如出口许可证、出口安检清关、装运前检验及任何其他官方证件 2. 在约定的日期或按买方所通知的约定期限内的交货时间在指定交货地点将符合合同规定的货物交给买方指定的承运人或其他人，或取得已经如此交付的货物，并给予买方充分的通知 3. 在完成交货前必须遵守任何与运输有关的安全要求 4. 负责提供商业发票、合同要求的其他与合同相符的证据以及证明货物已交给买方指定的承运人或其他人的通常单据，根据双方约定单据可以是纸质或电子形式	1. 如适用，办理任何过境国和进口国要求的所有手续并支付费用，如进口许可证及过境所需的任何许可、进口及任何过境安检清关、装运前检验及任何其他官方证件 2. 负责订立自指定交货地点起运的货物运输合同或安排从指定交货地点开始的货物运输，并给予卖方充分通知，通知包括指定的承运人或其他人的名称、约定期限内承运人收取货物的时间、使用的运输方式、任何与运输有关的安全要求、交货地的具体收货点 3. 收取卖方按合同规定交付的单据，支付价款，提取货物

续表

项目	卖　方	买　方
费用	1. 货物在指定交货地点交由买方指定的承运人或其他人照管前的一切费用 2. 如适用，承担出口清关有关的出口关税、税款和任何其他费用	1. 货物在指定交货地点交由其指定的承运人或其他人照管后的一切费用，包括货物从指定交货地点起运的运费 2. 如适用，承担过境或进口清关有关的关税、税款和任何其他费用
风险	承担货交承运人之前的一切风险	承担货交承运人之后的一切风险

五、CIP

CIP［Carriage and Insurance Paid to（insert named place of destination），运费加保险费付至（指定目的地）］，是指卖方要订立将货物运往指定目的地的运输合同并支付运费，订立货物运输保险合同并支付保险费，并且需在约定日期或期限内将货物交给与卖方签订运输合同的承运人，或取得已经如此交付的货物，即完成交货义务。有关货物灭失或损坏的风险从货物移交给承运人时起转移给买方。

使用CIP贸易术语时，如果买卖双方当事人希望《2020通则》适用于他们的合同，如目的地是莫斯科火车站，其正确的表达方式是"CIP Moscow Railway Station Incoterms® 2020"。CIP贸易术语后注明的是目的地名称，它与FCA一样，是装运地交货的贸易术语，卖方是在装运地货交承运人后完成交货，而不是货到目的地后才完成交货的，即卖方并不保证货物将以良好的状态、约定的数量到达目的地或是否确实到达目的地。

CIP贸易术语可适用于所选择的任何运输方式，也可适用于使用多种运输方式的情形，如多式联运。

按照《2020通则》的规定，CIP贸易术语下买卖双方的主要义务如表2.6所示。

表2.6　CIP贸易术语下买卖双方的主要义务

项目	卖　方	买　方
责任	1. 如适用，办理出口国要求的所有出口清关手续并支付费用，如出口许可证、出口安检清关、装运前检验及任何其他官方证件 2. 负责订立把货物运至指定目的地的运输合同，或设法获取此运输合同，在约定的日期或期限内将符合合同规定的货物在约定的交货地点交给与卖方签订运输合同的承运人，或取得已经如此交付的货物，并给买方及时发出通知 3. 自付费用订立货物运输保险合同 4. 必须遵守货物运至目的地过程中任何与运输相关的安全要求 5. 负责提供商业发票、保险单据、合同要求的其他与合同相符的证据和货物运往指定目的地的通常运输单据，根据双方约定单据可以是纸质或电子形式	1. 如适用，办理任何过境国和进口国要求的所有手续并支付费用，如进口许可证及过境所需的任何许可、进口及任何过境安检清关、装运前检验及任何其他官方证件 2. 收取卖方按合同规定交付的单据，支付价款，提取货物
费用	1. 货物在约定的交货地点交给与卖方签订运输合同的承运人之前的一切费用 2. 如适用，承担出口清关有关的出口关税、税款和任何其他费用 3. 货物运至指定目的地的运费，包括装货费用及与运输相关的安全费用，根据运输合同规定应由卖方承担的在目的地产生的卸货费用 4. 货运保险费 5. 根据运输合同规定应由卖方承担的过境费用	1. 货物在约定的交货地点交给与卖方签订运输合同的承运人之后的一切费用 2. 过境费用，除非运输合同规定该项费用由卖方承担 3. 卸货费用，除非运输合同规定该项费用应由卖方承担 4. 如适用，承担过境或进口清关有关的关税、税款和任何其他费用
风险	承担货交承运人之前的一切风险	承担货交承运人之后的一切风险

按CIP贸易术语成交时，卖方除负有订立运输合同、支付运费的责任外，还需订立货运保险合

同并支付货运保险费，而有关货物灭失或损坏的风险却在装运地将货物交给承运人后转移给买方承担了。因此，与CIF贸易术语一样，卖方是为买方的利益代办保险的。一般情况下，卖方应按合同中规定的保险险别、保险金额等要求办理货运保险。如果合同中未能就保险险别等问题作出具体规定，按《2020通则》的规定，卖方办理的货运保险需符合《协会货物保险条款》条款（A）或其他类似的保险条款，最低保险金额应当为合同规定价款的110%，并以合同使用的币别投保。

六、CPT

CPT［Carriage Paid To（insert named place of destination），运费付至（指定目的地）］，是指卖方必须订立将货物运往指定目的地的运输合同并支付相关的运费，并且需在约定的日期或期限内将货物交给与卖方签订运输合同的承运人，或取得已经如此交付的货物，即完成交货义务。有关货物灭失或损坏的风险从货物移交给承运人时起转移给买方。

使用CPT贸易术语时，如果买卖双方当事人希望《2020通则》适用于他们的合同，如目的地是越南河内火车站，其正确的表达方式是“CPT Hanoi Railway Station, Vietnam Incoterms® 2020”。CPT贸易术语后注明的是目的地名称，但它与FCA一样，是装运地交货的贸易术语，卖方是在装运地货交承运人后完成交货，而不是货到目的地后才完成交货的，即卖方并不保证货物将以良好的状态、约定的数量到达目的地或是否确实到达目的地。

CPT贸易术语可适用于所选择的任何运输方式，也可适用于使用多种运输方式的情形，如多式联运。

采用CPT贸易术语成交，卖方没有替买方订立货运保险合同及支付货运保险费的义务，而采用CIP贸易术语成交时，卖方需要订立货运保险合同并支付货运保险费，除此之外，这两种贸易术语下买卖双方所承担的责任、费用和风险是一样的。

思考与训练 2.5

从风险、责任及费用的角度分析货交承运人的三个贸易术语的异同，将结果填入表2.7中。

表2.7　货交承运人的三个贸易术语的异同

贸易术语	风险	责任		费用	
	何方承担货交承运人后的风险	何方订立运输合同	何方订立货运保险合同	何方支付到目的地的运费	何方支付货运保险费
FCA					
CIP					
CPT					

第三节　其他五种贸易术语

除了第二节介绍的六种贸易术语外，《2020 通则》中还有其他五种贸易术语。这些贸易术语虽然不常用，但在某些情况下，可以满足买方或卖方的特定要求。因此，应当了解并灵活应用这些贸易术语。

一、EXW

EXW [Ex Works (insert named place of delivery), 工厂交货 (指定交货地点)], 是指卖方在约定的日期或期限内在指定地点（其营业场所或其他地点，如工厂、工场、仓库等）将货物交给买方处置，即履行了交货义务。卖方不负责将货物装上任何前来接收货物的运输工具，需要清关时，卖方也不负责办理出口清关手续。买方承担自指定交货地点提取货物起至目的地所需的一切费用和风险。因此，采用 EXW 贸易术语成交时卖方负担的义务是最少的。

EXW 贸易术语适用于任何运输方式，也可适用于使用多种运输方式的情形。若买方不能直接或间接地办理出口手续，则不应使用 EXW 贸易术语，而应使用 FCA 贸易术语。

二、FAS

FAS [Free Alongside Ship (insert named port of shipment), 船边交货 (指定装运港)], 是指卖方要在约定的日期或按买方所通知的约定期限内的交货时间将符合合同规定的货物交到指定装运港船边（如置于码头或驳船上），该船只由买方指定，或取得已经如此交付的货物即完成交货义务。当买方所派船只不能靠岸时，卖方应负责用驳船把货物运至买方指派船只的船边，在船边交货。装船的责任和费用由买方承担，买卖双方承担的风险和费用均以船边为界。

FAS 贸易术语只适用于海运或内河水运运输方式。

三、DAP

DAP [Delivered at Place (insert named place of destination), 目的地交货 (指定目的地)], 是指卖方必须签订运输合同或安排货物运输，在约定日期或期限内将货物运至指定目的地，将置于目的地运输工具上的货物交给买方处置时即完成交货，此时卖方只需作好卸货准备而无须负责卸货。卖方承担将货物运至指定目的地交给买方处置前的一切风险和费用，所承担的费用包括需要办理出口清关手续时所需的出口报关费用、出口应缴纳的一切关税、税款及需经另一国过境时应缴纳的一切费用、货物运至指定目的地的运费以及运输合同规定的由卖方承担的卸货费。买方承担从目的地接收货物之后的一切风险和费用，包括需要办理进口清关手续所需的一切关税、税款和费用以及卸货费用（除非根据运输合同规定已由卖方支付）。

DAP 贸易术语适用于任何运输方式，也可适用于使用多种运输方式的情形。使用 DAP 贸易术语成交时，卖方承担将货物运送到指定目的地的一切风险，因此，卖方交货的地点和到货的目的地是相同的。

四、DPU

DPU [Delivered at Place Unloaded (insert named place of destination), 目的地卸货后交货 (指定目的地)], 是指卖方必须签订运输合同或安排货物运输，在约定的日期或期限内将货物运至指定目的地卸货后交给买方处置即完成交货。卖方承担在指定目的地卸货后交给买方处置之前的一切风险和费用，所承担的费用包括需要办理出口清关手续时所需的出口报关费用、出口应缴纳的一切关税、税款及需经另一国过境时应缴纳的一切费用、货物运至指定目的地的运费以及卸货费。买方承担从目的地接收货物之后的一切风险和费用，包括需要办理进口清关手续所需的一切关税、税款和费用。

DPU 贸易术语适用于任何运输方式，也可适用于使用多种运输方式的情形。使用 DPU 贸易术语成交时，卖方承担将货物运送到指定目的地以及卸载货物的一切风险，因此，卖方交货的地点和到货的目的地是相同的。DPU 贸易术语是《2020 通则》中唯一要求卖方在目的地卸货的术语，因此，要使用该贸易术语，卖方应确保其可以在指定目的地组织卸货。

五、DDP

DDP［Delivered Duty Paid（insert named place of destination），完税后交货（指定目的地）］，是指卖方必须签订运输合同或安排货物运输，在约定的日期或期限内将货物运至指定目的地，将置于目的地运输工具上的货物交给买方处置时即完成交货，并负责办理货物的进口清关手续。卖方承担将货物运至指定目的地交给买方处置前的一切风险和费用，所承担的费用包括需要办理出口清关手续时所需的出口报关费用、出口应缴纳的一切关税、税款及需经另一国过境时应缴纳的一切费用、货物运至指定目的地的运费，以及运输合同规定的由卖方承担的卸货费、需要办理进口清关手续时所需的进口报关费用和进口应缴纳的一切关税、税款。

DDP 贸易术语适用于任何运输方式，也可适用于使用多种运输方式的情形。使用 DDP 贸易术语成交时，卖方承担将货物运送到指定目的地的一切风险，因此，卖方交货的地点和到货的目的地是相同的。如果卖方无法办理进口清关手续，且更希望将这些事项交给进口国的买方负责，那么，卖方不应使用该贸易术语，应考虑选择 DAP 贸易术语或 DPU 贸易术语。

思考与训练 2.6

以上 11 种贸易术语中，哪一种卖方承担的责任最小？哪一种卖方承担的责任最大？

知识链接

《2020 通则》对《2010 通则》作的主要修改

虽然《2020 通则》于 2020 年 1 月 1 日正式生效，但是《2020 通则》的生效并非意味着《2010 通则》自动作废。因为国际贸易惯例本身不是法律，对国际贸易当事人不产生必然的强制性约束力。国际贸易惯例在适用的时间效力上并不存在“新规则取代旧规则”的说法，即《2020 通则》实施之后并非《2010 通则》就自动废止，当事人在订立贸易合同时仍然可以选择适用《2010 通则》，甚至选择适用《2000 通则》。因此，了解和认识《2010 通则》《2000 通则》也是非常必要的。

《2000 通则》中的 13 种贸易术语按 E 组（EXW）、F 组（FOB、FCA、FAS）、C 组（CFR、CIF、CPT、CIP）、D 组（DAF、DES、DEQ、DDU、DDP）分类。《2010 通则》变为只有 11 个贸易术语，其保留了《2000 通则》中的 E 组、F 组、C 组贸易术语和 D 组中的 DDP 贸易术语，增加了 DAP 和 DAT 两个新的贸易术语，删除了 D 组的其他四个贸易术语 DAF、DES、DEQ 和 DDU。《2020 通则》仍有 11 个贸易术语，与《2010 通则》基本相同，只是把 DAT 改为了 DPU。当然还包括一些实质性的变化，主要有以下几个方面。

1. FCA 中约定了已装船批注提单

若合同约定采用 FCA 贸易术语，且货物经由海运方式运输，卖方或买方可能需要已装船提单。

然而FCA贸易术语下卖方的交货义务在货物装船前已经完成，无法确定卖方能否从承运人处获取已装船提单。《2020通则》FCA中的A6/B6条款提供了一个附加选项，买方和卖方可以约定，买方将指示其承运人在货物装船后向卖方签发已装船提单，卖方有义务向买方提交提单（通常通过银行）。

2. 费用在《2020通则》中显示在每一个贸易术语的A9/B9条款中

在《2020通则》条款的新排序中，卖方和买方各自负担的所有费用都显示在每一个贸易术语的A9/B9条款中，目的是向使用该规则的用户提供一站式费用清单，以便卖方或买方可以在一个地方找到其在《2020通则》下使用某个特定的贸易术语将要负担的所有费用。

3. CIF和CIP中保险险别的不同层级规定

在《2010通则》中，CIF和CIP的A3条款均强制规定了卖方的义务为“自付费用取得货物保险，该保险需至少符合《协会货物保险条款》条款（C）或类似的最低保险险别条款”。

关于保险义务，《2020通则》中对CIF的规定和《2010通则》相同，即默认《协会货物保险条款》（C条款）作为最低保险险别条款，当然，双方当事人仍可以自由商定使用较高的保险险别。对CIP的规定，要求卖方必须取得符合《协会货物保险条款》（A条款）的保险险别或其他类似的保险条款，当然，双方当事人也可以自由商定使用较低的保险险别。

4. 将DAT改为DPU

在《2010通则》中，DAT [delivered at terminal（insert named terminal at port or place of destination），运输终端交货（指定目的港或目的地的运输终端）]，是指卖方在约定的日期或期限内将货物运至指定目的港或目的地的运输终端卸货后交给买方处置即完成交货。“运输终端”（terminal）包括任何地方，无论其是否有遮蔽物（露天与否），如码头、仓库、集装箱堆场或公路、铁路或航空运输总站等。

在《2020通则》中，DAT被改为了DPU，这是为了强调目的地可以是任何地方，而不仅是“运输终端”。

5. FCA、DAP、DPU、DDP中规定了允许买方或卖方使用自己的运输工具安排运输

在《2010通则》中，始终设定卖方和买方之间的货物运输由第三方承运人进行，而未考虑卖方或买方自行负责运输的情况。

在《2020通则》中，考虑到了在某些情况下，货物从卖方运往买方，可以在根本不雇佣任何第三方承运人的情况下进行。因此，在DAP、DPU、DDP贸易术语中，规定了允许卖方使用自己的运输工具安排运输。同样，在FCA贸易术语中，也规定了买方可以使用自己的运输工具收货并运往买方所在地。

6. 在运输义务和费用中加入了与安全有关的要求

在《2010通则》中，各贸易术语的A2/B2及A10/B10条款中简单提及与安全有关的要求。随着运输安全（如对集装箱进行强制性检查等）要求越来越高，在《2020通则》中，与安全有关的义务明确规定在每个贸易术语的A4（运输合同）和A7（出口清关）条款中，因这些要求产生的费用，也在A9/B9（费用）条款中作了更明确的规定。

7. 升级“使用说明”为“用户解释说明”

在《2010通则》中，每个贸易术语规则开头处出现的“使用说明”，在《2020通则》中作为“用户解释说明”出现。用户解释说明阐明了每个贸易术语的基本原理，如某贸易术语

应该何时使用、风险何时转移和卖方与买方之间如何划分费用等。其意图是帮助用户在特定交易中更准确、高效地选择合适的贸易术语，为那些受《2020通则》制约的合同或争议提供解决方案，同时也为咨询者就可能需要的解释事项提供指南。

第四节　核算出口价格

外贸业务员在推广自己的产品和寻找客户前，或面对客户的询盘时，必须熟悉自己的产品并能熟练地核算价格，这是外贸业务员必须掌握的技能之一，它直接关系到交易磋商的成败以及买卖双方的利益。外贸业务员在学会核算价格的基础上，还应充分考虑影响价格的各种因素，根据自身的经验和意图，确定适当的报价范围，既要防止不计成本、不顾盈亏地追求成交量，又要防止因盲目坚持高价格而削减竞争力。同时，在面对客户的讨价还价时，外贸业务员还要能熟练地核算盈亏并迅速判断是否可以按客户的还价成交。

产品的售价基本由三部分构成，即成本、费用和利润。卖方在核算价格时要清楚产品的生产成本或购货成本以及交货前的所有费用，同时要确定一个合理的预期利润。在进出口业务中，采用不同的贸易术语成交，买卖双方各自承担的责任和费用不尽相同，最终的报价也不一样。此外，核算出口价格时还要考虑选择以何种外币计价，并进行本币和外币之间的兑换核算。下面我们介绍进出口业务中使用较多的FOB、CFR和CIF三个贸易术语的价格核算。

一、核算FOB价格

采用FOB价格成交，卖方承担货物在装运港装上船之前的一切费用和风险。因此，FOB价格的构成主要是实际采购成本、出口装船前的一切费用以及合理的预期利润这三部分。所以，核算FOB价格的公式为

FOB人民币价格=实际采购成本+出口装船前的一切费用+预期利润

（一）实际采购成本

卖方为出口商品需从国内供货商处采购相关产品，其支付的采购价一般都包括了增值税。为了帮助本国的外贸企业降低出口成本，增强其在国际市场上的竞争力，很多国家有针对部分出口产品施行的出口退税政策，也就是产品出口后可以将出口企业在国内已缴纳的增值税全部或部分退还。所以，卖方在核算实际采购成本时可以在购货成本的基础上扣除出口退税。可以用以下计算公式加以说明：

实际采购成本=采购价（含税）－出口退税

对于外贸公司来讲，出口退税的计算方法如下：

出口退税=不含税价×出口退税税率

知识链接

出口退税是指在国际贸易中，对报关出口的应税货物退还或免征国内生产环节和流转环节按税法规定征收的增值税和消费税的制度。它是国际贸易中通常采用的、为各国接受的、

旨在鼓励本国出口货物公平竞争的一种税收措施。出口退税是出口贸易中的一项特殊制度，出口企业在核算业务成本时必须掌握相关的税收知识和出口退税额的计算。

1. 出口货物退（免）增值税的方法

常用的出口货物退（免）增值税的方法有以下四种。

（1）“免、退”税，即对出口环节增值部分免税，对进项税额退税。该方法适用于外贸、物资、供销等商业流通企业。

（2）“免、抵、退”税，即对出口环节增值部分免税，进项税额准予抵扣的部分在内销货物的应纳税额中抵扣，不足抵扣的部分实行退税。该方法适用于生产型企业。

（3）“免、抵”税，即对销售环节增值部分免税，进项税额准予抵扣的部分在内销货物的应纳税额中抵扣。该方法适用于国家列明的钢铁企业销售的“加工出口专用钢材”。

（4）免税，即对出口货物免征增值税。该方法适用于来料加工等贸易形式和出口有单项特殊规定的指定货物（如卷烟等）以及国家统一规定免税的货物等。

2. 含税价和不含税价的计算

外贸公司在向国内工厂采购货物时，支付的总金额是按含税价计算的，即采购价为含税价，而增值税专用发票列明的进项金额为不含税价。含税价和不含税价的换算公式推导过程为

采购价（含税）=不含税价+增值税税额

=不含税价+不含税价×增值税税率

=不含税价×（1+增值税税率）

因此，

不含税价=采购价（含税）÷（1+增值税税率）

3. 出口退税额的计算

外贸公司出口退税额的计算公式为

出口退税=不含税价×出口退税税率

=采购价（含税）÷（1+增值税税率）×出口退税税率

即时查询

在通关网（hscode）、中国出口退税咨询网（taxrefund）、归类通（e-to-china）等网站均可查询所出口的商品是否享受退税优惠以及退税税率。

课堂实训范例 2.1

A 进出口公司收到德国某公司求购 3 000 双牛皮雪地靴（一个 40 英尺集装箱）的询盘，公司业务员小李立即询问了供应商，供应商的供货价为每双 135.6 元人民币（含税价），增值税税率为 13%。经查询雪地靴的出口退税税率为 13%。请帮助小李核算每双雪地靴的实际采购成本。

答：

出口退税=不含税价×出口退税税率

=采购价（含税）÷（1+增值税税率）×出口退税税率

=135.6÷（1+13%）×13%=15.6（元人民币/双）

实际采购成本=采购价（含税）−出口退税

= 135.6−15.6=120（元人民币/双）

（二）出口装船前的一切费用

出口装船前的一切费用（以下简称国内费用）是指出口产品在运至装运港装船前所产生的

一切费用。其项目较多，一般包括加工整理费用、包装费用、把货物从仓库运到装运港的运杂费、装船费、港口费、银行费用、商检费、报关手续费、出口关税和经营管理费用等。国内费用的核算可以采用明细核算法和经验核算法。

1. 明细核算法

明细核算法就是逐笔核算可能产生的所有国内费用，最后进行累加得到国内总费用的。其中银行费用包括银行手续费和贷款利息，银行手续费是指通过银行结算时需要交付银行的相关费用。商检费用是指商品检验机构根据国家的有关规定或应进口商的要求对货物进行检验的费用。报关手续费是指向海关申报进出口时办理清关手续所产生的费用。出口关税是指海关对出口商品所征收的有关税金。因为征收出口关税会增加出口商品的成本，降低出口商品在国际市场的竞争力，所以我国对大部分的出口商品都不征收出口关税。

经营管理费用是指出口企业在经营过程中发生的有关费用，如通信费、差旅费、业务招待费等，企业一般都会按照历年的实际支出规定一个百分比，方便估算，可用如下的计算公式加以说明：

经营管理费用=采购价（含税）×定额费率

2. 经验核算法

由于国内费用的项目繁多、琐碎，按明细核算法逐笔核算比较麻烦和复杂，为了计算方便，业务员会根据以往出口时发生的国内费用的大致情况，确定一个出口费用率，然后按采购价（含税）直接核算，可用如下的计算公式加以说明：

出口装船前的一切费用=采购价（含税）×出口费用率

（三）预期利润

出口利润是出口企业最关注的价格构成因素之一。出口企业一般会为每一个出口商品制定一个利润目标，同时也会根据国际市场供求关系、成交数量、国外客户所在的区域和客户性质等情况的不同，对利润目标进行适当调整。

（四）核算FOB外币价格

计价货币是指买卖双方约定用来计算商品价格的货币。国际贸易中用来计价的货币，可以是出口国的货币，也可以是进口国的货币或双方同意的第三国货币。具体采用哪种货币计价由买卖双方商定。在实际业务中，由于人民币还不是完全可自由兑换的货币，因此，我国的进出口业务大部分采用外币计价。

微课堂
外汇基础知识

这里需要大家先学习进出口业务中本币价格和外币价格之间兑换的基本知识。

1. 外汇牌价

外汇牌价，即外汇指定银行的外汇兑换牌价，是各个银行根据中国人民银行公布的人民币市场中间价以及国际外汇市场行情，制定各种外币与人民币之间的买卖价格。外汇牌价实时变动。各银行公布的外汇牌价一般包括现钞买入价、现钞卖出价、现汇买入价、现汇卖出价和中间价。

（1）现汇买入价和现汇卖出价的含义。在我国，外汇牌价采用以本币直接标价的方法，我国银行按100单位外币折合的人民币金额挂牌公布。例如，某日银行公布美元兑人民币的现汇买入价为698.09，现汇卖出价为701.04，即银行买入100美元现汇需要支付客户698.09元人民币，或者说，客户（如出口企业）把外汇账户的100美元卖出能够得到698.09元人民币；而银行卖出100美元能够得到701.04元人民币，或者说，客户（如进口企业）从银行买入100美元需要向银行支付701.04元人民币。

关于外币现汇买入价和现汇卖出价的表述方式，为方便统一，本教材后文均用“买入价/卖出价”的形式表述，如上述美元兑人民币的汇率为698.09/701.04。

（2）出口收汇时和进口付汇时本币与外币之间的兑换。出口企业收到国外买家支付的外汇后，可以按收汇当日的外汇牌价兑换成人民币存入出口企业的账户，即把外币收入兑换成人民币收入，按现汇买入价折算。进口企业对外支付外汇时，需要从银行买入外汇的，需把人民币兑换成外币，按现汇卖出价折算。可用以下计算公式加以说明：

出口收汇时，　　出口本币收入=出口外币收入×现汇买入价

进口付汇时，　　进口的本币支出=进口的外币支出×现汇卖出价

课堂实训范例 2.2

（1）某出口企业于2020年2月10日收到进口商支付的货款，共15 000美元，当日其开户银行公布的美元兑人民币的汇率是699.30/702.75，按当日该银行的外汇牌价结汇，该出口企业可获得多少人民币的收入？

答：　　出口人民币收入=15 000×6.993 0=104 895（元人民币）

（2）某进口企业按合同规定需在2020年2月9日支付出口商30 000欧元，当日其开户银行公布的欧元兑人民币的汇率是765.33/770.48，按当日该银行的汇率购汇，进口企业需花费多少人民币？

答：　　人民币支出=30 000×7.704 8=231 144（元人民币）

2. FOB外币价格的计算

在出口业务中，国外进口商往往会要求出口企业按某一种外币报价和结算货款，因此外贸业务员在使用本币计算出FOB人民币价格后，需按买卖双方约定的计价货币折算成外币价格，折算公式如下：

FOB外币价格=FOB人民币价格÷现汇买入价

课堂实训范例 2.3

在课堂实训范例2.1中，小李核算出每双雪地靴的实际采购成本是120元人民币；该笔出口业务A进出口公司还需承担的费用包括：出口包装费每双3元，国内运杂费共计4 000元，出口商检费350元，报关手续费150元，港口费900元。公司经营管理费用为采购价的5%，若A进出口公司的预期利润为采购价的20%，核算价格当天银行公布的美元兑人民币的汇率为698.09/701.04，请计算每双雪地靴的FOB美元价格。

答：

每双雪地靴国内费用=3+（4 000+350+150+900）÷3 000+135.6×5%

=11.58（元人民币）

每双雪地靴的FOB人民币价应为

每双雪地靴FOB价格=120+11.58 +135.6×20%

=158.7（元人民币）

每双雪地靴FOB美元价格=158.7 ÷ 6.980 9 ≈ 22.73（美元）

可报每双雪地靴的FOB美元价格为22.73美元。

思考与训练2.7

B公司外贸业务员小王收到国外进口商采购牛仔裤的询盘，要求报FOB Guangzhou价格。已知该牛仔裤工厂的供货价是每条80元人民币，含13%增值税，出口关税0%，出口退税税率为13%。公司确定的出口费用率为10%，预期利润率为采购价的15%。当天国内银行公布的美元兑人民币的汇率为698.78/701.75。请核算FOB Guangzhou价格并给国外进口商按美元计价报价。

二、核算CFR价格和CIF价格

1. 核算CFR价格

采用CFR贸易术语成交，卖方必须在合同规定的装运期内在装运港将货物装上船，还需订立把货物运至指定目的港的运输合同并支付运费。由此可见，采用CFR贸易术语成交，卖方承担的费用是在采用FOB贸易术语成交的基础上增加了一项从装运港到目的港运输途中产生的海运运费。因此，CFR价格的构成主要是实际采购成本、出口装船前的一切费用、海运运费以及合理的预期利润这四部分。所以，核算CFR价格的公式为

CFR价格=实际采购成本+出口装船前的一切费用+海运运费+预期利润

=FOB价格+海运运费

课堂实训范例2.4

在课堂实训范例2.3中，进口方是德国的客户，其要求小李改报CFR Hamburg价格。小李查询了运价，得知从装运港广州到汉堡港运送一个40英尺集装箱的海运运费为2 360美元。请核算CFR价格并给客户报价。

答：

CFR价格=FOB价格+海运运费

=22.73+2 360 ÷ 3 000 ≈ 23.52（美元/双）

可向客户报每双雪地靴CFR Hamburg价格为23.52美元。

2. 核算CIF价格

采用CIF贸易术语成交，卖方必须在合同规定的装运期内在装运港将货物装上船，订立把货物运至指定目的港的运输合同并支付运费，并负责订立货运保险合同及支付保险费。由此可见，采用CIF贸易术语成交，卖方承担的费用是在CFR贸易术语成交的基础上增加了一项保险费。因此，CIF价格的构成主要是实际采购成本、出口装船前的一切费用、海运运费、保险费

以及合理的预期利润这五部分。所以，核算 CIF 价格的公式为

CIF 价格=实际采购成本+出口装船前的一切费用+海运运费+保险费+预期利润
=FOB 价格+海运运费+保险费
=CFR 价格+保险费

课堂实训范例 2.5

在课堂实训范例 2.3 中，如德国客户要求小李按成交价格的 110%投保一切险，并让小李改报 CIF Hamburg 价格。

小李查询了运价，得知从装运港广州到汉堡港运送一个 40 英尺集装箱的海运运费为 2 360 美元；另查询保险公司费率表，一切险保险费率为 0.6%，根据保险公司的报价，保险费约为 468.79 美元。

请核算 CIF 价格并给客户报价。

答：

CIF 价格=FOB 价格+海运运费+保险费
=22.73+2 360 ÷ 3 000+468.79 ÷ 3 000
≈ 23.68（美元/双）

可向客户报每双雪地靴 CIF Hamburg 价格为 23.68 美元。

三、常用贸易术语间的价格换算

在外贸业务磋商的过程中，买卖双方在贸易术语的选用上可能会有不同的意见，如出口方报 CIF 价格，而进口方可能会要求报 CFR 价格或 FOB 价格。因此，外贸业务员需要学会在保证利润不变的条件下，根据 FOB、CFR、CIF 的价格构成因素，在 FOB、CFR 和 CIF 三种贸易术语之间灵活进行价格换算。

（一）FOB、CFR 和 CIF 之间的价格换算

下面公式中的海运运费（F）是指从装运港到指定目的港的海运或内河水运段运费。

1. FOB 价格换算为其他贸易术语的价格

在给客户报 FOB 价格的情况下，可以根据以下公式将其换算成 CFR 价格或 CIF 价格。

CFR 价格=FOB 价格+海运运费（F）
CIF 价格=FOB 价格+海运运费（F）+保险费（I）
=（FOB 价格+F）÷（1−投保加成×保险费率）

2. CFR 价格换算为其他贸易术语的价格

在给客户报 CFR 价格的情况下，可以根据以下公式将其换算成 FOB 价格或 CIF 价格。

FOB 价格=CFR 价格−海运运费（F）
CIF 价格=CFR 价格+保险费（I）
=CFR 价格÷（1−投保加成×保险费率）

3. CIF 价格换算为其他贸易术语的价格

在给客户报 CIF 价格的情况下，可以根据以下公式将其换算成 FOB 价格或 CFR 价格。

FOB 价格=CIF 价格−海运运费（F）−保险费（I）

=CIF 价格×（1−投保加成×保险费率）− 海运运费（F）

CFR 价格=CIF 价格−保险费（I）

=CIF 价格×（1−投保加成×保险费率）

思考与训练 2.8

A 贸易公司业务员小田与日本一进口商进行磋商，原报价为每公吨 500 美元 CIF Osaka，在后面的磋商过程中，进口商要求改为由其指定船运公司并承担运费，请 A 贸易公司重新报 FOB Shenzhen 价格。原报价中，小田预算的海上运费为每公吨 35 美元，保险费为每公吨 3 美元。在出口净收入不减少的情况下，请给客户报 FOB Shenzhen 价格。

（二）FCA、CPT 和 CIP 之间的价格换算

FCA、CPT 和 CIP 三个贸易术语的价格构成与 FOB、CFR 和 CIF 三个贸易术语相同，只是两组贸易术语适用的运输方式和风险划分界限不同。所以，FOB、CFR 和 CIF 三个贸易术语之间的价格换算关系同样适用于 FCA、CPT 和 CIP 之间的价格换算。

四、报价时要考虑影响进出口商品成交价格的因素

在国际商品买卖中，商品的价格是买卖双方谈判的焦点，是决定商品能否进入市场的重要因素，关系着买卖双方的切实利益。在实际业务中，报价时除了要考虑成本因素外，还应综合考虑各种影响成交价格的因素，合理报价，同时注意同一商品在不同情况下应有一定的差价。

（1）要考虑商品的质量和档次。在国际市场上，一般都贯彻按质论价的原则，即好货好价、次货次价。商品品质的优劣，档次的高低，包装装潢的好坏，样式的新旧，商标、品牌的知名度，都会影响商品的价格。

（2）要考虑运输距离。国际商品买卖，一般都要经过长途运输。例如，采用 CFR 或 CIF 贸易术语成交时，运输距离的远近将影响运费和保险费，从而影响商品的价格。因此，确定商品价格时，必须核算运输成本，做好比价工作，以体现地区差价。例如，其他交易条件都相同的情况下，CFR New York 价格和 CFR Tokyo 价格肯定是不同的。

（3）要考虑交货地点和交货条件。在国际贸易中，由于交货地点和交货条件不同，买卖双方承担的责任、费用和风险也有差别，在确定进出口商品价格时，必须考虑这些因素。例如，同一运输距离内成交的同一商品，按 CIF 贸易术语成交与按 DAP 贸易术语成交，其价格应当不同。

（4）要考虑季节性需求的变化。在国际市场上，某些节令性商品，如赶在节令前到货，抢行应市，即能卖上好价。过了节令的商品，其售价往往很低，甚至会以低于成本的“跳楼价”出售。因此，应充分利用季节性需求的变化，切实掌握好季节性差价，争取按照对自身有利的价格成交。

（5）要考虑成交数量。按照国际贸易的习惯做法，成交量的大小会影响价格。当成交量大时，在价格上应给予适当优惠，或者采用数量折扣的办法；反之，当成交量过小，甚至低于起订量时，可以适当提高价格。那种不论成交量多少，都采取同一个价格成交的做法是不恰当的，外贸业务员应当掌握好数量方面的差价。

（6）要考虑支付条件和汇率变动的风险。支付条件是否对自身有利和汇率变动风险的大小，都影响商品的价格。例如，同一商品在其他交易条件相同的情况下，采用预付货款方式和采用托收付款方式，其价格应当有所区别。同时，在确定商品价格时，一般应争取采用对自身有利的货币成交，当采用不利的货币成交时，应当把汇率变动的风险考虑到商品价格中，若己方是卖方可适当提高出售价格，若己方是买方可适当压低购买价格。

此外，交货期的远近、市场销售习惯和消费者的喜好等因素，对价格的确定也有不同程度的影响，外贸业务员必须在调查研究的基础上通盘考虑，权衡得失，然后再确定适当的价格。

五、出口盈亏核算

在实际业务中，外贸业务员给客户报价后，经常会碰到客户讨价还价的情况，此时，外贸业务员需根据客户的还价熟练地核算盈亏，并迅速判断是否可以按客户的还价成交。这是外贸业务员必须掌握的技能之一。衡量一笔出口业务是否赢利，通常可以用出口换汇成本、出口盈亏额和出口盈亏率来反映。

1. 出口换汇成本的计算

出口换汇成本也称为出口换汇率，指商品出口后净收入每一单位外币所耗费的本币（人民币）成本，即某笔出口业务用了多少单位本币（人民币）换取1个单位的外币（如1美元）。在出口业务中，企业常用出口换汇成本来衡量出口业务的盈亏。如果出口换汇成本高于当日银行外汇牌价（现汇买入价），说明该项业务亏本；反之，如果出口换汇成本低于当日银行外汇牌价（现汇买入价），说明该项业务赢利。出口换汇成本越低，赢利水平越高。

出口换汇成本的计算公式如下：

出口换汇成本＝国内总成本（退税后）÷出口外汇净收入（FOB外币价）

其中，出口外汇净收入是指扣除海运运费和保险费之后的FOB外币价。根据前面的介绍可知，卖方承担的国内总成本主要包括采购成本、出口装船前的一切费用，另外，出口的商品如享受国家规定的退税优惠，成本可以降低。因此，国内总成本（退税后）的计算公式如下：

国内总成本（退税后）＝采购价（含税）+出口装船前的一切费用−出口退税

2. 出口盈亏额和出口盈亏率的计算

出口盈亏额是指出口商品销售人民币收入与出口总成本（退税后）的差额。若差额为正，则说明业务有赢利；反之，若差额为负，则说明业务亏损。出口盈亏率是指出口盈亏额与出口总成本（退税后）的比率，是衡量出口盈亏程度的一项重要指标。

出口盈亏额的计算公式为

出口盈亏额=FOB外币价×外汇买入价－国内总成本（退税后）

或

出口盈亏额=（外汇买入价－出口换汇成本）×FOB外币价

出口盈亏率的计算公式为

出口盈亏率 = 出口盈亏额 ÷ 国内总成本（退税后）

或

出口盈亏率=（外汇买入价 –出口换汇成本）÷出口换汇成本

课堂实训范例 2.6

1. 某公司拟按每米 10.6 美元 FOB 深圳的价格出口一批货物，已知该货物的采购价为每米 65 元人民币（含 13%增值税），出口费用率为采购价的 10%，出口退税税率为 10%。请计算该笔业务的出口换汇成本。若美元兑人民币的汇率为 696.19/699.14，请判断该笔业务是否有赢利。

答：

出口退税=65 ÷（1+13%）×10% ≈ 5.75（元人民币）

国内总成本（退税后）=65+65×10%−5.75=65.75（元人民币）

出口换汇成本= 国内总成本（退税后）÷ FOB 外币价

=65.75 ÷ 10.6 ≈ 6.202 8（元人民币/美元）

出口换汇成本 6.202 8，低于美元现汇买入价 6.961 9，该笔业务有赢利。

2. 根据以上数据计算该笔业务的出口盈亏率。

答：

出口盈亏额=FOB 外币价 × 外汇买入价 − 国内总成本（退税后）

=10.6 × 6.961 9−65.75 ≈ 8.046（元人民币）

出口盈亏率=出口盈亏额 ÷ 国内总成本（退税后）

=8.046 ÷ 65.75 ≈ 12.24%

或

出口盈亏率=（外汇买入价−出口换汇成本）÷ 出口换汇成本

=（6.961 9−6.202 8）÷ 6.202 8 ≈ 12.24%

思考与训练 2.9

我国某公司向国内供应商采购一批商品用于出口，出口合同约定的装运港为汕头，出口价格是每件 62.3 美元 CFR 纽约，总数量为 1 000 件，采购价为每件 350.3 元人民币（含 13%增值税），出口装船前的一切费用为采购价的 10%，此商品的出口退税税率为 9%。经查询，汕头到纽约的海运运费为 3 800 美元，当日银行公布的美元兑人民币的汇率为 690.48/694.16。请计算出口换汇成本、单位商品的出口盈亏额和出口盈亏率。

第五节　合同中的价格条款

一、合同中的价格条款及作价方法

绝大部分进出口业务通过函电进行磋商，如果报价方式不规范，很容易造成误解或差错，甚至会导致业务利润受损，也有损企业形象。因此，必须正确掌握进出口商品价格的表示方法。

（一）合同中价格条款的内容

进出口合同中的价格条款一般包括商品的单价和总值两项基本内容：单价通常由四个部分组成，即计量单位、单位价格金额、计价货币和贸易术语；总值（或称总价）是单价与数量的乘积，也就是一笔业务的货款总金额。合同中的单价条款举例如下。

【例】

USD 350 per M/T CIF New York（CIF 纽约价为每公吨 350 美元）

HKD 150 per set FOB Guangzhou（FOB 广州价为每套 150 港元）

（二）进出口商品的作价方法

根据有关法律和国际惯例，贸易合同中的价格可以是明确规定的，也可以只规定作价的方法而不明确规定价格。在进出口贸易中，一般采用固定作价方法，即在磋商交易时就把价格确定下来，事后无论发生什么情况均按确定的价格结算应付货款。但在实际业务中，有时也采用非固定作价方法。

1. 固定作价

固定作价是常见的作价方法，即在磋商交易时就把价格确定下来，事后无论发生什么情况均按确定的价格结算应付货款。一方面，固定作价这种方法具有明确、肯定、便于结算的优点，我国进出口贸易合同中多采用这种方法。但另一方面，双方要承担从订约到结算期间价格变动的风险。所以这种方法主要适用于自身价格波动不大的商品，不适用于价格敏感性商品及远期交货（即订约时间与交货、结算时间相距较长）的买卖。

合同中的价格条款明确规定为“USD 5 280 per set FOB Shenzhen”，此价格即为固定价格，如买卖双方对此没有其他特殊规定，双方必须按此价格结算货款，即使在订约后商品市价发生重大变化，任何一方不得要求变更原定价格。

2. 非固定作价

非固定作价又称“活价”，其具体做法有以下几种。

（1）暂不固定价格。某些商品价格变动频繁且波动幅度较大，或交货期长，买卖双方对市场趋势难以预测但又有订约的意图，则可以采用暂不固定价格，只约定将来如何确定价格的方法。如“以××年××月××日纽约商品交易所该商品的收盘价为基础加 2 美元作价”，按此作价方法，双方都不需要承担商品市价变动的风险。

（2）暂定价格。对于某些价格变动较大、交货期比较长的商品，买卖双方可在订立合同时暂时规定一个价格。但其不是正式价格，只是参考价格。在合同中订立暂定价格，主要是为了开立信用证，或作为初步结算货款的依据。待确定正式价格后，双方再进行一次结算，多退少补，如“每件 200 港元 FOB 上海（备注：上述价格为暂定价格，于装运月份前 15 天再由买卖双方另行协商确定价格。”

（3）部分固定作价，部分不固定作价，即在订立合同时对于近期交货的部分可以固定作价，而远期交货部分暂不作价，这种做法适用于大量分批装运的商品的买卖。

（4）滑动价格。进出口成套机器设备时，从订立合同到结算货款所需时间较长，为了避免原材料、物价、工资等的变化带来的风险，买卖双方可以在订立合同时规定一个基础价格，到交货前的一定时间或交货时再根据工资、物价等变动的情况进行调整，这种价格称为滑动价格。在采用滑动价格的合同中，价格的调整按照“价格调整条款”进行。买卖双方可根据需要，选择不同的参数，制定不同的价格调整条款。

二、计价货币的选择

计价货币是指合同中规定的用来计算价格的货币，而支付货币是实际支付给卖方的货币。两者多为同一种货币，但也可以不是同一种货币。国际贸易中用来计价的货币，可以是出口国的货币，也可以是进口国的货币或双方同意的第三国货币。

由于世界经济的波动，各国货币币值的频繁变动会直接影响进出口企业的资金安全和经济收益。因此，在选用外国货币计价时，一定要慎重。既要考虑所使用货币的稳定性和安全性，又要考虑所使用货币的可兑换性，以减少外汇汇率变动可能造成的损失。

在国际贸易中，在可能的情况下，出口时应争取使用币值坚挺或汇率有上浮趋势的“硬币”，进口时应争取使用汇率有下浮趋势的“软币”。另外，在合同中可以订立外汇保值条款，一旦汇率发生变动要重新折算价格。

课堂实训范例 2.7

（1）某年 10 月 13 日，B 公司订立出口 100 件某商品的合同，合同采用美元计价，价格为每件 100 美元 FOB Shanghai，B 公司于该年 12 月 22 日收到货款并结汇。请按结汇之日的汇率计算 B 公司人民币的总收入。有关汇率如下。

10 月 13 日:	USD 100=CNY 625.57/628.07	EUR 100=CNY 809.33/815.83
12 月 22 日:	USD 100=CNY 621.16/623.64	EUR 100=CNY 816.42/822.98

（2）若上述例子中采用欧元计价和支付，当时可报价多少？B 公司仍于当年 12 月 22 日收到货款并结汇，请按结汇之日的汇率计算 B 公司人民币的总收入。

即时查询

查询汇率的途径有很多种，可以登录中国银行或其他银行官网查询，还可以登录和讯网（和讯网首页→外汇→人民币→比价中心）对各大银行的报价进行比较。

查询当前人民币对各种外币的汇率后思考，目前美元相对于欧元来讲，是“软币”还是“硬币”？如果你是 B 公司的业务员，在这笔业务中，目前你会采用哪种货币计价呢？

答：

（1）按美元计价及支付，结汇时的人民币总收入为

100×100×6.211 6 = 62 116（元人民币）

（2）按欧元计价时，可报 77.29 欧元，计算过程为

100×6.255 7÷8.093 3 = 77.29（欧元）

结汇时的人民币总收入为

77.29×100×8.164 2= 63 101.10（元人民币）

从上述的汇率可知，美元相对于欧元而言，美元是“软币”，而欧元是“硬币”。与采用美元计价相比，若采用欧元计价，B 公司在结汇日的人民币总收入将增加 985.1（63 101.10−62 116）元。可见，出口时采用币值坚挺或汇率有上升趋势的货币对出口企业有利。

三、佣金和折扣

在价格条款中，有时也会有关于佣金和折扣的规定。从这个角度看，价格条款中所规定的价格，可分为包含有佣金和折扣的价格和不包含这类因素的净价。在实践中，除非事先另有约定，如有关价格条款中对佣金或折扣未作表示，通常理解为不含佣金或不给折扣的价格。

如价格中包含佣金或需要给予客户折扣的，应该在合同中作出明确的规定。

1. 佣金和折扣的含义

佣金（commission）是指卖方或买方支付给中间商代理买卖或介绍交易的服务酬金。包含佣金的合同价格称为含佣价。我国的专业外贸公司，在代理国内企业进出口业务时，通常由双方签订协议规定代理佣金率，而在对外报价时，佣金率则不明示在价格中，这种佣金称为"暗佣"。如果在价格条款中，明确表示佣金为多少，则这种佣金称为"明佣"，在我国的对外贸易中，明佣主要出现在我国出口企业向国外中间商的报价中。

佣金的支付方法通常有两种：一种是由中间代理商直接从货价中扣除；另一种是卖方在收妥货款后，按事先约定的期限和佣金率，另外支付给中间代理商。

折扣（discount）是卖方在原价格的基础上给予买方的一定比例的价格减让。使用折扣方式减让价格，而不直接降低报价，使卖方既保持了商品的价位，又明确表明了其能给予买方的某种优惠，是一种促销手段，如数量折扣、清仓折扣、新产品的促销折扣等。

2. 佣金和折扣的表示方法

在价格条款中，佣金和折扣有不同的表示方法。

（1）用文字表示，例如：

USD 200 per M/T CIF New York including 3% commission.

HKD 355 per cubic meters FOB Guangzhou less 2% discount.

（2）用 C 表示佣金。可以在贸易术语后面加 C 和佣金率来表示佣金，折扣一般不用此法。例如：

USD 200 per M/T CIFC3% New York.

或 USD 200 Per M/T CIFC3 New York.

（3）用绝对数表示，例如：

Pay ABC Company USD 25 as commission per M/T.

Discount USD 5 per M/T.

3. 佣金和折扣的计算

在规定佣金的条件下，不但佣金的高低会影响双方的实际利益，而且计算佣金的方法也会对双方的经济利益产生直接的影响。计算佣金有不同的方法，最常见的是以合同价格直接乘以佣金率，然后得出佣金额。例如，以 CIFC3%每吨 1 000 美元条件成交时，每吨的佣金额为

$$1\,000\times3\%=30\text{（美元）}$$

按上述常见的方法计算时，有关佣金的计算公式可归纳为

$$\text{佣金}=\text{含佣价}\times\text{佣金率}$$

此时卖方的净收入，即净价的计算公式为

$$\text{净价}=\text{含佣价}-\text{佣金}=\text{含佣价}-\text{含佣价}\times\text{佣金率}=\text{含佣价}\times\text{（1}-\text{佣金率）}$$

整理后得出含佣价和净价的关系是

$$含佣价=净价\div(1-佣金率)$$

思考与训练 2.10

A贸易公司出口某商品到中国香港，原报价为每平方米60美元 CIF 香港，现在买方要求A贸易公司改报CIFC5%香港，A贸易公司可以同意，但出口净收入不能减少。

问：（1）按CIFC5%香港报价，应报多少美元？

（2）如按上述的含佣价格成交，实际支付给中间商的佣金是多少？

自测题

一、单项选择题

1. 某公司与美国一家公司以CFR New York的条件成交一笔生意，按照《2020通则》的规定，这批货物从装运港运到目的港的运输费用应由________。

   A. 买方来承担　　B. 卖方来承担

   C. 船方来承担　　D. 港务部门来承担

2. 采用CIF贸易术语成交，其运输方式适用________。

   A. 海上运输（包括内河运输）　　B. 陆上运输

   C. 各种运输　　D. 航空运输

3. 按FOB贸易术语成交，买方的主要责任是________。

   A. 只承担货物在装运港装船之后的风险

   B. 只负责接受卖方提供的有关单据

   C. 承担货物在装运港装船之后的一切风险；接受卖方提供的各种合格单据并按合同支付货款；承担办理过境及进口的清关手续及费用

   D. 只负责办理进口手续

4. 我国某公司出口一批货物，合同中的单价条款表达正确的是________。

   A. USD 1 000 per set FOB London　　B. USD 1 000 per set FOB Shanghai

   C. HKD 60 per meter CIF Shanghai　　D. HKD 60 per meter CIP Shanghai

5. 广州某公司从日本进口一批货物，货物从东京港运至广州黄埔港，合同中的单价条款表达正确的是________。

   A. USD 280 per PC FOB Guangzhou　　B. USD 280 per PC FCA Guangzhou

   C. USD 280 per PC FOB Tokyo　　D. USD 280 per PC CIF Tokyo

6. 一般情况下，按CFR贸易术语成交的出口合同中，不应计入货物价格的是________。

   A. 货物成本　　B. 海运运费　　C. 保险费　　D. 各项出口税费

7. 按下列条件成交的合同中，不属于装运合同的是________。

   A. CIF 东京　　B. FOB 上海　　C. DAP 雅加达　　D. CFR 伦敦

8. 国际贸易中，由买方负责办理出口清关手续，并承担其相关费用的贸易术语是________。

A. FCA　　B. FAS　　C. FOB　　D. EXW

9. 根据《2020 通则》的解释，以 CIF Hamburg 成交，卖方对货物所承担的风险是________。

A. 货物在装运港装上船之前　　B. 货物在装运港卸下卖方车辆之前

C. 货物在目的港卸货之前　　D. 货物在目的港装上买方车辆之前

10. 采用 CIP 贸易术语成交时，应由________。

A. 买方负责办理运输和保险手续

B. 卖方负责办理运输和保险手续

C. 买方负责办理运输手续，卖方负责办理保险手续

D. 卖方负责办理运输手续，买方负责办理保险手续

11. 深圳某公司进口一批货物，从澳大利亚空运至深圳，澳大利亚的出口方承担货物空运至深圳的运费和运输风险。交货地点是深圳机场，卸货后交给深圳的进口方，出口清关手续由出口方办理，进口清关手续及有关税费由深圳的进口方承担。按以上条件成交，合同采用________贸易术语为宜。

A. CIF Shenzhen　　B. CIP Shenzhen Airport

C. DAP Shenzhen Airport　　D. DPU Shenzhen Airport

12. 某商品原报价每吨 600 英镑 FOB 上海，现客户要求改报 FOBC5%上海，若不减少外汇净收入，应改报为每吨（　　）英镑。

A. 600　　B. 630　　C. 631.58　　D. 650

13. 某公司出口一批产品总价款为 JPY 2 135 000，货款收到当天，公司按银行的汇率结汇，日元兑人民币的汇率为 6.3288/6.3753，该公司人民币的收入为________。

A. 13 511 988 元　　B. 13 611 265.5 元

C. 135 119.88 元　　D. 136 112.655 元

14. 进口某商品需用外汇 60 000 美元，设购汇当日外汇牌价为 USD100=CNY667.48/670.16，需用人民币________兑换 60 000 美元。

A. 400 488 元　　B. 402 096 元　　C. 40 048 800 元　　D. 40 209 600 元

15. 某公司给客户的商品原报价是每件 35 美元 FOB 佛山，拟成交数量是 2 000 件，现客户要求报 CFR 纽约价格。经公司外贸业务员估算运至目的港的运费是 3 000 美元，保险费是 566 美元。应给客户报每件 CFR 纽约________美元。

A. 3 035　　B. 3 601　　C. 36.5　　D. 36.78

16. 某合同以 CIFC2 成交，合同总金额为 30 000 欧元，则佣金额为________欧元。

A. 520　　B. 540　　C. 580　　D. 600

二、多项选择题

1. CIF 与 CIP 的区别有________。

A. 风险划分界限：前者是装运港船上，后者是货交承运人

B. 性质：前者是装运合同，后者是到达合同

C. 适用范围：前者适用于水上运输，后者适用于任何运输方式

D. 卖方承担的费用：前者承担货物运至目的港的正常运费和保险费，后者承担的除此之外，还包括在运输过程中产生的额外费用

2. 根据《2020 通则》，在进口国境内交货的贸易术语有________。

A. DAP　　B. DPU　　C. DDP

D. FCA　　E. EXW

3. 采用________贸易术语成交时，卖方需要负责订立将货物运至目的地的运输合同并支付运费，但不需要承担将货物从交货地点运至目的地的风险。

A. FOB　　B. CFR　　C. CIF

D. FCA　　E. CPT　　F. CIP

4. 在使用集装箱海运的出口贸易中，卖方采用FCA贸易术语比采用FOB贸易术语更加有利的具体表现是________。

A. 可以提前转移风险

B. 可以提早取得运输单据

C. 可以提早交单结汇，提高资金的周转率

D. 可以减少卖方的风险责任

5. 国际贸易惯例本身________。

A. 是法律　　B. 不是法律

C. 对贸易双方具有强制性　　D. 对贸易双方不具有强制性

E. 对贸易实践具有指导作用

6. 按照《2020通则》的解释，FOB、CFR与CIF贸易术语的共同之处表现在________。

A. 均适用于水上运输方式　　B. 风险转移地点均为装运港船上

C. 买卖双方责任划分基本相同　　D. 交货地点均为装运港

三、判断题

1. 以CIF条件成交，在卖方装船后至交单这段时间内，如果货物发生灭失或损坏，应由卖方负责。(　　)

2. 我方从日本进口货物，如按FOB条件成交，需由我方派船到日本口岸接货；如按CIF条件成交，则由日方租船将货物运到中国港口。可见，我方按FOB条件进口货物承担的运输风险比按CIF条件进口货物承担的运输风险大。(　　)

3. 上海某公司以CIF条件从国外进口一批货物，货物在运输途中遭遇飓风全部损失，几天后，卖方凭包括正本提单在内的全套合格单据要求买方付款，买方以货物灭失为由拒绝付款，买方的这种行为是合理的。(　　)

4. 按CFR条件成交时，买卖双方有关风险与费用的划分点均在装运港船上。(　　)

5. 我国某工艺美术品公司向英国出口一批陶瓷，以CIF London条件成交，卖方业务员将此理解为在伦敦交货，这种理解是正确的。(　　)

6. FOB、CFR、CIF都属于装运港船上交货的贸易术语，对卖方来讲，采用CIF贸易术语承担的费用多，风险也大。(　　)

7. 当采用集装箱运输时，采用货交承运人的贸易术语（FCA、CPT、CIP其中之一）比较适合，此时的风险划分以货物在指定地点交由第一承运人照管为界。(　　)

8. 在实际业务中，习惯性将CIF价格称为“到岸价”，也就是说，按CIF贸易术语成交时，卖方要承担货物到达目的港之前的一切责任、费用和风险。(　　)

9. 在《2020通则》规定的11个贸易术语中，买方承担的责任最大的是EXW贸易术语，

最小的是 DDP 贸易术语。(　　)

10. 《2010 通则》确定了相关贸易术语可以用于国内货物买卖。(　　)

四、案例分析题

1. 我国某出口公司与外商按 CIF 条件成交一批出口货物，货物在合同规定的时间和装运港装船。载货船只在航行途中触礁沉没。当该公司凭提单、保险单、发票等满足合同规定的单据要求国外进口商支付货款时，进口方以货物已全部损失、不能得到货物为由，拒绝接受单据和付款。

问：出口方有无权利凭合同规定的单据要求进口方付款？为什么？

2. 有一份 CFR 合同，买卖一批蜡烛，货物装船时，经公证人检验合格，符合合同的规定。货物到目的港后，买方发现有 20%的蜡烛有弯曲现象，因而向卖方索赔，但遭到卖方拒绝，其理由是货物装船时，品质是符合合同规定的。事后又查明，起因是货交承运人后，承运人把该批货物装在靠近机房的船舱内，船舱内温度过高造成了蜡烛弯曲。

问：在上述情况下，卖方拒赔的理由是否成立？为什么？

课外实训项目

出口报价与盈亏核算实训

1. 我方 A 公司拟出口一批裙子、裤子和衬衫，现请业务员根据公司的实际情况和赢利目标，给客户报每条裙子、每条裤子和每件衬衫的 FOB Huangpu 价格，有关资料如下。

A 公司的购货成本：裙子，CNY 70.2/ PC（含税价）；裤子，CNY 50/ PC（含税价）；衬衫，CNY 65/PC（含税价）。全部商品的增值税税率都为 13%、出口退税税率为 13%；A 公司该年度的出口费用率定为 8%；报价时中国银行外汇牌价美元兑人民币的汇率为 696.88/700.03，A 公司确定的本笔业务的预期利润为购货成本的 15%。

2. 若客户对裙子还价 USD 10.50/PC，请判断 A 公司是否还有赢利。

3. 客户最终向 A 公司采购 3 000PCS 裙子，按 USD 10.90/PC FOB Huangpu 成交，请在本笔业务完成后根据实际发生的费用核算实际利润并填写表 2.8。

（1）商品包装（packing）。Gross weight: 13kg/carton，Net weight: 11kg/carton，Measurement: 55cm×50cm×45cm/carton，20PCS/carton。

（2）出口发生的实际费用。内陆运输费 CNY 80/CBM；出口商检费 CNY 350，报关手续费 CNY 150，港杂费 CNY 900，其他各种费用共计 CNY 1 500；银行的结算费用按出口实际成交金额的 0.45%计算，最低 CNY 200；A 公司收回货款并结汇，当天美元兑人民币的汇率为 699.56/702.38。

表 2.8　出口业务利润核算　　（单位：CNY）

收入项目		成本支出项目	
出口结汇收入		采购总成本	
退税收入		内陆运费	
		银行费用	
		商检费、报关手续费	

续表

收入项目		成本支出项目	
		港杂费	
		其他费用	
小计：		小计：	
总利润：			

课后阅读资料

某年2月，我国F省某粮油进出口公司与巴西某公司签订了一份出口油籽的合同。合同采用FOB贸易术语，买方需于3月派船到厦门港接货。合同还规定：“如果在此期间不能派船接货，卖方同意保留货物28天，但仓储、利息、保险等费用皆由买方承担。”

3月20日，卖方在货物备妥后电告买方应尽快派船接货。但是，一直到3月31日，买方仍未派船接货。于是卖方向买方提出警告，声称将撤销合同并保留索赔权。买方在没有与卖方进行任何沟通的情况下，于5月5日才派船只到厦门港。这时卖方拒绝交货并提出损失赔偿，买方则以未订到船只为由拒绝赔偿损失，双方不能和解，卖方将买方起诉到法院。

法院经取证调查，认为买方确实未按合同规定的时间派船接货，因此法院判决：卖方有权拒绝交货并提出赔偿请求。后经双方协商，卖方交货，但由买方赔偿仓储、利息、保险等费用。

案例分析

本案例涉及FOB贸易术语下船货衔接的问题。以FOB贸易术语成交的合同属于装运合同，这类合同中卖方的一项基本义务是按照合同规定的时间和地点完成装运。然而，由于FOB条件下是由买方负责安排租船订舱，所以，就存在一个船货衔接的问题，处理不当，自然会影响到合同的顺利履行。根据有关法律和惯例，如果买方未能按时派船，卖方有权拒绝交货，而且由此产生的各种损失均由买方负担。因此，采用FOB贸易术语成交的合同，对于装运期和装运港要慎重规定，订约之后，有关备货和派船事宜，双方要加强联系，密切配合，保证船货衔接。

在此案例中，卖方尽到了自己的责任。在装运期临近时，卖方电告买方催促其派船接货，但买方仍没有及时派船接货。根据《联合国国际货物销售合同公约》的规定，卖方有解除合同之权利，并能够要求买方赔偿损失。

本案例中卖方公司据理力争，维护自身合法权益的做法是值得提倡的。从有利于交易的角度出发，卖方公司未行使解除合同之权利而是继续履行合同义务也是适当的。如果行情发生了变化或因其他原因导致履行合同会给卖方带来损失时，卖方当然可果断行使解除合同之权利。

第三章

交易磋商及订立买卖合同

【学习目标】

学习本章后，应了解交易磋商的一般程序，掌握《联合国国际货物销售合同公约》对发盘和接受的有关规定，并学会在交易磋商的基础上签订合同。

【导入案例】

带有附加条件的接受是否为有效的接受

某年6月27日，我国甲公司应荷兰B公司的请求，报出C514某初级产品200公吨，每公吨CIF鹿特丹1 950美元即期装运的发盘。但对方接到发盘后一味地请求甲公司增加数量、降低价格并延长有效期。甲公司将数量增至300公吨，价格从每公吨CIF鹿特丹1 950美元降至1 900美元，有效期延至7月25日。B公司7月22日来电接受该盘。但甲公司在接到B公司的接受电函后，发现巴西冻灾使该产品的产量受到影响，其国际市场价格猛涨，从而拒绝成交，并复电称："由于世界市场的变化，货物在接到接受电函前已经售出。"但B公司不同意这一说法，认为其是在发盘有效期内接受的，坚持要按发盘的条件执行合同，并提出要么执行合同，要么按差价赔偿损失23万美元，否则提交仲裁解决。这场纠纷经过多次往返函电，争论十分激烈，最后以我国甲公司承认合同成立告终。双方往来的主要函电如下。

（1）6月27日，甲公司发盘：你26日电C514 200公吨，CIF鹿特丹每公吨1 950美元，不可撤销即期信用证付款，即期装船，请即复。

（2）7月2日，B公司复电：你27日电C514 200公吨，我方买主确实有兴趣，但谈判时间恐怕比较长，请求延长发盘有效期10天，如有可能请增加数量，降低价格，请电复。

（3）7月17日，甲公司去电：你2日电C514 300公吨，CIF鹿特丹每公吨1 900美元，同意延至7月25日。

（4）7月22日，B公司来电：你17日电C514 300公吨，CIF鹿特丹每公吨1 900美元，不可撤销即期信用证付款，即期装船，按装船净重计算。除提供通常装船单据外，需提供卫生检疫证明书、产地证、磅码单（以装船重量为基础），还需提供良好的适合海洋运输的包装。

（5）7月24日，甲公司去电：你22日电悉。C514由于世界市场价格变化，在收到来电前，我货已售出。致以良好问候。

（6）7月25日，B公司来电：你24日电悉，C514 300公吨已经售出，我方对此不同意。你17日电已将发盘延至今日到期，我方坚持你方已接受我方的订单。撤回一项有效的发盘是违反国际贸易规则的。假如你方欲提高价格，我方可再次向我方买主商量，但不能保证有结果。望电复。

（7）7月29日，甲公司去电：你25日电，前报C514 300公吨，我方确实已售出，深表歉意。但应你方请求，我方尽最大努力又取得200公吨货源，并报你方200公吨每公吨2 650美元CFR欧洲主要港口，9月装船，7月31日复电有效。

（刘文广 等，2006）

讨论：（1）荷兰B公司7月22日来电是否为有效的接受？如甲公司不想让合同成立，7月24日去电时应如何回复对方？

（2）我国甲公司在此次磋商过程中存在哪些问题？

第一节 交易磋商

交易磋商是买卖双方对交易的各项条件进行协商以达成交易的过程，通常称为谈判。在国际贸易中，交易磋商是一个十分重要的环节，因为它是签订合同的基础，没有交易磋商就没有买卖合同。交易磋商工作的好坏，直接影响合同的签订及合同的履行，关系双方的经济利益，因此必须认真做好这项工作。

一、交易磋商的形式

交易磋商（business negotiation）可以采取口头（by word of mouth）或书面（by writing）两种形式。口头磋商可通过邀请客户来访、派遣推销组出国、参加各进出口公司举办的专业性小型交易会、参加中国进出口商品交易会或国际博览会等，由企业外贸业务员同国外客户当面直接进行磋商交易。书面磋商包括交易双方通过信函、传真、电子邮件等进行的往来磋商交易。

这两种形式有时也可以交叉结合使用。目前，为了积极扩大进出口贸易，企业采取“走出去、请进来”形式的情况日益增多，但是日常的交易仍然以书面磋商形式为主。无论是当面洽谈或是通过函电洽商，都是买卖双方各自提出自己的交易条件以及想法，经过一再协商，取得一致意见，从而达成交易。

二、交易磋商的内容

交易磋商的内容涉及买卖合同的各项条款，包括品名、品质、数量、包装、价格、装运、保险、支付，以及商检、索赔、仲裁和不可抗力等。从理论上来讲，只有对以上条款逐一达成一致意见才能充分体现“契约自由”的原则。然而在实际业务中，并非每次磋商都需要把这些条款一一列出、逐条商讨，因为普遍的商品交易中一般都使用固定格式的合同，对商检、索赔、仲裁和不可抗力等一般交易条件，事先已做成书面文件，或印在书面合同的背面，或在老客户之间已经形成了一些习惯做法，只要双方没有异议，这些条件即成为双方进行交易的共同基础而不必每次重复磋商。

三、交易磋商的一般程序

每笔交易磋商的程序不完全相同，但在通常情况下，交易磋商主要包括询盘、发盘、还盘及接受。其中，发盘和接受是达成交易和合同成立必不可少的两个环节。

（一）询盘

询盘（inquiry）又叫询价，也称为邀请发盘（invitation to offer），通常是买方或卖方准备购买或销售某种商品，向对方口头或书面询问买卖该商品的有关交易条件的过程。询盘可只询问价格，也可询问一项或几项其他交易条件，如规格、品种、数量、包装、装运以及索取样品等。询盘往往是交易的起点，它对买卖双方都没有约束力，收到询盘的一方可以给予答复，亦可不予回复。询盘可分为卖方询盘和买方询盘两种。

（1）卖方询盘，是卖方向买方发出的征询其购买意见的行为。卖方向国外客户发出询盘大多是在交易会后，依据在交易会上得到的客户资料主动联系客户，寻找潜在的交易机会。

（2）买方询盘，是买方主动发出的向潜在的供货人询购所需货物的业务行为。在实际业务中，询盘多为买方向卖方发出。

案例 3.1

佛山奇飞进出口贸易有限公司（在本章中简称出口商）参加广交会后，于6月5日通过电子邮件给潜在的客户BOLTITI CORONA S.A.（在本章中简称进口商）发出询盘（见示范3.1）。进口商收到出口商的询盘后，于6月21日通过电子邮件发来询盘（见示范3.2），就某些型号的产品要求出口商给予报价。

示范 3.1　出口商询盘

FOSHAN QIFEI I/E TRADE CO., LTD.
NO.187 ZHONGSHAN ROAD, FOSHAN, CHINA
TEL: 0086-757-83512680　　FAX: 0086-757-83512683

TO: BOLTITI CORONA S.A.
FM: FOSHAN QIFEI I/E TRADE CO., LTD.
DATE: JUNE 5th, 2019

Dear Sir or Madam,

Through the Canton Fair we notice that you are interested in doing business with us.

We manufacture a wide range of hand-made leather shoes and gloves. To give you a general idea of our products, a copy of our catalogue and price list (for reference only) is being sent to you today with samples of our products.

We hope the samples will reach you in good time and look forward to your order.

Best regards,

Feifei Zhao (Mr) Chief Seller

示范 3.2　进口商询盘

BOLTITI CORONA S.A.

ARTURO PRAT 476 HAMBURG, GERMANY

TO: FOSHAN QIFEI I/E TRADE CO., LTD.

FM: BOLTITI CORONA S.A.

DATE: JUNE 21st, 2019

Hi, Mr. Zhao,

We are pleased to receive your e-mail of June 5, and are satisfied with your samples.

Please quote us Art No.HMS12 (500 pairs), HMS26 (300 pairs), HMS29 (600 pairs), HMG12 (1000 pairs), HMG18 (800 pairs) in your catalogue with indication of packing, August shipment, CIF Hamburg.

We await your early reply.

Take care,

Tony Smith (Mr) Chief Buyer

（二）发盘

发盘（offer）又称为发价，是卖方或买方向对方提出一定的交易条件，并愿意按照这些条件达成交易的一种肯定表示。发盘可以是应对方的询盘作出的答复，也可以在没有询盘的情况下直接向对方发出。在业务中，由卖方发出的发盘称为售货发盘（selling offer），由买方发出的发盘称为购货发盘（buying offer）或递盘（bid）。

发盘是对发盘人（offeror）具有法律约束力的“要约”，发盘人在发盘的有效期限内不得任意撤销或修改发盘的内容。发盘一经对方在有效期限内表示无条件接受，发盘人将受发盘约束并承担按发盘条件与对方签订合同的法律责任。

案例 3.2

6月22日，出口商通过电子邮件给进口商发出发盘（见示范3.3），对进口商询价的产品进行报价。发盘中列明了具体的交易条件，包括品名、规格、数量、价格、包装、支付方式、装运，并规定了该发盘的有效期至6月30日，以出口商所在地时间为准。

完整准确地拟写发盘函，可以避免争议、缩短交易时间，有利于双方尽快达成协议。为了敦促对方早下订单和防止日后产生争议，发盘中应明示报价的有效期或其他约束性条件。另外，对外报价时最好说明该价格的数量基础。

《联合国国际货物销售合同公约》（以下简称《公约》）对发盘的相关规定如下。

示范 3.3 出口商发盘

FOSHAN QIFEI I/E TRADE CO., LTD.
NO. 187 ZHONGSHAN ROAD, FOSHAN, CHINA
TEL: 0086-757-83512680 FAX: 0086-757-83512683

TO: BOLTITI CORONA S.A.
FM: FOSHAN QIFEI I/E TRADE CO., LTD.
DATE: JUNE 22nd, 2019

Hello, Tony,

We are glad to receive your e-mail of June 21st asking to offer our products.

Now we offer you at your request as follows:

Name of Commodity	Quantity（Pairs）	Unit price（CIF Hamburg）
hand-made leather shoes		
HMS12	500	USD12.25
HMS26	300	USD9.65
HMS29	592	USD8.16
hand-made leather gloves		
HMG12	1 072	USD2.30
HMG18	800	USD1.95

1. Packing

(1) Hand-made leather shoes: 1 pair to be packed in a box, 24 pairs in a carton.

(2) Hand-made leather gloves: 12 pairs to be packed in a box, 12 boxes in a carton.

2. Payment

By irrevocable sight L/C.

3. Shipment

From Guangzhou to Hamburg, Germany before the end of August, 2019.

Our offer remains effective until June 30th, 2019 our time.

Looking forward to your early reply.

Best regards,

Feifei Zhao (Mr) Chief Seller

微课堂

构成有效发盘的条件

1. 构成一项有效发盘的条件

构成一项有效发盘需要满足以下四项条件。

（1）发盘要有特定的受盘人。发盘必须向特定的人提出，只有发盘中特定的人才能作为受盘人对有关发盘表示接受从而使合同成立。特定的受盘人可以是自然人也可以是法人，可以是一个人也可以是多个人，但不可以泛指广大公众。例如，有的商家在报纸杂志或其他媒体上做的商业广告，即使内容完整，由于没有特定的受盘人，也不能构成有效的发盘，只等同于邀请发盘。

（2）发盘的内容必须十分确定。发盘的内容确定是指发盘的条件是完整的、明确的、终局性的。按照《公约》的规定，一项发盘至少应包括三个要素：①标明货物的名称；②明示或默示地规定货物的数量或规定数量的方法；③明示或默示地规定货物的价格或规定确定价格的方法。上述《公约》的规定只是构成发盘的基本要求。在实际业务中，若发盘所列的交易条件太少或过于简单，会给合同的履行带来困难，甚至引起争议。因此，在对外发盘时，最好将品名、品质、数量、包装、价格、交货时间、地点和支付方式等主要交易条件一一列明。

（3）表明发盘人受其约束的意思。发盘人表示经受盘人有效接受后，双方即可按发盘的内容订立合同。

（4）发盘必须送达受盘人。因为受盘人必须在收到发盘时才能决定是否接受，所以发盘必须在到达受盘人时才能生效。这里的“送达受盘人”是指将发盘内容通知对方或送交对方本人/营业场所/通信地址。

思考与训练 3.1

我国某出口公司对日本一潜在客户发出一封信函，信函中明确列明出口货物的名称、数量、价格、交货时间及地点、支付方式。但该公司在信函中说明“本发盘需以我方最后确认为准”（This offer is subject to our final confirmation）。

问：此信函是否为一份有效的发盘？

2. 发盘的有效期

发盘的有效期，是发盘人受发盘约束的期限，在此期限内发盘人不得任意撤销发盘；也是受盘人表示接受的期限，在此期限内作出答复，才算有效答复。在国际贸易中，发盘通常都会规定有效期，如规定“本发盘限6月6日复到此地”或“本发盘有效期为6天”等。若发盘中未具体列明有效期，受盘人应在合理时间内接受才有效。所谓“合理时间”，国际上并没有明确的规定和解释，需根据具体情况而定。

3. 发盘的撤回与撤销

如果一项发盘还没有到达受盘人，发盘人为了使该项发盘不发生效力，以一种更快捷的通信方式将撤回通知先于发盘送达受盘人或与发盘同时送达受盘人，取消原发盘的效力，这种行为称为发盘的撤回。如果一项发盘已经到达受盘人，在受盘人于有效期内未表示接受前，发盘人为了使该项已生效的发盘失去效力而通知受盘人取消原发盘的效力，该行为称为发盘的撤销。

关于发盘的撤回，《公约》第十五条第2款规定：一项发盘，即使是不可撤销的也可以撤回，如果撤回的通知在发盘到达受盘人之前或同时到达受盘人，即发盘可以撤回或修改。也就是说只要发盘还未生效，发盘对发盘人就没有约束力，所以发盘是可以撤回的。

关于发盘的撤销，世界各国的法律存在较大的差异，《公约》采取了折中的办法，《公约》第十六条规定：在发盘已送达受盘人，即发盘已经生效，但受盘人尚未表示接受之前这一段时间内，只要发盘人及时将撤销通知送达受盘人，仍可将其发盘撤销。一旦受盘人发出接受通知，则发盘人无权撤销该发盘。但在下列情况下，发盘不得撤销：①在该发盘中写明了发盘的有效期或以其他方式表明发盘是不可撤销的；②受盘人有理由信赖该发盘是不可撤销的，并已本着对发盘的信赖行事，如寻找客户、组织货源等。

4. 发盘效力的终止

任何一项发盘，其效力均可在一定条件下终止。发盘效力终止的原因，一般有以下几个方面。

（1）在有效期内未被接受或在合理时间内未被接受。

（2）被受盘人拒绝或还盘。

（3）发盘被成功撤回或撤销。

（4）发盘人发盘后，发生了不可抗力事件。

（5）发盘人或受盘人在发盘被接受之前丧失行为能力。

（三）还盘

所谓还盘（counter-offer），是受盘人对发盘内容不同意或不完全同意而作出相应的修改或变更的意思表示。还盘可以是针对价格，也可以是针对商品的品质、数量、交货的时间和地点、支付方式等主要交易条件提出修改意见。

案例 3.3

2019年6月24日，进口商通过电子邮件给出口商发出还盘（见示范3.4），要求出口商对所有规格的产品降价，并在还盘中提出了由出口商办理保险的要求。

示范 3.4 进口商还盘

BOLTITI CORONA S.A.

ARTURO PRAT 476 HAMBURG, GERMANY

TO:FOSHAN QIFEI I/E TRADE CO., LTD.

FM:BOLTITI CORONA S.A.

DATE:JUNE 24TH, 2019

RE:COUNTER-OFFER FOR SHOES AND GLOVES

Hi, Mr. Zhao,

Thanks for your E-mail about the offer of the shoes and gloves.

Although we appreciate the quality of your products, their price is too high to be accepted. We find that other Asian manufacturers can supply the very excellent products, but their prices are 10%～15% lower than yours. So being the case, we have to ask you to consider if you can reduce your prices as follows. Otherwise we have to shift to the other suppliers for our similar request.

Name of Commodity	Quantity（Pairs）	Unit price（CIF Hamburg）
hand-made leather shoes HMS12 HMS26 HMS29	 500 300 592	 USD11.50 USD9.25 USD7.70
hand-made leather gloves HMG12 HMG18	 1 072 800	 USD2.15 USD1.75

Insurance to be effected by the seller for 110% of the invoice value against all risks.

We hope you can give us your reply as soon as possible.

Best wishes,

Tony Smith (Mr) Chief Buyer

需要注意的是，还盘是对发盘的拒绝，也是受盘人以发盘人的身份所提出的新发盘。因此，一方的发盘经对方还盘以后即失去效用，发盘人不再受原发盘约束。

一方还盘，另一方如对其内容不同意，可以进行再还盘。同样，一方的再还盘，另一方如对其内容不同意，也可以再进行还盘。一笔交易有时不经过还盘即可达成，有时要经过一次甚至多次还盘才能达成。

思考与训练 3.2

根据示范 3.4 的内容，进口商已于 6 月 24 日还盘。若进口商又于 6 月 28 日给出口商发来函电表示“接受你方 6 月 22 日发盘”，但此时由于原材料价格上涨，出口商复电拒绝。

问：出口商这样做是否合理？理由何在？

（四）接受

接受（acceptance）在法律上称为“承诺”，是交易的一方在对方发盘或还盘后完全同意对方提出的交易条件，愿意与对方达成交易，并及时以声明或行为表示出来。

发盘和接受是达成交易的两个不可缺少的环节。一方的发盘或还盘经另一方接受，交易即告达成，合同亦即成立，双方即要分别履行其所承担的义务。

案例 3.4

出口商收到进口商的还盘后，经过慎重考虑，为增强进口商的竞争力，于6月30日通过电子邮件给进口商发出函电表示接受（见示范3.5），并表示随后会给进口商寄出销售确认书，要求进口商在销售确认书上签字。

微课堂

构成有效接受的条件

《公约》对接受的有关规定如下。

1. 构成一项有效接受的条件

一项有效接受，必须同时满足以下四个条件。

（1）接受必须由特定的受盘人做出。发盘是向特定的人提出的，因此，只有特定的受盘人才能对发盘做出接受，而不能是其他人。其他人即使是通过某个途径了解了发盘的内容而向发盘人表示接受，合同也不能成立。这种接受只能被认为是其他人向原发盘人发出了一项新的发盘。

（2）接受必须以某种方式表示出来。根据《公约》的规定，受盘人对发盘表示接受，既可以通过口头或书面方式向发盘人表示接受，也可以通过其他实际行动表示接受，沉默或不行动并不能表示接受。因此，从法律责任来看，受盘人一般并不承担必须对发盘进行答复的义务。

示范 3.5 出口商接受

FOSHAN QIFEI I/E TRADE CO., LTD.
NO. 187 ZHONGSHAN ROAD, FOSHAN, CHINA
TEL: 0086-757-83512680　　FAX: 0086-757-83512683

TO: BOLTITI CORONA S.A.
FM: FOSHAN QIFEI I/E TRADE CO., LTD.
DATE: JUNE 30th, 2019

Hello, Tony,

We believe our price is quite realistic. In order to assist you to compete with other dealers in the market, we decide to accept your price after due consideration.

We will send you our sales confirmation for your signature.

Thank you for your cooperation.

Cheer,

Feifei Zhao (Mr) Chief Seller

（3）接受必须在发盘的有效期内传达到发盘人。《公约》采用“到达生效”的原则，在第十八条第 2 款中规定：接受于到达发盘人时生效。如果接受未在发盘有效期内到达发盘人，或者发盘未规定有效期时，未在合理的时间内到达发盘人，接受为无效。对口头发盘必须立即表示接受。

（4）接受必须无条件，即无保留地同意发盘的全部内容。只接受发盘中的部分内容，或对发盘条件提出实质性的修改，均不能构成接受，而只能将其视为还盘。但在国际贸易实践中，受盘人在表示接受时，往往会对发盘做出某些添加、限制或其他变更。为了不影响合同的成立，尽量促成交易的达成，《公约》将接受中对发盘条件所做的变更分为实质性变更和非实质性变更两类。受盘人对货物的价格、付款方式、品质、数量、交货时间和地点、一方当事人对另一方当事人的赔偿责任范围或解决争端的方法等条件提出的添加或更改，均视为实际性变更发盘条件，构成对原发盘的拒绝，即构成还盘，原发盘失效。但当接受中含有非实质性添加、限制或更改的条件时，如要求提供重量单、装箱单、商检证和产地证等单据，或要求分两批装运等，除非发盘人在合理的时间内及时表示不同意受盘人的变更外，将构成有效的接受，合同得以成立，并且合同的条件以该项发盘的条件以及接受中所作的变更为准。

导入案例分析

导入案例中，荷兰 B 公司 7 月 22 日的来电是一项接受，但它是一份带有非实质性变更条件的接受。我国甲公司如不想成交，完全可以利用《公约》的规定在 7 月 24 日的复电中表示不同意受盘人的变更。若甲公司这样做，B 公司 7 月 22 日的来电将不构成一项有效的接受。而在案例中，我国甲公司很显然缺乏对《公约》相关规定的认识，其本来可以利用附加条件这一点争取主动的机会。

我国甲公司在此次磋商过程中同时存在很多的问题，例如：

（1）对市场调查研究不够重视。本案所涉及的商品是国际性的大商品，其世界市场价格经常变动，甲公司应密切注意影响价格变动的各种因素。但是当该商品的重要产地巴西出现冻灾，严重影响了产量，完全有可能刺激该商品价格上涨时，甲公司却对这一敏感性消息一无所知，直至该商品国际市场价格猛涨，荷兰B公司来电表示接受时才发现问题，但为时已晚。

（2）在处理问题时使用的策略很不妥当。首先，当甲公司发现市场价格猛涨时，企图撤销发盘以挽回损失。但对有无可能撤销发盘、应采取何种理由和方式处理才比较妥当等问题，甲公司都未作认真的研究，轻率地在7月24日的去电中以市场价格变化、货已售出为理由，拒绝成交。这封去电等于告诉对方，拒绝成交的唯一理由是市场价格上涨，这一理由不仅不能撤销发盘，而且也是很不妥当的。其次，7月25日荷兰B公司来电，一方面坚持合同已成立，必须按原发盘执行；另一方面又以试探的口吻，欲摸清甲方的货源和价格的底细。甲公司对荷兰B公司的这一意图毫无察觉，于7月29日的去电中不假思索地以获得新货源为由又重新给对方报价。这就等于告诉对方，我方不仅有货，而且欲提高价格。荷兰B公司掌握这一情况后，在后来的来电中坚持要按原发盘的条件执行合同，并提出要么执行合同，要么让甲公司按前后报盘的差价赔偿损失23万美元，否则提交仲裁解决。由此，我国甲公司在这一争议中完全处于被动地位。

微课堂
逾期接受是否有效

2. 逾期接受

逾期接受是指接受通知到达发盘人的时间已经超过了发盘所规定的有效期，或在发盘未规定有效期时，已超过了合理的时间。逾期接受在一般情况下无效，只能认为是新的发盘，但为了有利于双方合同的成立，对逾期接受，《公约》采取了一些灵活的处理方式，使它在符合某些条件的情况下，仍然具有接受效力。《公约》第二十一条第1款规定：如果发盘人毫不迟延地用口头或书面的方式将其确认有效的意见通知受盘人，逾期接受仍有接受的效力；如果发盘人对逾期接受表示拒绝或沉默，则该项逾期接受无效，合同不能成立。

但是，一项接受由于传递不正常而未能及时送达发盘人，造成延误的，《公约》在第二十一条第2款中作出规定：如果载有逾期接受的信件或其他书面文件表明，依照当时的寄发情况，只要传递正常，它本来是能够及时送达发盘人的，则此项逾期接受应当有效，除非发盘人毫不迟延地用口头或书面的方式通知受盘人，认为其发盘因逾期接受而失效。以上内容表明，逾期接受是否有效，关键要看发盘人如何表态。

思考与训练 3.3

我方某公司对意大利ABC公司发出一项发盘，发盘中规定“限10月25日复到有效”。意大利ABC公司的接受通知于10月26日上午到达我方。对此我方公司应做何处理？

3. 接受的撤回

按照《公约》“送达生效”的原则，接受在送达发盘人时才产生法律效力，故关于接受的撤回，《公约》第二十二条规定：如果撤回通知先于原接受通知送达发盘人或与原接受通知同时送达发盘人，则接受得以撤回。

接受通知一旦送达发盘人即不能撤销，因为接受一经生效，合同即告成立，如果允许撤销，无异于允许毁约。

第二节　订立买卖合同

在交易磋商过程中，一方的发盘经另一方有效接受以后，合同即告成立。但在这里需要说明的是，合同成立与合同生效是两个不同的概念。合同成立的依据是接受是否生效，而合同生效是指合同是否具有法律上的效力。依法成立的合同，具有法律约束力，合同自成立时生效。

一、合同有效成立的条件

一项合同成立后，并不意味着此项合同一定生效。根据各国合同法的规定，一项合同还须具备以下条件，才是一项有效的合同，才能得到法律的保护。

1. 当事人必须在自愿和真实的基础上达成协议

各国法律都认为，签订合同必须是双方自愿的，当事人的意思表示必须是真实的才能构成一项有约束力的合同，否则合同无效。《中华人民共和国合同法》(以下简称《合同法》)明确规定：当事人依法享有自愿订立合同的权利，任何单位或个人不得非法干预。《合同法》还明确规定：一方以欺诈、胁迫的手段或者乘人之危，使对方在违背真实意思的情况下订立的合同，受害方有权请求人民法院或者仲裁机构予以变更或撤销。

2. 当事人应具有相应的行为能力

双方当事人应具有商订国际货物买卖合同的合法资格，具体的要求是：作为自然人应该是成年人，并且需有固定住所；神志不清的成年人、未成年人等不具有签订合同的合法资格。作为法人，应是已经依法注册的合法组织，有关业务应当属于其法定经营范围，负责磋商及签约者应当是其法定代表人或合法授权人。

3. 合同的标的和内容必须合法

合同的标的，是指交易双方买卖行为的客体。签订合同时，合同的标的和内容必须符合双方国家法律的规定，才是有效的合同。关于“合同内容必须合法”的解释，许多国家的法律都规定合同内容不得违反法律，不得违反公共秩序或公共政策，以及不得违反良好的风俗或道德三个方面。

4. 合同必须有对价或约因

英美法系认为，对价（consideration）是指当事人为了取得合同利益所付出的代价。大陆法系认为，约因（cause）是指当事人签订合同所追求的直接目的。按照英美法系和大陆法系的规定，合同只有在有对价或约因时，才是法律上有效的合同，无对价或无约因的合同，是得不到法律保护的。

5. 合同形式必须符合法律规定的要求

世界上大多数国家和地区，只对少数合同要求必须按法律规定的特定形式订立，而对大多数合同，一般不从法律上规定应当采取的形式。《合同法》第十条规定：当事人订立合同，有书面形式、口头形式和其他形式。法律、行政法规规定采用书面形式的，应当采用书面形式。当事人约定采用书面形式的，应当采用书面形式。

二、书面合同的签订

目前关于合同的形式主要采取“不要式原则”，即不规定任何特定的形式要求，交易双方无论是采用口头形式或书面形式，还是其他形式来订立合同，都被认为是合法有效的。但是，通过口头磋商成立的合同，一旦双方出现纠纷，举证将存在许多困难，而以书面形式签订的合同是证明双方存在合同关系的一种最有效、最简便的方法，也可作为仲裁员和法官进行裁决的一个有力证据。因此，在国际货物买卖中，双方最好能签订书面合同。

1. 书面合同的形式

国际上，买卖双方签订的书面合同可采用正式合同（contract）、确认书（confirmation）、协议（agreement）、备忘录（memorandum）等形式。

在我国进出口业务中，书面合同主要采用以下两种形式。

（1）正式合同，包括销售合同（sales contract）和购货合同（purchase contract）。这类合同除了有商品的名称、规格、价格、数量、包装、装运港和目的港、交货期、付款方式、运输标志、商品检验等条件外，还有异议索赔、仲裁、不可抗力等条件。它条款完备、内容全面，适合用于大宗商品或成交额较大的交易。

（2）简式合同，包括销售确认书（sales confirmation）和购货确认书（purchase confirmation）。这类合同的条款比销售合同简单，适用于金额不大、批数较多的土特产品和轻工业产品的交易，或者已订立代理、包销等长期协议的交易。无论采取何种形式的合同，在法律上具有同等效力。

在我国进出口业务中，一般均由我方根据双方约定的条件制成一式两份的正式合同或成交确认书，先在上面签字，然后寄给对方。对方经审核无误并签字后，保留一份，将另一份寄还给我方。如对方未按要求将其中一份签字退回，这并不影响双方已经达成的协议的效力。但是，如果对方在寄回的正式合同或成交确认书上更改或附加条款，并与原达成的协议内容有冲突时，我方应及时加以拒绝。

除了上面常用的合同形式外，订单和委托订购单有时也会被采用。订单（order）是指由进口商或实际买主拟制的货物订购单；委托订购单（indent）是指由代理商或佣金商拟制的代客购买货物的订购单。在国际贸易实务中，国外客户往往将订单或委托订购单寄来一式两份，要求我方签署后退回一份。经磋商成交后寄来的订单或委托订购单，是国外客户的购货合同或购货确认书。但是对未经磋商客户径自寄来的订单或委托订购单，我方应按照内容区别其是发盘还是询盘，研究是否与其交易，并及时答复对方。

2. 书面合同的内容

书面合同的内容一般由三部分组成。

（1）约首，是合同的序言部分，包括合同名称、合同号码、缔约日期、缔约地点、缔约双方当事人的名称（要求写明全称）和地址。除此之外，合同序言部分还常常写明双方订立合同的意愿和执行合同的保证。

（2）正文，是合同的主体部分，包括品名、规格、数量、价格、包装、交货条件、运输与保险条件、支付方式以及检验、索赔、不可抗力和仲裁条款等。

（3）约尾，是合同的结尾部分，包括合同使用的文字和份数，以及缔约双方的签字。

案例 3.5

出口商根据双方磋商的结果拟制了一份销售确认书（一式两份，见示范3.6），签名后于7月2日通过快递方式寄给进口商。同时，出口商以电子邮件的方式给进口商发出函电（见示范3.7），告知进口商已寄出合同并要求其在合同上签名后寄回一份。

示范 3.6 销售确认书

佛山奇飞进出口贸易有限公司

FOSHAN QIFEI I/E TRADE CO., LTD.

TEL: 0086-757-83512680 FAX: 0086-757-83512683

SALES CONFIRMATION

NO: 15QFIE0702

DATE: JULY 2nd, 2019

Seller: **FOSHAN QIFEI I/E TRADE CO., LTD.**

Address: **NO. 187 ZHONGSHAN ROAD, FOSHAN, CHINA**

Buyer: **BOLTITI CORONA S.A.**

Address: **ARTURO PRAT 476 HAMBURG, GERMANY**

兹经买卖双方确认，依据下列条款订立本合同。

This contract is made out by sellers and buyers as per following terms and conditions mutually conformed.

Name of Commodity	Quantity（Pairs）	Unit price（CIF Hamburg）	Amount
hand-made leather shoes			
HMS12	500	USD11.50	USD5 750.00
HMS26	300	USD9.25	USD2 775.00
HMS29	592	USD7.70	USD4 558.40
hand-made leather gloves			
HMG12	1 072	USD2.15	USD2 304.80
HMG18	800	USD1.75	USD1 400.00
Total	3 264		USD16 788.20

1. 总值

Total Value: SAY U.S.DOLLARS SIXTEEN THOUSAND SEVEN HUNDRED AND EIGHTY EIGHT POINT TWENTY ONLY.

2. 包装

Packing

（1）Hand-made leather shoes : 1 pair to be packed in a box, 24 pairs in a carton.

（2）Hand-made leather gloves: 12 pairs to be packed in a box, 12 boxes in a carton.

3. 装运期

Time of shipment: from Guangzhou to Hamburg, Germany before the end of August, 2019.

4. 保险条款

Insurance: to be effected by the seller for 110% of the invoice value against all risks.

5. 付款条件

Terms of payment

买方须于 2019 年 7 月 15 日前开给卖方 100% 不可撤销即期议付信用证，并须注明在上述装运期后 15 天内在中国议付有效，信用证须注明合同号码。

By 100% irrevocable Letter of Credit in favor of the sellers, to be available by sight draft, to be opened and to reach China before 15th July, 2019 and to remain valid for negotiation in China until 15 days after the aforesaid time of shipment. L/C must mention this contract number.

6. 检验索赔

Inspection and claims

以装运地商品检验机构签发的品质检验证书作为信用证项下议付所提交单据的一部分。买方对于装运货物的任何索赔，须于货物到达目的港后 90 天内提出，并须提供经卖方同意的公证机构出具的公证报告。

The certificates of Quanlity issued by Department of Commodity Inspection at the port of shipment shall be a part of the documents to be presented for negotiation under the relevant Letter of Credit. Any claim by the buyers regarding the goods shipped shall be filed within 90 days after arrival of the goods at the port of destination, and supported by a survey report issued by a surveyor approved by the sellers.

卖方	买方
The Sellers: 赵飞飞	The Buyers:

示范 3.7 出口商寄出合同函

FOSHAN QIFEI I/E TRADE CO., LTD.
NO. 187 ZHONGSHAN ROAD, FOSHAN, CHINA
TEL: 0086-757-83512680 FAX: 0086-757- 83512683

TO: BOLTITI CORONA S.A.
FM: FOSHAN QIFEI I/E TRADE CO., LTD.
DATE: JULY 2nd, 2019

Hello, Tony,

We are pleased to come to a deal with you on hand-made leather shoes and gloves. Enclosed you will find our Sales Confirmation No.15QFIE0702 in duplicate. Please countersign and return one copy to us for our file. We trust you will open the relative L/C at an early date.

We look forward to receiving your further enquiries.

Best regards,

Feifei Zhao (Mr) Chief Seller

自测题

一、单项选择题

1. 一项发盘，经过还盘后，该项发盘________。

A. 失效　　B. 仍然有效

C. 对原发盘人有约束力　　D. 对还盘人有约束力

2. 根据《联合国国际货物销售合同公约》的规定，合同成立的时间是________。

A. 接受生效的时间　　B. 交易双方签订书面合同的时间

C. 在合同获得国家批准时　　D. 当发盘送达受盘人时

3. 某项发盘于某月 12 日以有效形式送达受盘人，但在该月 11 日，发盘人以传真通知受盘人，发盘无效，此行为属于________。

A. 发盘的撤回　　B. 发盘的修改　　C. 一项新发盘　　D. 发盘的撤销

4. 在发盘生效后，发盘人以一定方式解除发盘对其的效力，这在法律上属于发盘的________。

A. 撤回　　B. 撤销　　C. 改发　　D. 取消

5. 在接受逾期的情况下，决定接受是否有效的主动权在________。

A. 受盘人　　B. 邀请发盘人　　C. 发盘人　　D. 询盘人

6. 根据《联合国国际货物销售合同公约》的规定，发盘和接受生效采取________。

A. 投邮生效原则　　B. 签订书面合约原则

C. 口头协商原则　　D. 到达生效原则

7. 我方 6 月 10 日向国外某客户发盘，限 6 月 15 日复到有效，6 月 13 日接到对方复电称：你 10 日电接受，以获得进口许可证为准。该函电________。

A. 属于有效接受　　B. 相当于还盘

C. 在我方缄默的情况下，则视为有效接受　　D. 属于一份非实质性改变发盘的接受

8. 《联合国国际货物销售合同公约》对发盘内容“十分确定”的解释是________。

A. 明确规定合同的有效期　　B. 明确货物、规定数量和价格

C. 规定责任范围和解决争端的办法　　D. 规定交货地点和时间

二、多项选择题

1. 在对外贸易洽商中，达成一笔交易必不可少的两个环节是________。

A. 询盘　　B. 发盘　　C. 还盘　　D. 接受

2. 构成发盘必须满足的条件是________。

A. 向一个或一个以上的特定人提出　　B. 表明订立合同的意思

C. 发盘的内容必须十分确定　　D. 发盘的内容必须真实

E. 发盘人必须是卖方

3. 根据《联合国国际货物销售合同公约》，发盘不能撤销的情况有________。

A. 发盘已送达受盘人

B. 发盘已表明订立合同的意思

C. 发盘中注明了有效期

D. 在发盘中使用了“不可撤销”的字样

E. 受盘人有理由信赖该发盘是不可撤销的并采取了一定行动

三、判断题

1. 买方来电表示接受发盘，但要求将D/P即期改为D/P远期，卖方缄默，此时合同成立。（　　）

2. 我国A公司对外商发出一项发盘，其中规定“限8月15日复到有效”。外商接受通知于8月17日上午到达A公司。根据《联合国国际货物销售合同公约》，若A公司同意接受并立即予以确认，合同仍可成立。（　　）

3. 一项发盘在尚未送达受盘人之前，即尚未生效之前，发盘人可将其撤回，但撤回的通知必须于发盘到达受盘人之前或同时到达受盘人。（　　）

4. 国际货物买卖交易磋商中的接受，应以声明或行动表示出来。（　　）

5. 发盘必须明确规定有效期，未规定有效期的发盘无效。（　　）

四、案例分析题

1. 出口商A公司给进口商B公司通过电子邮件发送了一项发盘，其中包装条款写明“4 Pieces to a wooden case”。在发盘的有效期内，B公司回复了A公司，表明同意发盘的成交条件，但其将包装条款更改为“4 Pieces to a wooden case and packed in pallets”。A公司收到函电后，便着手备货。数日后该商品的国际市场价格猛跌。B公司又发来函电称：“我方对包装条款做了变更，你方未确认，合同并未成立。”而A公司则坚持认为合同已经成立，双方发生争议。

问：此案如何处理？

2. 甲公司拟进口一批货物，请乙公司发盘。5月1日乙公司发盘，对该批货物报价每箱2美元，限5月31日前答复。对此，甲公司做出还盘，提出将货物价格降为每箱1.8美元，并要求乙公司5月20日前答复。至5月20日乙公司一直未予回复。由于该货物的价格看涨，甲公司5月22日又去电，表示愿意接受对方5月1日的发盘。

问：此接受是否有效？乙公司的发盘有效期未过，对乙公司是否还有约束力？

课外实训项目

两人一组，分别作为谈判的双方，模拟谈判的各个阶段，并撰写一份销售（或购货）确认书。

课后阅读资料

没有书面合同，向谁追讨货款

国内出口企业A公司和B公司自2007年6月起累计向以色列进口方C公司出运价值70万美元的冬季服装，支付方式分别为OA（open account，赊账）90天和OA 60天。C公司收货后，未按合同约定付款。由于投保了出口信用险，A、B两家公司以买家拖欠货款为由向中国信保通报出险情况，同时委托中国信保介入调查和追讨。

中国信保经调查发现，A、B两家公司分别自1999年及2001年与C公司建立贸易关系，其后一直合作良好。考虑到涉案金额较大，买家拖欠货款的动机不明，中国信保接到出险通知后，立即委托以色列律师进行调查。律师介入后，C公司亦委托其律师向中国信保出具书面声明，全盘否认与A、B两家公司之间的贸易关系，声称其只与中国另外一家D公司存在贸易关系。

据A、B两家公司介绍，C公司是一家以色列家族企业，资金实力较强，每年均保持赴中国采购2～3次的频率。C公司在中国的采购中，每次均由D公司带领其直接到A公司和B公司看样、下单，A公司和B公司一直认为D公司是C公司在中国地区的采购代理。因此，对于C公司完全否认贸易关系，A公司和B两公司均感意外。另据了解，除A公司和B公司外，C公司还通过D公司向中国多家出口企业采购，目前拖欠货款总额达100多万美元。

根据买卖双方提供的信息，结合双方历史交易记录，中国信保初步推测，C公司之所以一反常态、否认交易，很可能是其经营和资金状况出现了严重问题。经进一步的调查，初步验证了中国信保的判断：由于以色列2006年下半年气候反常，冬季推迟，C公司从中国采购的冬季服装严重滞销，加之一个重要合作方突然倒闭，导致C公司大量应收账款无法收回，元气大伤。至此，C公司通过否认交易以达到逃避到期债务的企图逐渐浮出水面。

（刘德标，2009）

案例分析

A、B两家公司虽然与C公司有多年交易历史，但一直未签订正式的贸易合同。虽然提单、发票等单据资料可以在一定程度上佐证或还原贸易事实，但作为证明A、B两家公司与C公司存在合同债权债务关系的直接证据，法律效力有限。因此，如何明确A、B两家公司与C公司的合同债权，成为本案后续追偿工作的难点。

A、B两家公司与C公司在未签订任何书面合同的情况下保持了多年的贸易关系，这种表面上的“风平浪静”往往容易造成出口商的麻痹大意，使其忽视潜在的交易风险。一旦进口商的偿付能力或偿付意愿恶化，出口商通常只能“哑巴吃黄连”，付出惨重的代价。以此为鉴，建议出口商从以下两方面入手，事先防范交易风险。

（1）密切跟踪进口商资信状况的变化，时刻警惕交易风险。企业的经营和资金状况不是一成不变的，良好的交易历史只能作为保持合作关系的参考，但不能作为未来付款的保证。对于合作多年的生意伙伴，偶尔的付款延迟或质量纠纷往往被视为“瑕不掩瑜”，难以引起出口商足够的重视，而日积月累的问题可能会成为未来灾难爆发的隐患，类似的案例屡见不鲜。因此，出口商无论对“初相识”，还是“老朋友”，均要保持对风险的敏感度，密切跟踪其资金状况和付款行为的变化，以便及时采取有效的应对措施。

（2）规范合同文本，善于运用法律武器维护自身权益。此案中，A、B两家公司仅凭几面之缘，就与国外进口商保持了多年的正常交易，应该说已属幸运。在未发生风险时，似乎更多地体现了节省时间和精力的有利之处。还有些出口商虽然与进口商签订了书面订单或合同，但条款极其宽泛、简单，尤其是缺乏一些关键的、有针对性的条款，如争议解决条款或特殊商品的质量标准条款等。这些经常被当作可有可无的形式或程序，却往往具有“养兵千日，用兵一时”的制胜作用。因此，建议出口商在日常业务操作和管理中养成规范各种法律文件（合同和贸易单据等）和保存有效书面证据的良好交易习惯。

第四章

落实、审核信用证和其他支付方式简介

【学习目标】

信用证付款是国际贸易中较为常见的一种货款结算方式。在凭信用证支付的交易中，落实信用证是进出口双方履行国际货物买卖合同不可缺少的重要环节。进口方需要按合同约定的期限向开证行申请开立信用证，而出口方在收到信用证后需要对信用证的条款进行审核。

学习本章后，应了解信用证业务的性质，熟悉信用证的内容与种类，掌握信用证的使用流程，把握信用证审核与修改中的要点，并能够在相关案例背景下利用理论知识对问题进行分析及提出解决方法。同时还需掌握其他两种支付方式——汇款和托收。

【导入案例】

信用证的付款性质

华夏公司收到日本一家银行开来的一份信用证，其中规定："Credit amount USD85 000，according to invoice value: 75% to be paid at sight，the remaining 25% to be paid at 60 days after shipment arrival." 华夏公司在信用证有效期内通过通知行向开证行提交了单据，单证相符。开证行即付 75%货款，但货到 60 天后，日本的开证行以开证申请人声称货物品质欠佳为由，拒付其余 25%的货款。

讨论：日本开证行的拒付合理吗？为什么？

第一节　金融票据

在国际贸易中，可以使用现金和票据结算货款，但以现金钞票（现钞）结算货款的方式较少，大多数业务都是通过票据进行结算的。票据是指以支付一定金额为目的的特定证券，它是汇票、本票和支票的总称。

在国际贸易中，很难同时实现一方交货另一方付款，必然要有一方先履行义务，这一方为债权人，而另一方则为债务人。例如，合同规定进口方在出口方发货后两个月付款，则出口方发货后可出具一张远期汇票，经进口方承兑后，进口方就成为汇票的债务人，承担到期向汇票持有人付款的责任。在这里，通过使用票据代替现钞结清双方的债权债务，进出口双方得以完结一笔贸易。

一、汇票

汇票（bill of exchange）是出票人签发的，命令付款人在见票时或者在指定期限内无条件支付确定金额给收款人或持票人的票据。简而言之，它是一方开给另一方，命令其无条件支付的一种票据。汇票样本见示范 4.1。

示范 4.1　汇票

BILL OF EXCHANGE

Exchange for USD 15 600.00 GUANGZHOU, CHINA, 15th July, 2019

At ****************** sight of this FIRST of exchange

(Second of the same tenor and date being unpaid).

Pay to the order of BANK OF CHINA GUANGZHOU BRANCH

The sum of U.S.DOLLARS FIFTEEN THOUSAND SIX HUNDRED ONLY

Drawn under SUMITOMO BANK LTD. OSAKA JAPAN.

Letter of Credit No. G/F -7756908 dated 6th May, 2019

To: SUMITOMO BANK LTD.

OSAKA, JAPAN

For: GUANGZHOU AGRICULTURAL MACHINERY CO., LTD.

（一）汇票的当事人

从汇票的定义中我们可以看出，在汇票中涉及三个当事人，即出票人、付款人和收款人。

（1）出票人，即签发汇票的人，一般是出口方或其指定的银行。

（2）付款人，又称受票人，即接受支付命令付款的人，一般是进口方或其指定的银行。

（3）收款人，又称受款人，即受领汇票所规定金额的人。

汇票实物照片

（二）汇票的内容

各国票据法对汇票内容的规定不同，一般认为汇票应包括以下基本内容。

（1）表明“汇票”字样。在国际贸易中，一般使用英文表明，在汇票上我们可以看到“Bill of Exchange”或“Draft”字样。

（2）无条件的支付命令。用英文的祈使句来表示，常常可以看到“Pay to the order of...”或“Pay to...or order”的表示方法。

（3）出票地点和日期。

（4）付款时间。有即期和远期之分。

（5）大写和小写的货币名称和确定的金额。

（6）付款人。

（7）收款人。

（8）出票人的名称及签字盖章。

（三）汇票的种类

根据出票人、付款时间、承兑人的不同及有无附属单据，汇票可分为以下四类。

1. 按出票人分类

按出票人的不同，汇票分为银行汇票和商业汇票。

银行汇票（banker's draft）是银行对银行签发的汇票，一般多为光票。国际贸易结算方式中的票汇使用的就是银行汇票，银行签发汇票后，一般交由汇款人寄交国外收款人向指定的付款银行取款。出票银行将付款通知书寄交国外付款银行，以便其在收款人持票取款时进行核对，核对无误后付款。

商业汇票（commercial draft）是企业或个人向企业、个人或银行签发的汇票。商业汇票通常由出口方开立，向国外进口方或银行收取货款时使用，多为随附货运单据的汇票，在国际贸易结算中使用较多。

2. 按付款时间分类

按付款时间不同，汇票分为即期汇票和远期汇票。

即期汇票（sight draft，demand draft）是指在提示或见票时付款人立即付款的汇票；远期汇票（time draft，usance draft）是付款人在一个指定日期或将来一个可以确定的日期付款的汇票。

远期汇票的付款时间主要有以下四种规定方法。

（1）见票后若干天付款（at…days after sight）（业务中最常见）。

（2）出票后若干天付款（at…days after date）。

（3）提单日后若干天付款（at…days after bill of lading date）。

（4）指定日期付款（fixed date）。

3. 按承兑人分类

按承兑人的不同，汇票分为商业承兑汇票和银行承兑汇票。

商业承兑汇票（commercial acceptance draft）是企业或个人承兑的远期汇票，托收方式中使用的远期汇票由进口方承兑后即属于此种汇票；银行承兑汇票（banker's acceptance draft）是银行承兑的远期汇票，信用证中使用的远期汇票由开证行承兑后即属于此种汇票。

4. 按有无附属单据分类

按有无附属单据，汇票分为光票和跟单汇票。

光票（clean draft）是指不附带货运单据的汇票，常用于运费、保险费、货款尾数及佣金的收付；跟单汇票（documentary draft）是指附带货运单据的汇票，它除了有人的信用外，还有物的保证。

（四）汇票的使用

汇票的使用就是汇票的处理手续，其使用程序根据其付款时间的不同（是即期汇票还是远期汇票）而有所不同。即期汇票主要经过出票、提示和付款几个程序；远期汇票则还需要承兑，汇票如需转让，还要经过背书，如遭拒付，则有追索程序。

1. 出票

出票（issue，draw）是指出票人在汇票上填写付款人、付款金额、付款日期、付款地点，以及收款人等项目，签字后将其交给收款人的行为。通过“出票”设立债权，出票人为票据的主债务人，担保汇票被付款人承兑或付款，倘若付款人拒付，持票人可向出票人追索票据，出票人就得自行清偿债务。

2. 提示

提示（presentation）是持票人向付款人出示汇票要求其承兑或付款的行为。付款人见到汇票，即见票（sight）。

提示分为付款提示（presentation for payment）和承兑提示（presentation for acceptance）两种。付款提示是指即期汇票或到期的远期汇票的持票人要求付款人付款的提示。承兑提示是指远期汇票的持票人要求付款人承诺到期付款的提示。不论是承兑提示还是付款提示，均应在规定的时间内进行，否则持票人丧失追索权。

当持票人交给付款人的汇票是即期汇票时，付款人见票即付，也就是收到提示后立即付款。当持票人交给付款人的汇票是远期汇票时，第一次收到提示时付款人应立即承兑，当汇票到期，再一次收到提示时付款人应立即付款。

3. 承兑

承兑（acceptance）是远期汇票付款人在持票人做承兑提示时，承诺在汇票到期日支付汇票金额的票据行为。承兑包括两个动作：一是付款人在汇票上写“承兑”（accepted）字样并写明日期和签名；二是把承兑的汇票交还持票人或另制承兑通知书交给持票人。付款人自收到提示承兑的汇票之日起 3 日内承兑或拒绝承兑。远期汇票一经承兑，付款人成为承兑人，即汇票的主债务人，而出票人则退居为从债务人。持票人可将汇票在市场上背书转让，使其流通。

4. 付款

付款（payment）是即期汇票的付款人或远期汇票的承兑人接到付款提示时，履行付款义务的行为。持票人获得付款时，应在汇票上签收，并将汇票交给付款人存查。汇票一经付款，汇票上的债权债务关系即告结束。

5. 背书

在国际市场上，汇票是一种流通工具，可以转让流通。背书（endorsement）是转让票据权利的一种法定手续，即持票人在汇票背面签上自己的名字或再加上受让人的名字，并把汇票交给受让人的行为。背书后，原持票人成为背书人，担保受让人所持汇票能得到承兑和付款，否则，受让人有权向背书人追索清偿债务。与此同时，受让人成为被背书人，取得汇票的所有权，可以再背书再转让，直到付款人付款把汇票收回。

对于受让人来说，在他前面的所有背书人和出票人都是他的“前手”；对于出让人来说，在他后面的所有受让人都是他的“后手”。后手有向前手追索的权利。汇票转让次数越多，为汇票权利做担保的人也越多。

背书的方式主要有三种：①限制性背书，是指背书人在票据背面签字，限定某人为被背书人，或记载有“不可转让”字样的背书；②空白背书，也称不记名背书，是指背书人仅在票据背面签字而不注明被背书人的背书，经过空白背书后，被背书人不需要背书仅凭交付即可转让汇票；③记名背书，是指背书人在票据背面签字并注明被背书人的背书，这种背书受让人可继续背书将汇票转让。

6. 拒付与追索

拒付（dishonour）是持票人提示汇票要求承兑或付款时遭到拒绝承兑或拒绝付款的行为，

又称退票。付款人或承兑人破产、死亡、避而不见，也属于此范围。遭到拒付后，持票人有权通知其前手，直至通知到出票人，这种行为被称为拒付通知。由公证人做出证明拒付事实的文件，该文件被称为拒绝证书。若持票人不能提供拒绝证书，则丧失对其前手的追索权。

追索权（right of recourse）是汇票遭到拒付时，持票人对背书人、出票人及其他票据债务人行使请求偿还汇票金额、利息及费用的权利。

二、本票

本票（promissory note）是出票人签发的，承诺自己在见票时无条件支付确定金额给收款人或者持票人的票据。本票是一种支付承诺，自己出票、自己付款，出票人同时也是付款人。本票的基本内容有确定的金额、收款人名称、出票日期、出票人签章。本票样本见示范 4.2。

示范 4.2　本票

GBP5 000.00　　CASHIER'S ORDER　　London, 20th June, 2019

We promise to pay ABC Company or order the sum of five thousand pounds only.

For Bank of Europe, London

Signature

本票按出票人的不同分为一般本票（general promissory note）和银行本票（banker's promissory note，cashier's order）两种。出票人是企业或个人的，称为一般本票或商业本票，一般本票有即期和远期之分；出票人是银行的，称为银行本票，它只有即期。在实际业务中，收款人应将客户寄来的本票送银行核对，防止收到假票或透支。

本票与汇票的区别主要体现在以下几个方面。

（1）当事人。汇票有三个当事人，即出票人、付款人、收款人。本票只有两个当事人，即出票人和收款人。

（2）份数。汇票可开成一式多份（银行汇票除外）。本票只能一式一份，不能多开。

（3）承兑。远期汇票需经付款人承兑。本票的出票人就是付款人，无须承兑。

（4）付款责任。汇票承兑前，出票人负主要责任；承兑后，承兑人负主要责任。而本票的出票人始终承担第一性的付款责任。

三、支票

支票（cheque，check）是出票人签发的，委托银行在见票时从其银行存款账户中无条件支付确定金额给收款人或持票人的票据。支票的出票人按照签发的支票金额承担付款责任。支票的基本内容有“支票”字样、无条件支付的委托、确定的金额、付款人名称、出票日期、出票人签章等。

支票分为一般支票、划线支票、记名支票、不记名支票、保付支票和银行支票 6 种。

使用支票要注意两点：一是支票金额不得超过出票人存款金额。二是支票到手并不意味着货款到手，有时也有突发事件。例如，出票人被冻结了银行账户，支票被付款行拒付退回；或者出票人向出票银行声称支票丢失，银行也会停止付款。

支票与汇票、本票区别如下。

（1）当事人。支票和汇票有三个当事人，本票有两个当事人。

（2）性质。支票和汇票属于委托支付证券，本票属于自付证券。

（3）到期日。支票为见票即付；汇票和本票除此之外，还有定日付款、出票后或见票后定期付款等。

（4）承兑。汇票需承兑；本票无须承兑；支票均为即期，无须承兑。

（5）出票人与付款人的关系。汇票的出票人与付款人之间无资金关系；本票的出票人与付款人是同一个人；支票的出票人与付款人之间有资金关系，即出票人在付款人处有存款。

第二节　信用证的含义、业务性质与使用流程

信用证（letter of credit，L/C）支付方式是随着国际贸易的发展，在银行和金融机构参与国际贸易结算的过程中逐步形成的。由于银行资金雄厚、信誉度高，由银行开出的信用证容易被人们接受。信用证支付方式也因此被人们普遍采用，成为国际贸易中一种主要的支付方式。

一、信用证的含义

信用证是进口方所在地银行（开证行）根据进口方（开证申请人）的申请，向出口方（受益人）开立的一种有条件的书面付款保证。开证行保证在收到出口方交付的符合信用证规定的各种单据的条件下，向其或其指定人履行付款责任。简而言之，信用证是一种银行开立的有条件的承诺付款的书面文件。

在使用信用证支付方式的国际贸易中，银行不仅提供金融服务，而且承担首要的付款责任，将原先应该由进口方履行的付款责任转由银行来履行，以银行信用替代商业信用，对国际贸易的发展起着重大的推动作用。

1. 信用证在一定程度上解决了进出口双方之间互不信任的矛盾

在国际贸易中，“一手交钱一手交货”的货款支付结算方式实际操作比较困难，单纯的商业信用不能让双方产生足够的信任，出口方担心先交货后不能按时收到货款或根本收不到货款；进口方担心付款后不能按时、按量、按质取得货物。而使用信用证方式支付，银行作为双方的担保人，保证进口方付款后可以收到货物，出口方交货后可以取得货款，这样，就在一定程度上解决了进出口双方互不信任的问题。

2. 信用证业务有利于进出口双方获得资金融通的便利

在信用证支付方式下，进出口双方都可以获得银行资金融通的便利。出口方发货后到指定银行交单兑用，即可取得货款。进口方在出口方发货后不必立即付款，对指定银行的垫款也不必马上支付，直到单据到达进口方所在地银行，才需付款赎单。进口方在远期信用证支付方式

微课堂

信用证支付方式的性质

下还可以向开证行开立信托收据借单，以此做进口押汇。

二、信用证业务的性质

信用证支付方式具有以下三个显著的性质和特点。

1. 信用证支付是一种银行信用

所谓银行信用，是指开立信用证的银行以自己的信用做出的付款保证。一般而言，银行的信誉和稳定性要比商业企业高，银行信用要优先于商业信用。在信用证支付方式下，开证行承担第一性的付款责任，对受益人独立承担责任，只要受益人提交的单据符合信用证条款规定，开证行就保证履行付款责任。

2. 信用证是独立于买卖合同之外的一种自足文件

信用证的开立是以买卖合同为依据的，因此信用证与买卖合同有一定的逻辑关系，但信用证一经开出就成为独立于买卖合同之外的另一种契约。这就意味着信用证即使有与买卖合同不符之处，除非及时提出修改，否则就要以信用证条款为准。信用证不受买卖合同的约束。买卖合同是进出口双方间的契约，只对进出口双方有约束力。信用证是开证行与受益人（出口方）之间的契约，只对受益人与开证行有约束力，其他参与信用证业务的关系人由其与开证行的其他契约关系约束，如开证申请人（进口方）与开证行的契约关系为开证申请书，信用证并不约束开证申请人。

导入案例分析

本章导入案例中日本开证行以开证申请人声称货物品质欠佳为由拒付余款，华夏公司可以对此提出异议。货物品质纠纷属于买卖双方在合同履行中发生的争议，只要华夏公司提交符合信用证要求的单证，日本开证行就要履行付款责任。

3. 信用证是一项纯单据买卖业务

信用证业务实行的是凭单付款的原则，开证行处理的是单据，而不是货物或服务。只要受益人提交符合信用证条款的单据，开证行就要履行付款责任，受益人提交的单据要严格符合“单证一致”和“单单一致”的原则。受益人提交的相应单证文件大致包括以下几种。

（1）商业发票。不同于税务部门统一印发的税务发票，进出口业务中使用的商业发票是出口方自行编制的文件，列明货物的名称、数量、单价和总值。

（2）装箱单。装箱单也是出口方自行编制的文件，列明货物的包装、箱数、重量和体积等信息。

（3）提单。提单是货运公司出具的载货凭证。海运提单同时具有物权凭证的效力。

（4）品质/数量证书。它是相应商检机构验货后出具的文件，证明货物的品质和数量符合信用证要求。

（5）原产地证。原产地证是由相关机构出具的用以证明货物产地的文件，是进口国海关监管、统计与区别征收关税的依据。

（6）其他可能需要的文件。如装船通知、受益人证明等。

思考与训练 4.1

国内某出口公司按 CIF 条件、即期信用证方式向某外商出售一批货物。外商按合同规定开来的信用证经该出口公司审核无误。该出口公司在信用证规定的装运期限内在装运港将货物装上开往目的港的海轮，并在装运前向保险公司办理了货物运输保险。但装船后不久，海轮起火爆炸并沉没，该批货物全部灭失，外商闻讯后来电表示拒绝付款。该出口公司应如何处理？

三、信用证的关系人

信用证的关系人通常包括以下几种。

（1）开证申请人（applicant），又称开证人（opener），是指向银行申请开立信用证的人，一般是进口方。开证申请人根据与出口方的贸易合同，在规定的时间内向开证行申请开证、交纳开证押金或做质押并及时付款赎单。

（2）开证行（opening bank，issuing bank），是指开立信用证的银行，一般为进口方所在地银行。开证行承担第一性的付款责任，有权收取开证手续费，需正确、及时开证，一旦付款，一般无追索权。

（3）受益人（beneficiary），是指有权按信用证规定签发商业汇票，向指定银行索取货款的人，一般是出口方。受益人有按时交货、提交符合信用证要求的单据的义务，也有凭单索取货款的权利，又有对其后的持票人保证汇票被承兑和付款的责任。

（4）通知行（advising bank，notifying bank），是指受开证行委托，将信用证通知（或转递）给受益人的银行，一般是出口方所在地银行。通常是开证行的代理行（correspondent bank），其负责鉴别来证的表面真实性。由于代理银行间建有签印、密押关系，经由通知行检验信用证的真实性有利于保护受益人的权益。

（5）议付行（negotiating bank），所谓"议付"（negotiation）是指指定银行在相符交单的情况下，在其应获偿付的银行工作日当天或之前向受益人预付或者同意预付款项，从而购买汇票及/或单据的行为。议付行就是指执行议付的银行。在其向受益人垫付货款后有权凭单据向开证行索回垫付的货款，如遭拒付，其有权向受益人追索垫款。

（6）付款行（paying bank，drawee bank），是指信用证上指定的付款银行，又称为受票行或代付行。信用证规定由开证行自己付款时，开证行就是付款行。付款行也可以是开证行的付款代理，其代开证行验收单据（也可以根据开证行的指示不进行验单）并对受益人付款，付款后无权向受益人追索。

（7）偿付行（reimbursing bank），是指信用证中指定的对索偿行（一般是议付行或代付行）进行偿付的银行。偿付行只是接受开证行的委托，充当出纳机构，既不接受也不审核单据，其对索偿行的偿付不能视为开证行的付款。因此，若开证行收到单据后发现有不符点，则可向索偿行追索，但不得向偿付行追索。

微课堂
信用证的使用流程

（8）保兑行（confirming bank）。保兑（confirm）是另一家银行对开证银行所开立的信用证承担不可撤销和没有追索权的付款责任的承诺。对信用证加具保兑的银行称为保兑行，它具有与开证行相同的责任和地位。它对受益人独立负责，在付款或议付后，不能向受益人追索。

（9）转让行（transferring bank），是指应受益人（第一受益人）的委托，办理信用证转让的指定银行。或当信用证规定可在任何银行兑用时，转让行是指开证行特别如此授权并实际办理信用证转让的银行。开证行也可担任转让行。

四、信用证的使用流程

使用信用证时，会涉及开证申请人、开证行、通知行、受益人、指定银行等当事人。信用证的一般使用流程如图4.1所示。

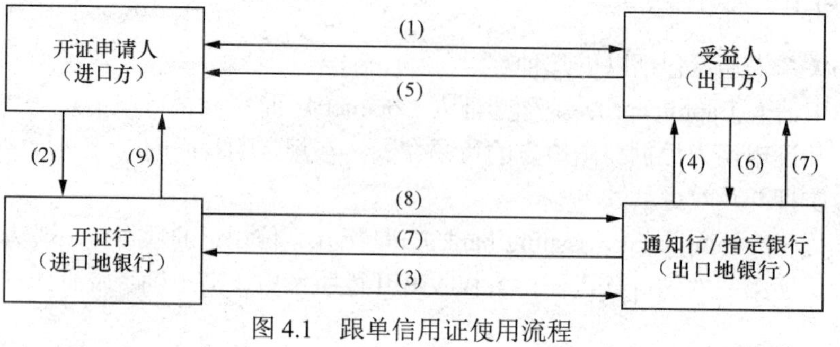

图4.1　跟单信用证使用流程

（1）进出口双方订立合同。双方对信用证的种类和开证时间作出明确规定。

（2）进口方申请开立信用证。进口方填写开证申请书并提供押金（margin）或担保，支付开证费用，要求开证行向出口方开出信用证。

（3）开证行开立信用证。开证行按照开证申请书规定开证，并将信用证邮寄，或用电信方式送达其在出口地的代理银行或分行，让其代为通知信用证。

（4）通知行通知信用证。通知行收到信用证，核对、签字、密押后，将信用证通知或转递给出口方。

（5）出口方审证、发货。出口方收到信用证后应认真审核，如果原证审核无误即可备货发货。信用证如有与合同不符或有不能接受的条款，出口方需与进口方商洽改证的要求，进口方同意的话向开证行提交修改信用证的申请，开证行据以作出修改并把信用证修改书函寄或电告通知行，由其通知或转递给受益人（重复上述第2步、第3步和第4步），出口方收到信用证修改书后再次审核，审核无误，接受了信用证的修改后即可备货发货。

（6）交单兑用。出口方发货后取得承运人或其代理人签署的运输单据，并备齐信用证中规定的其他单据，在信用证规定的交单期限内向指定银行（SWIFT信用证41a栏的银行）一并提交，在信用证项下兑用其本次交单的款项。

（7）指定银行兑用款项并寄单索汇。指定银行（SWIFT信用证41a栏的银行）按信用证指定行事，审核单据是否符合信用证所规定的条款条件，即审核是否相符交单。如受益人相符交单，则指定银行按信用证规定的兑用方式（SWIFT信用证41a栏规定的即期付款、延期付款、混合付款、承兑、议付）向受益人兑用该次交单的信用证款项并向开证行寄单索偿，即受益人向指定银行兑用款项后，兑用银行将单据连同寄单面函（单据明细及索偿指示）通过快递寄给开证行，要求开证行偿付其垫付的兑用款项。如果指定银行拟不接受开证行的指定或审核单据发现有不符点，指定银行一般只应受益人要求，帮其寄送单据，向开证行交单，此时，该银行只是受益人的交单代理人，充当的只是寄单行的角色。

（8）开证行审单偿付。开证行收到单据后，应立即审核单据，相符交单下，即向按信用证指定行事的指定银行履行偿付款项的责任。如果开证行发现单据有不符点，可以拒绝付款，但应在收到单据次日起 5 个营业日内通知交单行。

（9）进口方付款赎单。开证行付款后，通知进口方付款赎单。进口方付款后，即开证行收回垫付款项后，可将信用证项下的单据交给进口方。进口方取得全套货运单据后即可在货物运到目的港后向承运人换单提货。

第三节 信用证的内容与种类

信用证的开立形式有信开和电开两种。信开信用证是指开证行以航邮方式将信用证邮寄给通知行，再由通知行转递给受益人。电开信用证是指开证行将信用证加注密押后以电信方式通知受益人所在地的通知行，请其转递受益人。电开又分为 SWIFT 开证和电报开证，目前主要使用 SWIFT 开证。

SWIFT 是“全球银行金融电信协会”（Society for Worldwide Interbank Financial Telecommunication）的简称。该协会设有自动化的国际金融电信网，协会的成员银行可以通过该电信网办理开立信用证以及外汇买卖、证券交易、托收、保险、汇款等业务。通过 SWIFT 系统传递信用证的信息，即通过 SWIFT 开立或通知的信用证称为“SWIFT 信用证”，也称“全银电协信用证”。

SWIFT 在互联网上有专用服务器，各银行也有相应的电脑软硬件，用于登录、收发 SWIFT 电子文件。SWIFT 电子文件与一般的电子邮件不同，它有专用的格式——message type，简称 MT，其中用于信用证开证的报文格式为 MT700 和 MT701，用于修改信用证的报文格式为 MT707 与 MT708，用于转通知信用证的报文格式为 MT710 与 MT711，用于转让信用证的报文格式为 MT720 与 MT721。

一、信用证的编写

出口方拿到的通知银行打印的信用证电文稿，往往排版密集且全是英文，专业术语和名词较多，看上去比较复杂。我们需要了解信用证的编写规律，才能够看懂信用证，了解信用证的内容。

信用证电文由报头、正文和报尾三个部分组成，其中报头和报尾主要供银行间收发 SWIFT 电文用，报头位置一般可显示开证行的信息和收发报的时间，出口方需要看明白的主要是正文中带编码的条款。正文的条款结构由条款名称、条款编码和条款内容三个部分构成。条款编码和名称是固定的，其在信用证报文中出现的次序也是固定的，条款内容则根据实际情况有所变化。

【例】

条款名称	条款编码	条款内容
CURRENCY CODE, AMOUNT:	32B:	USD30 000,00
信用证结算货币和金额:	32B:	3 万美元

注意：SWIFT 规则 32B 中小数点为半角逗号，与我们日常习惯不同。

有些条款内容较多或分为几个部分罗列，此时该条款通常会用“1”“2”“3”或“+”等符号进行分段，但只要是在同一个编码下，就都属于同一个性质的内容。

熟悉信用证条款编码对应的条款名称有助于我们快速掌握信用证条款内容，表 4.1 是信用证 MT700 报文条款编码对应的条款名称和简介。

表 4.1 信用证 MT700 报文编码内容简介

条款编码	条款名称	含　义	性　质
27	Sequence of Total	报文次序	必选项
40A	Form of Documentary Credit	跟单信用证类型	必选项
20	Documentary Credit Number	信用证号码	必选项
23	Reference to Pre-advice	预先通知号码	可选项
31C	Date of Issue	开证日期	必选项
40E	Applicable Rules	信用证适用规则	必选项
31D	Date and Place of Expiry	信用证有效期与到期地点	必选项
51a	Applicant Bank	开证申请人的银行	可选项，出现在具体的信用证中可为51A 或 51D，以 A 的形式出现时是银行的 SWIFT CODE，以 D 的形式出现时是银行的名称和地址
50	Applicant	开证申请人	必选项
59	Beneficiary	信用证受益人	必选项
32B	Currency Code，Amount	信用证结算货币与金额	必选项
39A	Percentage Credit Amount Tolerance	信用证金额允许浮动范围	可选项
39C	Additional Amounts Covered	额外金额	可选项
41a	Available with...by	指定银行及信用证兑用方式	必选项，出现在具体的信用证中可为41A 或 41D，以 A 的形式出现时是银行的 SWIFT CODE，以 D 的形式出现时是银行的名称和地址或 ANY BANK
42C	Drafts at	汇票到期日	可选项，必须与 42a 配合使用
42a	Drawee	汇票付款人	可选项，必须与 42C 配合使用，出现在具体的信用证中可为 42A 或 42D，以 A 的形式出现时是银行的 SWIFT CODE，以 D 的形式出现时是银行的名称和地址
42M	Mixed Payment Details	混合付款指示	可选项
42P	Negotiation/Deferred Payment Details	议付/延期付款指示	可选项
43P	Partial Shipments	分批装运条款	可选项
43T	Transshipment	转运条款	可选项
44A	Place of Taking in charge/Dispatch from…/Place of Receipt	接受监管地/发运地/收货地	可选项
44E	Port of Loading/Airport of Departure	装运港/起运地机场	可选项
44F	Port of Discharge/Airport of Destination	卸货港/目的地机场	可选项
44B	Place of Final Destination/For Transportation to…/Place of Delivery	最终目的地/运往……/交货地	可选项
44C	Latest Date of Shipment	最迟装船日期	可选项，不能与 44D 同时出现
44D	Shipment Period	装运期间	可选项，不能与 44C 同时出现
45A	Description of Goods and/or Services	货物/服务描述	可选项
46A	Documents Required	单据要求	可选项
47A	Additional Conditions	附加条款	可选项

续表

条款编码	条款名称	含　义	性　质
49G	Special Payment Conditions for Beneficiary	对受益人的付款安排指示	可选项
49H	Special Payment Conditions for Receiving Bank	对收报行的付款安排指示	可选项
71D	Charges	费用情况	可选项
48	Period for Presentation in Days	用天数来表示的交单期	可选项
49	Confirmation Instructions	保兑指示	必选项
58a	Requested Confirmation Party	被要求保兑的银行	可选项
53a	Reimbursing Bank	偿付银行	可选项，出现在具体的信用证中可为 53A 或 53D，以 A 的形式出现时是银行的 SWIFT CODE，以 D 的形式出现时是银行的名称和地址
78	Instruction to the Paying/ Accepting/ Negotiating Bank	给付款行、承兑行、议付行的指示	可选项
57a	Advise Through Bank	收报行以外的通知银行	可选项，出现在具体的信用证中可为 57A、57B 或 57D，以 A 的形式出现时是银行的 SWIFT CODE，以 B 的形式出现时是收报行的当地分行，以 D 的形式出现时是银行的名称和地址
72Z	Sender to Receiver Information	附言（银行间备注）	可选项

二、信用证的基本内容

信用证正文的基本内容有以下几个部分。

（1）信用证本身的说明。①信用证的类型（form of credit）；②信用证号码（L/C number）；③开证日期（date of issue）；④信用证金额（L/C amount）；⑤有效期和到期地点（expiry date and place）；⑥开证行（issuing/opening bank）；⑦开证申请人（applicant）；⑧受益人（beneficiary）；⑨单据提交期限（documents presentation period）。

（2）关于汇票的说明。①出票人（drawer）；②付款人（drawee）；③付款期限（tenor）；④出票条款（drawn under clause）。

（3）关于交付单据的要求。①商业发票（commercial invoice）；②提单（bill of lading）；③保险单或保险凭证（insurance policy or certificate）；④产地证明书（certificate of origin）；⑤其他单据（other documents）等。

（4）关于货物的描述。①品名、货号和规格（commodity name，article number and specification）；②数量和包装（quantity and packing）及单价（unit price）。

（5）关于运输安排。①装货港（port of loading/shipment）；②卸货港或目的地（port of discharge or destination）；③装运期限（latest date of shipment）；④可否分批装运（partial shipment allowed/not allowed）；⑤可否转船运输（transshipment allowed/not allowed）。

（6）其他说明。①特别条款（special condition）；②开证行对指定银行的指示（instructions to paying/accepting/negotiating bank）；③背批兑用金额条款（endorsement clause）；④索汇方法（method of reimbursement）和寄单方法（method of dispatching documents）；⑤开证行付款保证（engagement/undertaking clause）；⑥惯例适用条款（subject to UCP clause）；⑦开证行签字（signature）。

案例 4.1

BOLTITI CORONA S.A.（以下简称进口商）根据与佛山奇飞进出口贸易有限公司（以下简称出口商）所签订的合同（见示范3.6）的要求，按时向开证行（COMMERZBANK）申请开证，开证行于7月15日开立一张以出口商为受益人的不可撤销信用证，信用证号码为329898871232（见示范4.3），并通过SWIFT系统把信用证传递给通知行，请其把信用证内容通知受益人。

示范 4.3 信用证

Own Address :		COMMCNSHFSA BANK OF COMMUNICATIONS, FOSHAN CITY BRANCH NO.23 JIHUA ROAD, FOSHAN, CHINA
Output Message Type:		MT700 ISSUE OF A DOCUMENTARY CREDIT
Send by :		COMMERZBANK 20349 HAMBURG GERMANY
Output Date/Time :		190715/1422
Sequence of Total	:27:	1/1
Form of Documentary Credit	:40A:	IRREVOCABLE
Documentary Credit Number	:20:	329898871232
Date of Issue	:31C:	190715
Applicable Rules	40E:	UCP LATEST VERSION
Date and Place of Expiry	:31D:	190915 BENEFICIARIE'S COUNTRY
Applicant	:50:	BOLTITI CORONA S.A. ARTURO PRAT 476 HAMBURG，GERMANY
Beneficiary	:59:	FOSHAN QIFEI I/E TRADE CO., LTD. NO. 187 ZHONGSHAN ROAD, FOSHAN, CHINA
Currency Code，Amount	:32B:	USD 16 788,20
Available with…by…	41D:	ANY BANK IN CHINA BY NEGOTIATION
Drafts at…	:42C:	AT SIGHT
Drawee	:42D:	ISSUING BANK
Partial Shipments	:43P:	NOT ALLOWED
Transshipment	:43T:	ALLOWED
Port of Loading/Airport of Departure	:44E:	GUANGZHOU, CHINA
Port of Discharge/Airport of Destination	:44F:	HAMBURG, GERMANY
Latest Date of Shipment	:44C:	190831
Description of Goods and/or Services	:45A:	HAND-MADE LEATHER SHOES AND GLOVES DETAILS AS PER S/C NO: 15QFIE0702 DATED JULY 2, 2019 CIF HAMBURG
Documents Required	:46A:	

+ ORIGINAL SIGNED COMMERCIAL INVOICE IN DUPLICATE
+ ORIGINAL PAKCING LIST IN DUPLICATE
+ FULL SET CLEAN ON BOARD OCEAN MARINE BILL OF LADING CONSIGNED TO THE ORDER OF COMMERZBANK MARKED FREIGHT PREPAID AND NOTIFY APPLICANT, NAME OF SHIPPING AGENT IN HAMBURG WITH FULL ADDRESS AND TELEPHONE NUMBER, INDICATING THIS L/C NUMBER.
+ ORIGINAL CERTIFICATE OF QUALITY ISSUED BY DEPARTMENT OF COMMODITY INSPECTION AT THE PORT SHIIPMENT.
+ INSURANCE POLICY OR CERTIFICATE IN DUPLICATE ENDORSED IN BLANK FOR 110% OF THE INVOICE VALUE COVERING ALL RISKS AND WAR RISKS AS PER PICC DATED 2009. CLAIM IF ANY, PAYABLE IN THE CURRENCY OF THE DRAFT.
+ CERTIFICATE OF CHINESE ORIGIN GSP FORM A.

Additional Conditions　:47A:

+A DISCREPANCY FEE OF USD50.00 WILL BE IMPOSED ON EACH SET OF DOCUMENTS PRESENTED FOR NEGOTIATION UNDER THIS L/C WITH DISCREPANCY. THE FEE WILL BE DEDUCTED FROM THE BILL AMOUNT.

Charges	:71D:	ALL BANK CHARGES OUTSIDE GERMANY INCLUDING REIMBURSING BANK COMMISSION AND DISCREPANCY FEE (IF ANY) ARE FOR BENEFICIARIE'S ACCOUNT.
Period for Presentation in Days	:48:	
Days	:15	
Narrative	/FROM THE DATE OF SHIPMENT	
Confirmation Instructions	:49:	WITHOUT
Instruction to the Paying/Accepting/ Negotiating Bank	:78:	DOCUMENTS TO BE DISPATCHED IN ONE SET BY COURIER ALL CORRESPONDENCE TO BE SENT TO COMMERZBANK 20349 HAMBURG, GERMANY

三、信用证的种类

根据最新的《跟单信用证统一惯例》的规定，信用证都是不可撤销的（irrevocable），即使信用证本身并未如此表明。所以，开证行自开立信用证之时起即不可撤销地承担承付责任。除可转让信用证之外，在信用证有效期内未经开证行、保兑行（如有的话）及受益人同意，信用证既不得修改，也不得撤销。在实际业务中，了解所使用的信用证的种类及其特点有助于我们更好地完成进出口业务的结算工作并加快资金的周转。

信用证实物照片

（一）跟单信用证和光票信用证

跟单信用证（documentary L/C）是指开证行凭跟单汇票或仅凭单据付款的信用证。实际业务中所使用的信用证绝大部分是跟单信用证。单据在国际贸易结算中一般是不可缺少的，开证行需要出口方提供相关的单据作为付款的条件。

光票信用证（clean L/C）是指开证行仅凭不随附单据的汇票（光票）付款的信用证。在实际业务中，受益人（出口方）可利用光票信用证预先支取货款。

（二）即期付款、延期付款、承兑及议付信用证

1. 即期付款信用证

即期付款信用证（sight payment L/C）是开证行或付款行在收到符合信用证条款的单据后，立即履行付款义务的信用证。有的即期付款信用证指定开证行自己作为付款行，也有指定出口地的银行作为付款行的情况。若是后者，对受益人更为有利，受益人提交相符单据后就可以马上收到该行的付款，该行付款后无追索权。若是前者，开证行收到符合信用证条款的单据后应立即付款。即期付款信用证有时会加列电汇索偿条款（T/T reimbursement clause），若信用证中有此条款，表示开证行授权受益人所在地的指定银行在付款后，通过 SWIFT 或其他电信手段通知开证行或偿付行，说明受益人提交的单据与信用证相符，开证行或偿付行接到通知后，应立即用电汇（T/T）将货款拨交出口地的信用证指定付款银行。

2. 延期付款信用证

延期付款信用证（deferred payment L/C）是指不用受益人开具汇票，开证行保证在货物装船后或收单后若干天付款的信用证。在开立此种信用证的情况下，受益人不能利用贴现市场资金，只能自行垫款或向银行借款。

3. 承兑信用证

承兑信用证（acceptance L/C）是以开证行作为远期汇票付款人的信用证。受益人将开立的以开证行作为付款人的远期汇票连同单据提交指定银行，指定银行审核单据无误后，将汇票、单据寄给开证行，开证行对汇票签章并承兑，待到期时再付款。如果受益人需要资金，可以先行贴现汇票，贴现银行把余款交给受益人，汇票到期时，由贴现银行向开证行索汇。

知识链接

贴现与贴息计算

贴现是在远期汇票被承兑后，持票人在汇票到期前到银行兑换现款，银行从票面金额中扣除贴现利息后付给持票人余款的行为。

贴现利息=汇票金额 × 贴现天数 × 年贴现率 ÷ 360

实例：面额为 10 000 美元的见票后 90 天付款的汇票，在 6 月 20 日得到付款人的承兑，该汇票应于 9 月 18 日到期，持票人于 6 月 30 日持汇票去银行要求贴现，银行核算贴现天数为 80 天（7～8 月各 31 天，9 月 18 天，共计 80 天）。如果贴现年利率为 10%，按欧美算法，一年按 360 天计算，则：

贴现利息=汇票金额 × 贴现天数 × 年贴现率 ÷ 360

=10 000 × 80 × 10% ÷ 360 ≈ 222.22（美元）

银行向持票人净付款=汇票金额−贴现利息

=10 000 − 222.22 = 9 777.78（美元）

银行受让汇票后，于 9 月 18 日向付款人提示，收取十足票款 10 000 美元。

外贸业务中还有一种信用证，这种信用证表面上看是远期信用证，但对受益人而言却可即期足额收款，因此称为“假远期信用证”（usance L/C payable at sight）。此证对开证申请人来说，

可以等到汇票到期时再向开证行支付货款，所以，人们又把这种信用证称为买方远期信用证（buyer's usance L/C）。这种信用证的一个显著特点是要求受益人开立远期汇票，但规定所有贴现和承兑费用由进口方负担（all interest and acceptance commission are for buyer's account）。

4. 议付信用证

所谓"议付"（negotiation），是指指定银行在受益人相符交单的情况下，在其应获偿付的银行工作日当天或之前向受益人预付或者同意预付款项，从而购买汇票及/或单据的行为。信用证中指定某一银行议付或任何银行都可以议付的信用证，称为议付信用证（negotiation L/C）。指定某一银行议付的信用证，称为限制议付信用证，可由任何银行议付的信用证，称为自由议付信用证。

银行在开立信用证时，必须在信用证中明确表明该证是以即期付款、延期付款、承兑还是议付的方式兑用。

（三）保兑信用证

保兑信用证（confirmed L/C）是指开证行开出的信用证，由另一家银行保证对符合信用证条款规定的单据履行付款义务。该银行为保兑行，其与开证行承担一样的第一性付款责任。这种具有"双保险"作用的信用证对出口方最有利。

（四）可转让信用证

可转让信用证（transferable L/C）是指信用证规定受益人（转让后成为第一受益人）可以将使用信用证的权利转让给其他人（第二受益人）的信用证。可转让信用证的受益人通常是中间商，其要从实际供货方那里先买进货物，然后再向进口方交货。然而中间商没有足够的资金向供货方付款，又不愿让供货方与实际买主（进口方）拉近关系，为了赚取利润，其要求进口方开立可转让信用证，然后其再通过开证行授权的转让行把信用证转让给真正的供货方使用。这样，中间商能够把转售货物所得货款的大部分转让给实际供货方，余下的就是其利润。转让行用 SWIFT MT720 报文发送可转让信用证，可转让信用证中的受益人在这份可转让信用证中是第一受益人，实际供货方是这份可转让信用证的第二受益人。

可转让信用证只能按原证条款转让，但信用证金额、单价、到期日、交单日及最迟装运日期可减少或缩短，投保加成比例可以增加，信用证申请人可以变动。可转让信用证只能转让一次，但允许第二受益人将可转让信用证重新转让给第一受益人。如果信用证允许分批装运（支款），则将信用证金额按若干部分（总和不超过信用证金额）分别转让给多个第二受益人，该项转让的总和被视为一次转让，手续由转让银行办理。如果第二受益人不能按时交货或者单据有问题，第一受益人仍要承担合同义务并承担可转让信用证中交单不符的后果。

信用证默认是不可转让的，如需开立可转让信用证，需要在信用证 40A 条款中加上"transferable"（可转让）字样，这样的信用证才能够向转让行申请转让。

（五）循环信用证

循环信用证（revolving L/C）是指信用证被全部或部分使用后，其金额又恢复到原金额，可再次使用，直到规定的使用次数或规定的总金额用完为止。开立信用证的手续费用比较高，对于交易批次较多、货量均匀稳定、持续时间较长的业务，开立循环信用证可免去多次开证的麻烦，节省开证费用，同时也简化了手续，有利于合同的履行。

循环信用证与普通信用证的区别在于其规定信用证被使用后可恢复到原金额再次被使用，直到规定的使用次数或约定的总金额用完为止。

（六）背对背信用证

背对背信用证（back to back L/C）又称转开信用证，是指受益人以原证作为质押，要求原证的通知行或其他银行以原证为基础，另开一张内容相似的新信用证。背对背信用证的内容除开证申请人、受益人、金额、单价、装运期限、有效期限等可有变动外，其他条款也可以与原证不同，一般是比原证规定得更严苛，新信用证也可以加入原证没有的条款内容以约束真正的供应商，使其按质按量交单、交货，以便中间商能更有把握向其上家提交相符单据并交货。背对背信用证是两张完全独立存在的信用证。

背对背信用证通常是中间商为了转售他人货物，从中图利而开立的。此时，如果中间商要求进口方开立可转让信用证，等于告诉对方出口方为中间商，相应单据上也会标明实际供货方的信息。出口方如果顾忌这一点，可以在收到进口方通过它的银行开来的信用证后，另外通过出口方这边的银行申请给它的下游卖家开立一份条款内容与原证相仿，但进口方并不知道其存在的信用证，这就是背对背信用证的实质。

（七）预支信用证

预支信用证（anticipatory L/C）是指开证行授权指定银行，允许受益人在装运交单前预支部分或全部货款的信用证。货物装运后，受益人在信用证规定的期限内向指定银行提交全套单据，指定银行扣除预支金额后，将余款支付给受益人。信用证上表示预先垫款的特别条款，在信开信用证时习惯用红色墨水打印，以引人注目，所以也称“红条款信用证”（red clause L/C）。

（八）备用信用证

备用信用证（standby L/C）是开证行根据开证申请人的请求向受益人开立的保证承担某项义务的凭证。如果开证申请人没有履约，由开证行负责承担义务；如果开证申请人已经履约，则此证不必使用。

备用信用证具有一般跟单信用证的基本性质，但两者仍有区别。首先，一般跟单信用证在受益人履约时使用，备用信用证则在开证申请人违约时才能使用；其次，一般跟单信用证只用于货物的买卖，备用信用证可适用于包括货物买卖在内的多方面的交易（如投标、借款等）；最后，一般跟单信用证凭符合信用证条款的单据付款，备用信用证则只凭开证申请人的违约证明付款。

思考与训练 4.2

国内某公司向国外A商出口一批货物。A商按时向开证行申请开立即期信用证，该证由设在我国境内的外资B银行通知并保兑。我方公司在货物装运后，将全套合格单据送交B银行并收妥货款。但B银行在向开证行索偿时，得知开证行因经营不善已宣布破产。于是，B银行要求我方公司将货款退还，并建议我方公司委托其向A商直接索取货款。对此，你认为我方公司应如何处理？为什么？

四、合同中的信用证支付条款

微课堂
信用证的兑用方式

在凭信用证支付时，合同中的支付条款应包括受益人、开证行、开证日期、信用证种类、金额、信用证的有效期和到期地点，以及信用证的兑用方式等内容。

【例 1】即期信用证支付条款

买方应通过卖方可接受的银行开立不可撤销的即期信用证并在装运月份前 × × 天送达卖方，此证装运日后 15 天内在中国议付有效。

The buyer shall open through a bank acceptable to the sellers an irrevocable sight letter of credit to reach the sellers × × days before the month of shipment, valid for negotiation in China until the 15th day after the date of shipment.

【例 2】远期信用证支付条款

买方应于 × 年 × 月 × 日前（或接到卖方通知后×天内或签约后×天内）通过 × × 银行开立以卖方为受益人的不可撤销的见票后 × × 天付款的银行承兑信用证，信用证承兑有效期为装运日后 15 天内。

The buyer shall arrange with × × bank for opening an irrevocable letter of credit in favor of the sellers before × ×（or within × × days after receipt of seller’s advice, or within × × days after signing of this contract）. The said letter of credit shall be available by draft at × × days after sight and remain valid for acceptance until the 15th day after the aforesaid time of shipment.

五、信用证适用的国际惯例

为了减少因对信用证的解释和使用习惯不同而引起的争端，国际商会制定了《跟单信用证统一惯例》，于 1933 年正式公布，并历经多次修改。最新的版本是 2007 年修订的，全称《跟单信用证统一惯例（2007 年修订本）》国际商会第 600 号出版物，简称《UCP600》。

必须指出的是，虽然《UCP600》是国际惯例，得到了世界范围内的普遍认可，但是它不具有强制性，只有在当事人同意使用时，才对该当事人具有约束力。如当事人愿意接受《UCP600》的约束，可在 SWIFT 信用证中“40E”项目的条款内容中标明“UCP LATEST VERSION”，则该信用证适用《UCP600》，即“This credit is subject to Uniform Customs and Practice for Documentary Credit 2007 Revision, ICC publication NO.600”。

第四节　信用证的审核与修改

审核信用证是指出口方在收到国外银行开来的信用证之后，对来证的各项条款逐一核对和审查，对不符合出口合同规定或无法办到的信用证条款要及时提请开证申请人进行修改，尽量避免因单证不符导致货款被拒付或延期收款的情况发生。

信用证业务实行的付款原则是“单单相符、单证相符”，如果受益人提交的单据与信用证要求不相符，开证行有权利拒付。在实际业务中，由于种种原因，如进口方或开证行的工作疏忽、电文传递错误、贸易习惯的不同或进口方有意利用开证的主动权加列对其有利的条款等，常常出现信用证条款与合同不符的情况。

一、审核信用证的要求

审核信用证的依据主要是买卖合同、《UCP600》《关于审核跟单信用证项下单据的国际标准银行实务》（ISBP745）的规定以及业务实际情况。在实际业务中，通知银行和出口方共同完成审核信用证的任务。通知银行侧重政策性和信用证真实性的审核，如开证行的政治背景、资信能力、付款责任和索汇路线等；出口方侧重审核信用证条款。

出口方应对信用证中的以下事项进行认真审核。

（一）检查信用证的基本要素是否正确

例如，出口方需要检查开证申请人与受益人的名称和地址、信用证金额、币制、货物描述说明等基本要素是否与合同相符。

1. 信用证开证申请人与受益人的名称、地址要与合同相符

信用证中时常有将开证申请人、受益人混淆，或名称拼写错误的情况。例如，合同上出口方为“China National Textiles Import & Export Corporation, Guangzhou Branch”，信用证中受益人为“China National Textiles Import & Export Corporation”，前者是“中国纺织品进出口公司广州分公司”，后者为“中国纺织品进出口公司”，两者是不同的公司。

2. 信用证金额、币制要与合同相符

检查信用证金额是否正确、大小写是否一致。如果合同规定允许数量上有一定幅度的伸缩，信用证在金额方面也应允许有同等幅度的伸缩。如果在信用证金额前使用了表示约量的词语，如“about”，其意义是允许金额有10%的伸缩。《UCP600》第30条b款规定：除非信用证规定数量不得有增减，在信用证未以包装单位件数或货物自身件数的方式规定货物数量时，货物数量允许有5%的增减幅度，只要总支取金额不超过信用证金额。

3. 货物描述说明要与合同一致

货物描述说明包括商品品名、数量、包装、规格、贸易术语等，这些是贸易合同中的重要条款，也是出口方交货的重要依据，出口方需要对信用证中的商品品名、数量、包装、规格、贸易术语和合同条款一一对照，看其是否符合合同的规定。

（二）检查相关期限的规定是否合理

信用证对期限的规定主要有最迟装船日期、交单期和信用证有效期三个。最迟装船日期是指出口方要在此日期前出货，运输单据日期不能晚于此日期。交单期是指出口方必须在拿到运输单据后若干天内把全套单证提交指定银行。信用证有效期，即信用证的截止日，是指信用证在此日期前有效，过期作废。对“三期”内容的审核应注意以下几点。

（1）出口方能否在信用证规定的最迟装船日期前备妥有关货物并按期装运。如果收到信用证的日期距离最迟装船日期太近，无法按期装运，出口方应及时与进口方联系，要求延长信用

证的最迟装船日期和信用证有效期。

（2）信用证规定的交单期与最迟装船日期相距不能太短。信用证中规定的交单期一般为装运后7～15天，如果信用证没有规定交单期，按《UCP600》的规定，当提交的单据包含一份或多份正本运输单据时，则须由受益人或其代表，在不迟于本惯例所指的装运日之后的21个日历日内交单，但是在任何情况下都不得迟于信用证的有效期。需要注意的是，开展东南亚近洋贸易时，进口方往往将交单期规定得较短，因为货轮只要三五天就能够到达目的港，如果出口方太迟交单，货物到达目的港后，进口方会由于没有正本提单而无法提货，货物将在目的港码头堆放，由此将增加进口方的仓储费用。

（3）信用证有效期与最迟装船日期之间应留有足够的时间，以便出口方按时交单。在进出口业务中，信用证的有效期最好安排在最迟装船日期后7～15天。例如，信用证规定最迟装船日期为10月31日，则信用证有效期应规定为11月15日（11月7日—15日中任何一天都可以），不要出现信用证的有效期也是10月31日这种“双到期”的情况。

（4）信用证到期地点应为出口方所在地。如果是在进口方所在地到期，则意味着出口方需要在有效期内把单证快递到进口方所在地，出口方往往无法保证单据到达时间和单据是否相符。我国的出口业务通常要求把信用证到期地点规定为“IN CHINA”或“IN BENEFICIARY’S COUNTRY”。

思考与训练 4.3

我国某外贸公司出口货物一批，数量为 1 000 公吨，价格条件为每公吨 USD65 CIF Rotterdam。国外进口方通过开证行按时开来信用证，该信用证规定：信用证总金额不超过USD65 000，有效期为7月31日。信用证内注明按《UCP600》办理相关事项。该外贸公司于7月4日将货物装船完毕，取得提单，签发日期为7月4日。

问:（1）外贸公司最迟应该在什么时候将单据送交银行兑用？为什么？

（2）外贸公司在本信用证项下交货数量的增减幅度可以是多少？为什么？

思考与训练 4.4

国外进口方来证规定有效期和到期地点是“Oct.31st, 2019 Place NEW YORK”，装运期是“not later than Oct.31st, 2019”。为保障出口方的利益，出口方应如何处理此证？

（三）检查信用证运输、保险条款是否与合同相符

1. 审核信用证运输条款

审核信用证对装运港、目的港的规定是否与合同一致，其是否特别规定了运输方式、运输路线、运输工具。例如，当信用证中特别规定要求出具轮船船龄证明等时，出口方应及时与承运方联系，如不能办到，应及时提出修改。

还需审核信用证是否允许分批装运和转运。若信用证规定允许分批装运，并限定了每一批装运的时间和数量，此时需要注意其规定是否合理。按《UCP600》的规定，若信用证规定了每一批装运的数量和时间，受益人每一批货物都必须按时、按量装运，当任何一批货物未按规定装运时，信用证对该批及以后各批货物均告失效。

2. 审核信用证保险条款

审核信用证对保险单据的规定是否合理。例如，在以FOB贸易术语出口时，进口方负责办理货物运输手续，出口方无办理运输保险的义务，信用证不应要求出口方提供保险单据，或者海运提单中不应要求标明运费预付（freight prepaid）。在以CIF或CIP贸易术语出口时则应对照合同检查信用证中的保险险别、保险金额是否正确。

（四）检查信用证是否包含“软条款”

信用证“软条款”是指削弱了信用证付款保证的完整性和可靠性，赋予开证申请人或开证行单方面撤销付款责任的权利，置受益人于不利地位的弹性条款。受益人放任信用证中包含“软条款”的后果往往是因难以满足这些条款的要求而不能安全收汇。一旦审核发现“软条款”，出口方理应提请删除。信用证“软条款”主要有以下二类。

1. 信用证对受益人提交的单据附加不合理要求

例如，商检证书必须获得进口方或其指定第三方签章确认方可生效；受益人必须提交进口方签发的货物收据，其签章必须与开证行或通知行持有的样本相符；受益人必须提交相关承运人的声明或是开证申请人的声明，表明其已经按照某种要求进行了相关操作。

2. 信用证对付款责任的不合理规定

例如，规定只有在货物清关后或由主管部门批准进口后才付款；信用证暂不生效，等进口方申请到许可证并通知受益人后方可生效；在背对背信用证中规定只有××号信用证项下货款收妥后才付款等。

二、信用证的修改

通过对信用证的全面审核，出口方对发现的问题应分情况及时处理，对于影响安全收汇的条款，必须要求进口方向开证行申请修改。

1. 信用证修改的一般程序

修改信用证的程序：受益人审核信用证发现问题→受益人向开证申请人提出修改→开证申请人向开证行提出修改申请→开证行向原通知行发送信用证修改书（MT707）→通知行向受益人通知信用证修改书→受益人重新审核→受益人决定接受或拒绝并发出通知。

信用证修改书和信用证一样，也是以固定的条款格式列出各项修改的内容。根据《UCP600》第10条c款规定：在受益人告知通知修改的银行其接受该修改之前，原信用证（或含有先前被接受的修改的信用证）的条款对受益人仍然有效。受益人应给予接受或拒绝修改的通知。如果受益人未能给予通知，当交单与信用证以及尚未表示接受的修改的要求一致时，即视为受益人已作出接受修改的通知，并且从此时起，该信用证被修改。

也就是说，受益人收到信用证修改书后有权决定是否接受，若接受，可按照原信用证和修改后的内容出货、制单结汇，若不接受，可以重新提出修改，若放弃修改，也可以按原信用证要求出货及制单结汇。

2. 信用证修改的要点

关于信用证的修改，应掌握以下原则和注意事项。

（1）凡未经开证行、保兑行（如果有）以及受益人同意，信用证既不能修改也不能撤销。

（2）涉及信用证多处修改的，应该整理修改要求，一次性向开证申请人提出，避免多次修改信用证。

（3）受益人对于信用证修改书要么全部接受，要么全部拒绝，部分接受信用证修改书是无效的。

（4）有关信用证修改必须通过原通知行传递才真实有效，通过开证申请人直接寄送的修改申请书或复印件不是有效的修改。

思考与训练 4.5

F 公司出口货物一批，国外开证行开来信用证规定：红小豆 10 公吨，单层新麻袋装，准许分批装运。F 公司致电进口方，要求将“红小豆 10 公吨”按合同规定改为“红小豆 10 公吨，允许卖方交货数量有 10%的增减”，并同时规定信用证金额有同等幅度的增减。后来 F 公司收到信用证修改书，信用证修改书规定：红小豆 10 公吨，允许卖方交货数量有 10%的增减，单层新麻袋装，不准分批装运。F 公司认为“不准分批装运”条款不符合合同规定，仍按原计划分批装运。请问 F 公司的做法是否合理？

第五节 其他结算方式

国际贸易的支付方式除信用证外，还有汇款、托收、银行保函等。

一、汇款

汇款（remittance）又称汇付，是付款人委托所在地银行，将款项以某种方式支付给收款人的结算方式。在汇款方式下，结算工具（委托通知或汇票）的传送方向与资金的流动方向相同，因此称为顺汇。

（一）汇款涉及的当事人

汇款方式涉及的当事人主要有四个：①汇款人，指付款人，合同中的进口方或其他经贸往来中的债务人；②汇出行，指汇出款项的银行，即进口方所在地银行；③汇入行，指解付汇款的银行，即汇出行的代理行，出口方所在地银行；④收款人，指合同中的出口方或其他经贸往来中的债权人。

（二）汇款的种类和业务流程

汇款可分为电汇、信汇和票汇三种方式。

1. 电汇

电汇（telegraphic transfer，T/T）是汇出行以 SWIFT（全球银行金融电信协会）或其他电信手段（以前还使用过电报、电传、电话等手段）向汇入行发出付款委托的一种汇款方式。在使用电汇时，汇出行根据汇款人的申请通知另一国的代理行（汇入行），汇入行收到通知后，通知收款人收汇，然后向收款人解付汇款。汇入行解付汇款后，将付讫借记通知书反馈给汇出行，到此，一笔汇款业务就完成了。电汇速度快，在进出口业务中被广泛使用。

2. 信汇

信汇（mail transfer，M/T）是以航空信函的形式向汇入行发出付款委托的一种汇款方式。在使用信汇时，汇款人向汇出行提出申请，并交款付费给汇出行，取得信汇回执。汇出行把信汇委托书邮寄给汇入行，委托汇入行解付汇款，汇入行凭此通知收款人收汇，然后汇入行向收款人解付汇款，同时将付讫借记通知书发送给汇出行，到此，一笔汇款业务就完成了。信汇费用低廉，但收款时间长，在业务中较少使用。电汇、信汇的业务流程如图 4.2 所示。

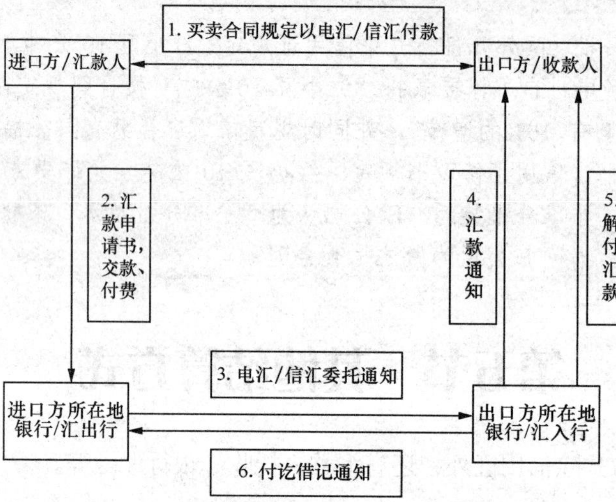

图 4.2 电汇、信汇业务流程

3. 票汇

票汇（remittance by banker's demand draft，D/D）是以银行即期汇票作为支付工具的汇款方式。在使用票汇支付时，汇款人填写申请，并交款付费给汇出行。汇出行开立银行汇票交给汇款人，由汇款人自行邮寄或直接交给收款人。同时汇出行将汇票通知书或称票根（advice or drawing）邮寄给汇入行。收款人持汇票向汇入行取款时，汇入行验证汇票与票根无误后，解付票款并把付讫借记通知书发送给汇出行，到此，一笔汇款业务就完成了。票汇的业务流程如图 4.3 所示。

（三）汇款的使用

利用汇款方式结算货款时，银行只提供服务，不提供信用，货、款能否结清，完全取决于进出口双方的商业信用。汇款支付方式主要用于空运货物业务以及成交金额较小的海运货物业务，也可用于预付货款及结算货款尾数、佣金和运费。

按进口方支付货款的时间可分为预付货款（payment in advance）和货到付款（payment after arrival of the goods）。预付货款在外贸业务中俗称"前 T/T"，是指在订货时或交货前进口方汇付货款，对出口方而言资金压力和风险较小，比较有利。在预付货款时，进口方为了降低预付风险，可以采用凭单付汇（remittance against documents）的方法，即进口方先将货款汇给出口方所在地银行，指示其凭出口方提供的指定单据和装运凭证付款。货到付款在外贸业务中俗称“后T/T”，指出口方在收到货款以前，先交出单据或货物，之后进口方按约定时间再汇付货款，对出口方而言资金压力和风险都很大，要谨慎使用。

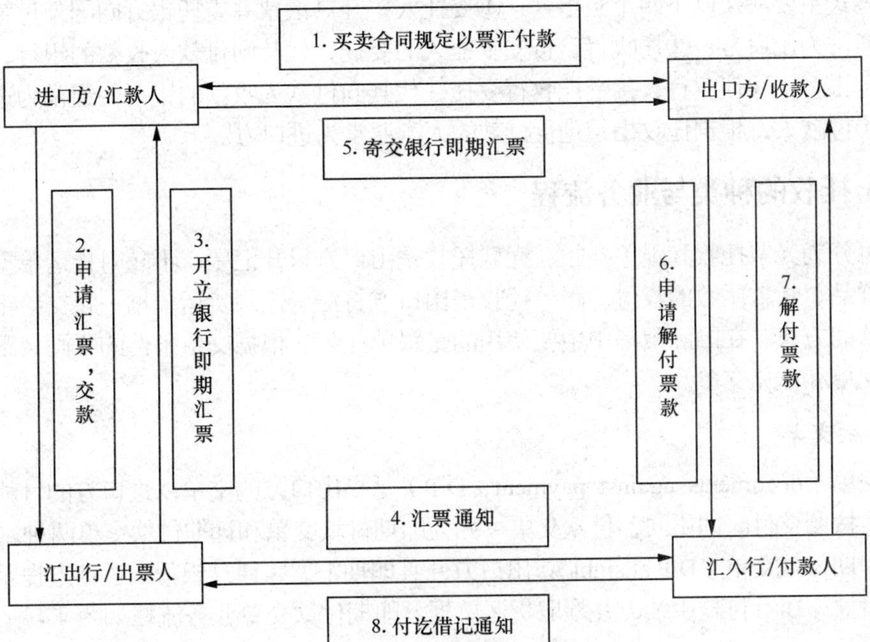

图 4.3　票汇业务流程

（四）合同中的汇款支付条款

微课堂
汇付方式的应用

采用汇款方式支付时，进出口双方应在合同中规定采用何种汇款方式以及进口方何时付款。支付条款范例如下。

【例 1】

买方应于 2019 年 5 月 12 日前将 30%的货款电汇至卖方，其余货款在收到正本提单传真后两日内支付。

The buyers shall pay 30% of the sales proceeds by telegraphic transfer not later than May 12th, 2019. The remaining 70% of the amount should be paid within 2 days against faxed B/L.

【例 2】

买方应不迟于 2019 年 10 月 20 日将 100%的货款用电汇方式预付给卖方。

The buyers shall pay 100% of the sales proceeds in advance by telegraphic transfer to reach the sellers not later than Oct. 20th, 2019.

二、托收

托收（collection）是指出口方装运货物后，开具以进口方为付款人的汇票（随附货运单据或不随附货运单据），委托出口方所在地银行通过其在进口方所在地的分行或代理行向进口方收取货款的一种结算方法。托收项下汇票的传递方向与资金流向相反，所以称为逆汇。

（一）托收方式涉及的当事人

托收方式主要涉及以下四个当事人：①委托人，开具汇票并委托银行向国外付款人收款的出票人，通常为出口方；②托收行，接受委托人的委托，代其向付款人收款的银行，通常为出口方所在地银行；③代收行，接受托收行委托，代其向付款人收款的银行，通常为进口方所在地银行；④付款人，根据托收指示进行付款的人，通常为进口方。

（二）托收的种类与业务流程

托收可分为光票托收和跟单托收。光票托收是出口方只开汇票、不随附货运单据的托收，一般用于样品、货款尾数的收付。跟单托收是出口方将汇票连同货运单据一起交给银行，委托其代收货款的方式。在国际贸易中主要使用的是跟单托收。根据交单条件的不同，跟单托收可分为付款交单和承兑交单。

1. 付款交单

付款交单（documents against payment，D/P）是指出口方的交单以进口方的付款为条件的托收方式。按照支付时间不同，付款交单可分为即期付款交单和远期付款交单两种。

（1）即期付款交单（D/P at sight）：出口方开具即期汇票，通过银行向进口方提示付款，进口方见票后立即履行付款手续，并领取货运单据。即期付款交单业务流程如图 4.4 所示。

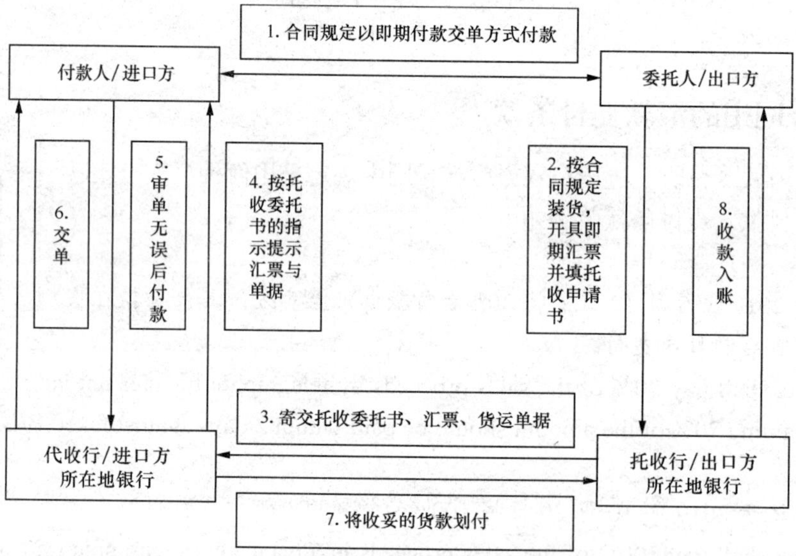

图 4.4　即期付款交单业务流程

（2）远期付款交单（D/P after sight）：出口方开具远期汇票，通过银行向进口方提示，进口方见票后承兑，待汇票到期时，进口方付款领取货运单据。其业务流程与即期付款交单业务流程的不同之处在于进口方对汇票先承兑，汇票到期后再付款领取货运单据，其余流程基本相同。

2. 承兑交单

承兑交单（documents against acceptance，D/A）是指出口方的交单以进口方的承兑为条件，即进口方承兑汇票后即可领取货运单据，待汇票到期时再付款的托收方式。其业务流程与即期付款交单业务流程的不同之处在于进口方审单后无须付款，只要对远期汇票承兑即可取得货运单据，待汇票到期时再付款。

外贸业务中还有“付款交单凭信托收据借单”（D/P · T/R）的操作，其具体做法为：进口方在承兑汇票后出具信托收据向代收行借取货运单据，以代收行受托人身份代为提货、报关、存仓、转售，并承认货物所有权仍归银行、货物售出后所得货款归银行，保证在汇票到期日向银行付清款项。若此种做法为进出口双方事先约定的，则汇票到期不能收回货款的风险与代收行无关，由出口方自行承担；若此种做法是由代收行自行决定的，则代收行应承担汇票到期不能收回货款的风险。付款交单凭信托收据借单这种方式，对出口方来说风险大，要求进口方资信状况较好，或由进口方提供适当担保，方可借单。

（三）托收的特点

托收支付方式具有以下三个特点。

（1）托收是出口方先发货，后收款，出口方能否收回货款，取决于进口方的资信状况，因此属于商业信用。

（2）银行办理托收业务时，只按委托人的指示办事，并不审核单据的内容，没有保证进口方付款的责任。如果进口方拒付，除非另有约定，银行没有代管货物的义务。

（3）托收对出口方来说风险较大，其中，D/A 与 D/P 相比，风险更大。

思考与训练 4.6

我国某外贸公司向日本商人以付款交单见票即付方式（D/P At sight）推销某商品，对方答复若我方接受付款交单见票后 90 天付款条件，并通过日本商人指定的 A 银行代收货款就可批量采购。请分析日本商人提出此项要求的出发点是什么？

（四）使用托收支付方式应当注意的问题

与信用证方式相比，托收的费用低廉，少了双方银行审单环节，只要进口方赎单较快，货款的收回速度就比较快。但是如果进口方不能很好地合作，待货物装运甚至抵达后提出降价甚至拒绝付款赎单，出口方就会非常被动。采用托收方式付款的本质是出口方向进口方提供信用和资金融通，对出口方来讲虽然可以起到吸引客户、调动其经营积极性，从而扩大其出口的作用，但同时出口方也面临着较大的风险。一般来讲，如果双方是长期的合作伙伴，进口方一直很守信用，或者收货人为本公司在国外设立的分公司或办事处，则可以采用托收方式结算。在其他情况下采用托收方式结算，应注意以下问题。

微课堂
使用托收支付方式的注意事项

1. 调查进口方的资信状况、经营能力和经营作风

根据调查的结果确定授信额度、成交金额与交货进度，避免进口方借资金紧张等原因延期

付款。国外代收行的选择要经过托收行的同意。尽量不使用承兑交单。

2. 争取使用 CIF 或 CIP 贸易术语成交

采用 CIF 或 CIP 贸易术语，如果提货前货物受损，进口方拒付，出口方可凭保险单向保险公司索赔；如果必须由进口方办理保险，则出口方除应在货物装运后及时通知对方投保外，还可以投保“卖方利益险”，以防货物遇险，在进口方未投保又不付款赎单时，出口方可向保险公司索赔。

3. 了解进口国有关规定

欧洲有些国家不使用远期 D/P 支付方式，拉美国家则把远期 D/P 当成 D/A 处理。另外，有时货到单据未到，需要存仓、购买保险，有些国家的海关规定若货物进仓 60 天后无人提货就对其进行公开拍卖。因此，我们应了解进口国关于远期 D/P 的习惯做法及进口国的货物存仓管理办法等。

4. 在采用托收方式时最好与其他方式结合使用

（1）与电汇（T/T）方式结合使用。为了预防风险，出口方可以要求进口方先采用 T/T 方式预付部分货款（最好不低于全部货款的 30%），其余货款采用 D/P 方式支付。只要市场不出现剧烈变动，进口方一般不会宁可损失预付货款而不去银行赎单。

（2）与信用证方式结合使用。一般做法是 50%的货款采用即期信用证（L/C at sight）方式支付，另外 50%的货款采用即期付款交单（D/P at sight）方式支付，且全套货运单据必须随附在 D/P 项下。

5. 采取一定的措施转移收款的风险

若需要采用承兑交单（D/A）、远期付款交单（D/P after sight）或“后 T/T”方式支付，出口方应投保出口信用险或开展出口保理业务，将收款的风险转移给保险公司或保理公司。

6. 遭到拒付后应及时采取合理的措施

若遭到拒付，出口方应及时了解拒付的原因和货物的状况，在货物未到港之前尽快联系进口方或新的买家；在 D/P 条件下，若货款未收回而货物被提走，应追究代收行的责任；如果货物已经到港而进口方拒不付款赎单，出口方应及时处理货物或将货物运回，尽量减少损失。

知识链接

国际保理与出口信用保险

1. 国际保理

国际保理（factoring），即国际保付代理，简称保理，是在托收、赊账（open account，O/A）等情况下，保理商（factor）向出口方提供的一项包括对进口方资信调查、百分之百的风险担保、催收应收账款、财务管理以及融通资金等综合性财务服务。

出口保理业务是出口方以商业信用方式（如 D/A、D/P after sight、O/A）出售商品前通过保理商调查进口方资信状况，与保理商签订保理协议确定授信额度，在保理额度内与进口方签订进出口合同，装运后将发票等收账凭据转让给保理商，取得保理商资金融通的业务。保理对出口方而言，最大的好处是收款无后顾之忧，但对因货物品质、数量、交货期等问题导致进口方不付货款的，保理商则不承担。

开展保理业务的大多是商业银行等金融机构。各国保理机构建立了“国际保理商联合会（Factor Chain International，FCI）”，通过该组织，各国保理商互换进口方资信信息。目前我国已有中国银行、交通银行、招商银行等多家银行开展出口保理业务。

2. 出口信用保险

出口信用保险（export credit insurance），是指国家设立专门保险机构承保本国出口企业在以商业信用方式出口时，因境外商业风险或政治风险造成的损失。

出口信用保险承保的商业风险包括法院宣告进口方破产、财产已被接管或接收，进口方收货后6个月未付款，进口方拒收货物并拒付货款等。政治风险包括进口方国家禁止货款汇出，撤销进口许可证，发生战争、动乱、不可抗力事件。出口信用保险赔付的最高金额一般为实际损失的90%，其余10%由出口企业自己承担。

出口信用保险是将出口企业的收汇风险转嫁到保险人身上，为出口企业开拓海外市场提供坚强的后盾。出口信用保险与一般的出口货物运输保险不同，它有着强烈的政策性，由国家设立专门的机构出面担保，开办此项业务的资金均由国家财政拨付。中国的官方出口信贷担保机构为“中国出口信用保险公司（China Export Credit Insurance Corporation）”，于2001年成立，总部设在北京。

（五）合同中的托收支付条款

采用托收方式支付时，其支付条款范例如下。

【例1】即期付款交单

买方根据卖方开具的即期跟单汇票，于见票时立即付款，付款后交单。

Upon first presentation, the buyer shall pay against documentary draft drawn by the seller at sight. The shipping documents are to be delivered against payment only.

【例2】远期付款交单

买方根据卖方开具的见票后60天付款的跟单汇票，于提示时承兑，并在汇票到期时付款，付款后交单。

The buyer shall duly accept the documentary draft drawn by the sellers at 60 days after sight upon first presentation and make payment on its maturity. The shipping documents are to be delivered against payment only.

【例3】承兑交单

买方根据卖方开具的见票后90天付款的跟单汇票，于提示时承兑，并在汇票到期时付款，承兑后交单。

The buyer shall duly accept the documentary draft drawn by the sellers at 90 days after sight upon first presentation and make payment on its maturity. The shipping documents are to be delivered against acceptance.

三、银行保函

银行保函（banker’s letter of guarantee，L/G）是银行开立的担保履行某项义务、有条件地承担经济赔偿责任的书面承诺文件。银行保函是银行以自己的信用代替申请人的信用向受益人提供的担保。

（一）银行保函涉及的当事人

银行保函涉及的当事人主要有以下三个：①委托人，即保函的申请人，一般是合同的债务人；②担保人，即保函的开立人，一般是银行；③受益人，即通过保函取得赔偿的人。

（二）银行保函的使用流程

银行保函的使用流程如图4.5所示，具体内容如下。

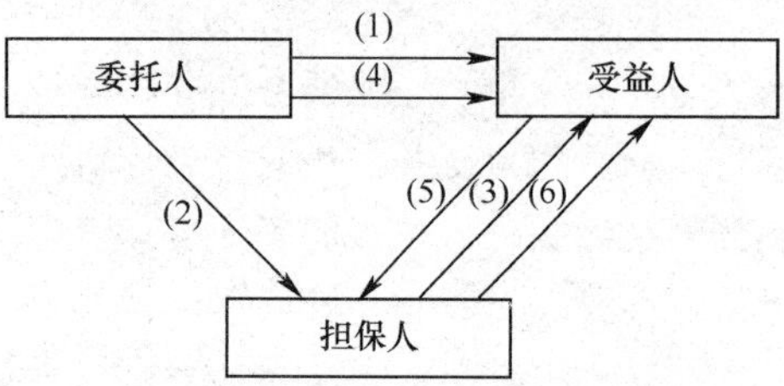

图4.5 银行保函的使用流程

（1）委托人与受益人签订货物买卖或工程项目合同，并约定由第三方出面担保。

（2）委托人请担保人出具保函。

（3）担保人开具保函。

（4）委托人对受益人违约。

（5）受益人因委托人违约而向担保人提出索赔。

（6）担保人兑现其担保责任，赔付担保金额。

（三）银行保函的种类

按用途的不同分类，银行保函通常可分为投标保函、履约保函、还款保函。

（1）投标保函（tender guarantee）是银行应投标人的申请向招标人（受益人）发出的保证书，保证投标人在开标前绝不中途撤标或片面修改投标条件，中标后签约和交付履约保证金，否则，由银行赔偿招标人的损失。

（2）履约保函（performance guarantee）在货物进出口业务中使用时，可分为进口履约保函和出口履约保函。前者是银行对进口方必须付款所作的保证，后者是银行对出口方必须交货所的保证。

（3）还款保函（repayment guarantee），又称预付款保函或定金保函，是银行应合同一方的申请，向另一方开立的保证书。如申请人不履行合同义务，不退还受益人预付、支付的款项，则由银行向受益人退还其预付或支付的款项。这也是外国贷款人要求借款人提供的到期还款的银行保证。

思考与训练 4.7

银行保函业务与信用证业务中银行的付款责任是否相同？

自测题

一、单项选择题

1. 根据《UCP600》的规定，信用证的第一付款人是________。

A. 开证申请人　　B. 开证行　　C. 兑用银行　　D. 通知行

2. 使用L/C、D/P、D/A三种支付方式结算货款，就出口方的收汇风险而言，从小到大依次排序为________。

A. D/P、D/A、L/C　　B. D/A、D/P、L/C

C. L/C、D/P、D/A　　D. 风险一样大

3. 信用证是根据买卖合同开立的。出口方要保证安全收汇，其所提供的单据必须做到________。

A. 与买卖合同规定相符

B. 与信用证规定相符

C. 与所交货物之间相符

D. 在信用证与买卖合同不一致时，应以买卖合同的规定为主，适当参照信用证的有关规定

4. 在国际贸易实践中，最迟装船日期和信用证有效期的确定最好是________。

A. 不在同一日期

B. 信用证有效期应该早于最迟装船日期

C. 信用证有效期最好安排在最迟装船日期后 7～15 天

D. 在同一日期

5. 信用证的基础是买卖合同。当信用证与买卖合同不一致时，受益人应要求________。

A. 开证行修改　　B. 开证申请人向开证行申请修改

C. 通知行修改　　D. 兑用银行修改

6. 信用证规定到期日为 2019 年 5 月 31 日，而未规定最迟装运日期，通常按业务习惯可理解为________。

A. 最迟装运日期为 2019 年 5 月 10 日　　B. 最迟装运日期为 2019 年 5 月 16 日

C. 最迟装运日期为 2019 年 5 月 31 日　　D. 该信用证无效

7. 信用证规定 “Shipment during March/Apr./May in three equal monthly lots”。因生产原因，3 月份的货物未能按时装运，而延至 4 月 10 日装运。根据《UCP600》的规定，以下说法正确的是________。

A. 只有 3 月交货失败，4、5 月的货物仍可按规定交货

B. 4、5 月交货后，只要单据合格，开证行就无权拒付

C. 3、4、5 月均为交货失败

D. 只有 4、5 月交货失败

8. 保兑信用证的保兑行的付款责任是________。

A. 在进口方不履行付款责任时才履行付款责任

B. 在开证行不履行付款责任时才履行付款责任

C. 在出口方不履行付款责任时才履行付款责任

D. 承担第一性的付款责任

9. 开证行开来的信用证中规定: “Description of goods: Computer 300sets at USD 375/ set USD 112 500, Amount: currency USD 118 125”。受益人交货时的最高限额为________。

A. 300 sets　　B. 330 sets　　C. 315 sets　　D. 285 sets

10. 进出口双方以 D/P · T/R 条件成交签约，货到目的港后，进口方凭 T/R 向代收行借单提货，若事后收不回货款________。

A. 代收行应负责向出口方偿付　　B. 由出口方自行负担损失

C. 由出口方与代收行协商共同负担损失　　D. 由保险公司负责向出口方赔付

二、多项选择题

1. 某公司分别以 D/P at 90 days after sight 和 D/A at 90 days after sight 的支付条件对外出口了两批货物，关于这两笔业务，下列叙述正确的有________。

A. 前者是指进口方在到期日付清货款才可取得货运单据，后者是指进口方在见票时承兑后即可取得货运单据

B. 前者没有遭遇进口方拒付的风险，而后者存在这种风险

C. 前者的风险比后者大

D. 后者的风险比前者大

2. 信用证支付方式的特点是________。

A. 信用证是一种银行信用　　B. 信用证是一种商业信用

C. 信用证是一种自足的文件　　D. 信用证是一种单据的买卖

3. 对于信用证与合同的关系表述正确的是________。

A. 信用证的开立以买卖合同为依据

B. 信用证的履行不受买卖合同的约束

C. 有关银行只根据信用证的规定办理信用证业务

D. 合同是审核信用证的依据

4. 以下对可转让信用证表述正确的是________。

A. 可转让信用证只能转让一次

B. 可转让信用证可转让无数次

C. 可转让信用证必须注明“transferable”字样

D. 可转让信用证转让后，若第二受益人无法履约，可将信用证转回给第一受益人

E. 可转让信用证转让后，第二受益人可将转让了的信用证转让给其后的第三受益人

三、判断题

1. 信用证与可作为其依据的销售合同或其他合同是相互独立的交易。(　　)

2. 票汇业务和托收业务都是商业信用，使用的都是商业汇票。(　　)

3. 从性质上来讲，汇付与托收都属于商业信用，而信用证则属于银行信用。因此对出口方来讲采用信用证结算方式的风险较小，收汇较安全。(　　)

4. 我国某出口公司收到开证行开来的信用证，证中规定装运期和议付有效期同时于 9 月 30 日到期，对此条款我方不应接受，应该把议付有效期改为装运期后 15 天内有效。(　　)

5. 我国某出口公司向墨西哥进口商出口一批商品，对方来证在“转运”栏内规定“允许转运”，我方业务员认为既然规定“允许转运”，我方有转运或不转运的选择权。(　　)

6. 承兑交单最易为进口方接受，有利于达成交易，所以在出口业务中，应扩大对承兑交单结算方式的使用。(　　)

7. 在国际贸易业务中，如信用证规定与合同规定不相符，对出口方来讲，既可按信用证办理也可按合同办理。(　　)

8. 某出口商以每公吨 450 美元 FOB 广州的条件出口一批大豆，采用信用证支付方式。开证行按时开来信用证，来证中规定“Chinese northeast soybean. 150 M/T gross for net at USD 450 per M/T FOB Guangzhou. Amount: USD 69 800.00”。此外信用证对货物数量并没有特别说明，出

口商对此批货物最多可装 157.50 公吨。(　　)

9. 合同规定即期信用证付款，开证行来证规定凭受益人开立的见票后 90 天付款的远期汇票付款，同时在信用证的特别条款中规定"All interest and acceptance commission are for buyer's account"。对信用证中的这两项规定出口商可接受。(　　)

10. 在 D/A 方式下，代收行对汇票进行承兑后，向进口方交单。(　　)

四、案例分析题

1. 甲公司向丁国 A 公司买进生产灯泡的生产线。合同规定：分两次交货，分批开出议付信用证，买方（甲公司）应于货到目的港后 60 天内进行复验，若与合同规定不符，甲公司凭所在国的商检证书向 A 公司索赔。甲公司按照合同规定，向银行申请开立首批货物的信用证。A 公司履行装船义务并凭合格单据向议付行议付，开证行也在单证相符的情况下偿付了议付行款项。在第一批货物还没到达目的港之前，第二批货物的开证日期临近，甲公司又向银行申请开立信用证，此刻，首批货物抵达目的港，经检验发现货物与合同规定严重不相符，甲公司当即通知开证行，声称"拒付第二批信用证项下的货款，并听候指示"。然而开证行在收到第二批单据，审核无误后，再次偿付议付行款项。当开证行要求甲公司付款赎单时，甲公司拒绝付款赎单。

试分析此案中：

（1）开证行的处理是否合理？为什么？

（2）甲公司的处理是否合理？该公司应如何处理此事？

2. 天津 M 出口公司出售一批货物给中国香港 G 商，价格条件为 CIF 香港，付款条件为 D/P 见票后 30 天付款，而且 M 出口公司同意 G 商指定中国香港汇丰银行为代收行。M 出口公司在合同规定的装船期限内将货物装船，并取得了清洁提单，随即出具汇票，连同提单和商业发票等委托中国银行通过中国香港汇丰银行向 G 商收取货款。5 天后，所运货物安全到达中国香港，因当时该商品的行情看好，G 商凭信托收据向汇丰银行借取提单，提取货物，并将部分货物出售。不料因到货过于集中，货物价格迅即下跌，G 商以缺少保险单为理由，在汇票到期时拒绝付款。

你认为 M 出口公司应如何处理此事？并说明理由。

3. 某公司与往来多年的非洲客户签订某商品销售合同一份，交货条件是 6 月至 12 月，每月等量装运 × × 万米，凭不可撤销议付信用证付款。其后，客户按时向开证行申请开出信用证，其总金额与总数量均与合同相符，但装运条款仅规定：最迟装运期为 12 月底，分数批装运。出口公司见来证未列明"每月等量装运 × × 万米"条款，为了早出口、早收汇，6 月底便将合同总数的一半货物一并装出并向银行交单，银行审单无误进行议付，随后向开证行寄单索汇。但是客户接到装船通知后，发现出口公司未按合同规定装运货物，立即向出口公司提出异议，并以货物涌至增加仓租、利息为由，要求赔偿损失，同时拒绝立即付清货款。

请分析并提出解决该情况的建议。

4. 国内某贸易有限公司以 CIF 大阪向日本出口一批货物，4 月 20 日由日本东京银行开来一张即期不可撤销信用证。信用证金额为 50 000 美元，装船期为 5 月，证中还规定偿付行为纽约银行业中信誉较好的 A 银行。信用证收报行中国银行收到信用证后于 4 月 22 日通知出口公司，4 月底该公司获悉进口公司因资金问题濒临倒闭。

问：在此情况下出口公司应如何处理？

课外实训项目

根据本章示范 4.3 中的信用证，填制示范 4.4 所示的信用证审核记录单。

示范 4.4 信用证审核记录单

信用证号码		开证日期		合同号	
开证行					
通知行					
开证人					
受益人					
货物名称		数量		金额	
装运期		有效期		交单期	
装运港		目的港		可否分批	
贸易术语		汇票期限		可否转运	
特殊条款					

单据种类及份数	汇票	发票	装箱单	重量单	尺码单	保险单	提单正本	提单副本	一般原产地证	普惠制产地证	品质证	重量证	植检证	船公司证明	寄单证明	寄样证明	受益人证明	快递收据	

需要修改内容	来证条款内容	应修改后条款内容

单证员签字		部门经理签字	

课后阅读资料

4.1 信用证的“软条款”

某省 HL 进出口总公司（以下简称 HL 公司）授权下属独立法人 HL 进出口光峰公司（以下简称光峰公司）向中国农业银行某省分行（以下简称农行省分行）办理进出口结算和开立信用证业务。2009 年 1 月 15 日，农行省分行开出了一份申请人为 HL 公司、受益人为 CH 物资（香港）有限公司（以下简称 CH 公司）的不可撤销信用证。该信用证单据条款第 2 条约定“由申请人签发的货物收据上申请人的签字必须与开证行持有的签字式样相符”。HL 公司预留在农行省分行的信用证项下的货物收据签字样本为：在同一张样本上盖有两个 HL 公司公章，其中一个章附有授权人“WB”的签字，另一个章附有授权人“YF”的签字。2009 年 1 月 31 日，HL 公司证实收到信用证项下货物并由光峰公司的 YF 在货物收据上签名。CH 公司将信用证项下的单据交给农行省分行，请求付款。农行省分行审单后，发现 CH 公司提交的货物收据上只有 HL 公司公章和 YF 一人的签字，遂于 2009 年 2 月 26 日以“货物收据上之签署有异于开证行所持之签署式样”予以拒付。受益人遂向某省高级人民法院起诉开证行农行省分行，要求其兑付信用证。

某省高级人民法院审理后认定农行省分行拒付正当，此案最终上诉至最高人民法院。最高人民法院秉承一贯尊重当事人约定的坚定立场，对本案各方当事人在信用证中约定的条款予以确认，判决认为：开证行接受了开证申请人的开证申请，开立的信用证被受益人接受，上述行为是各方当事人的真实意思表示，不违反法律规定，应为有效，因此产生的法律文件对各方当事人均具有约束力。信用证条款中约定有“由申请人签发的货物收据上申请人的签字必须与开证行持有的签字样式相符”等内容，而受益人提交给开证行的货物收据表面上与开证申请人在银行留存的样本明显不符。银行可以拒绝接受。原判决正确。判决驳回上诉，维持原判。

（刘德标，2009）

案例分析

本案争议涉及的开证行留存的货物收据签字样本的条款，是业界所称的典型的“软条款”。因为该条款所规定的单据不受受益人控制，申请人或开证行可以随时引用该条款使受益人处于极端被动的地位。尽管最高人民法院的判决没有认定必须“严格相符”，但是却强调：“根据信用证交易的特点及《UCP600》的规定，银行只要发现单据表面上不符，就可以拒绝接受。”这表明法院在面临极端的案例时，仍坚持单据表面上的严格相符。这也为国际贸易实务提供了借鉴，受益人不能轻易同意开证行或申请人提出的签字或印鉴要与开证行、通知行或申请人的要求相符的条款。

4.2　是否接受信用证修改书

我国某出口商与某国进口商于某年 7 月 10 日以 CIF 条件签订了一份向进口商出口价值 150 000 美元商品的销售合同，使用不可撤销议付信用证付款。合同中规定，我方应在 8 月装运货物。7 月 28 日中国银行通知该出口商，收到进口商通过国外银行开来的信用证。经审核，信用证条款与合同条款相符。但出口商在装船前又收到进口商通过通知银行转递的信用证修改书，要求出口商在 8 月 15 日之前装运货物，并且规定本修改书自受益人收到后 3 天内如没有发出拒绝接受的通知，则本修改书生效。由于该出口商已预订了 8 月 25 日开航的班轮，若临时变更手续较为烦琐，因此对该修改书未予理睬，之后按原信用证的规定发货并交单议付，议付行随后又将全套单据递交开证行。但是开证行却以装运日期与信用证修改书不符为由拒付货款。

出口商在收到拒付通知后，立即与议付行商议根据《UCP600》的规定反驳开证行。电文如下：“我行认为，①根据《UCP600》第 10 条 f 款规定：修改中关于除非受益人在某一时间内拒绝修改否则修改生效的规定应被不予理会。所以信用证修改书中的‘本修改书自受益人收到后 3 天内如没有发出拒绝接受的通知，则本修改书生效’应属无效条款。②根据《UCP600》第 10 条 a 款规定：除第 38 条另有规定者外，未经开证行、保兑行（如有的话）及受益人同意，信用证既不得修改，也不得撤销。以及 c 款规定：在受益人告知通知修改的银行其接受该修改之前，原信用证（或含有先前被接受的修改的信用证）的条款对受益人仍然有效。所以，在受益人并未发出接受修改通知的情况下，原信用证条款仍然生效，即本次信用证修改不成功。③受益人提交的单据与原信用证条款相符，请开证行履行付款责任。”

开证行收到议付行的电文后，并没有进行反驳，5 天后议付行顺利收回了货款。

案例分析

可见，熟悉有关惯例的规定并据理力争在解决实际业务的纠纷中多么重要。

4.3 保兑行的责任

某年 8 月，中国某进出口公司（以下简称 A 公司）与甲国某进口商（以下简称 B 公司）签订合同出口一批计算机，B 公司按合同规定开来不可撤销即期信用证，金额为 8 万美元。开证行为甲国的 C 银行，通知行为 C 银行在中国的 D 分行，该信用证限制由 D 分行议付并由 D 分行加以保兑。D 分行在信用证上加列了保兑文句“兹对此证加具保兑”（We hereby added our confirmation to this credit）。10 月 11 日，A 公司指令工厂将货物运至合同规定的港口以便赶上 10 月 13 日的船期。在拿到当地船运公司签发的海运提单后，10 月 15 日，A 公司将全套单据交 D 分行议付。10 月 20 日，A 公司向 D 分行查询议付情况，D 分行表示将向 A 公司付款。但此款项迟迟未入 A 公司账下。10 月 28 日，D 分行通知 A 公司，单据遭开证行 C 银行拒付，理由是海运提单存在不符点。基于此，D 分行表示无法向 A 公司付款，请 A 公司速与 B 公司联系解决或由开证行将单据退回。

对于此案的情况，A 公司该如何应对？保兑行的做法是否合理？

案例分析

1. 保兑行承担与开证行相同的付款义务，保兑行独立对受益人负责。

《UCP600》第 8 条规定“只要将规定的单据提交给保兑行，或提交给其他任何指定银行，并且构成相符交单，保兑行必须承付”“保兑行自对信用证加具保兑之时起即不可撤销地承担承付或议付的责任”。所以，保兑行对受益人的责任不是受益人向开证行要求付款，被开证行拒绝以后，才能向保兑行要求偿付；也不是在开证行由于某种原因倒闭致使无法向受益人付款的情况下才由保兑行向受益人履行付款义务。

《UCP600》第 8 条同时规定，保兑行必须“无追索权地议付，如果信用证规定由保兑行议付”。所以，保兑行在已经议付、承兑或付款的情况下，无论开证行做出何种行为，都无权向出口商进行追索，即不再拥有追索权。

2. 保兑行的审单责任等同于开证行。

《UCP600》第 14 条“单据审核标准”的规定如下：“按指定行事的指定银行、保兑行（如果有的话）及开证行须审核交单，并仅基于单据本身确定其是否在表面上构成相符交单。”

所以，保兑行必须与开证行一样，对单据小心地审核，在收到受益人交来的单据后，其有义务按信用证的规定对单据进行仔细的审核。

3. 本案中，D 分行作为保兑行和议付行，在接受 A 公司的议付单据后，即直接向受益人 A 公司负责，承担第一付款人的责任。

《UCP600》第 14 条规定：“按指定行事的指定银行、保兑行（如有的话）及开证行各有从交单次日起至多 5 个银行工作日用以确定交单是否相符。”由于其未在《UCP600》规定的收到单据的次日起算的 5 个银行工作日内向 A 公司提出单据有不符点，而且向 A 公司表示了付款意向，则可以认为 D 分行已经接受了 A 公司的单据，认为其与信用证规定相符，所以，作为议付行和保兑行，D 分行必须向 A 公司支付款项。

A 公司正是按此分析，与 D 分行进行磋商，据理力争，D 分行只好认错，向 A 公司支付了货款并补上了相应的利息。

第五章

出口备货

【学习目标】

出口备货是指出口商按照合同或信用证的规定，按时、按质、按量地准备好应交付的货物，并做好申请报检和领证的工作。备货是履行合同的第一步，也是非常重要的一个环节，此项工作完成的好坏直接关系到后续工作是否顺利。

学习本章后，应了解备货的基本要点，掌握货物的质量、数量、包装等知识。

【导入案例】

以好充次是否妥当

山东青岛某出口公司向日本出口一批苹果。合同规定苹果规格为三级品质，但出口公司在备货过程中发现三级苹果库存告罄。于是，该出口公司以二级苹果交货，并在发票上注明：二级苹果仍按照三级苹果计价收费。

讨论：该出口公司以好充次的做法是否妥当？

第一节　合同中的品名、品质条款

货物的品名和品质是买卖双方洽谈的依据，没有确定的货物名称，就无法开展交易。因此，品名和品质是买卖合同中的主要条款。

一、合同中的品名条款

货物的品名或名称是交易双方对成交货物的描述。货物的名称应与货物本身的内容相符。在国际贸易中，大多数交易都不是看货成交的，而是凭描述成交。因而，正确列明货物名称是合同中必不可少的条件，也是交易的前提。

在订立品名条款时应注意以下几点。

（1）内容必须明确、具体、准确。文字描述应确切反映标的物的特点，切忌空泛、笼统。一种货物往往有许多不同的品种、型号、等级，为了明确起见，要对货物具体的品种、型号、等级进行概括性的描述，实际上就是把品名条款与品质条款合并在一起。

（2）必须实事求是，准确反映货物的实际情况。

（3）尽可能使用货物在国际上通用的名称，若使用地方性的名称，交易双方应就其含义取得共识。对于货物的译名，应力求准确、易懂，并符合国际上的习惯。

课内阅读资料

我国某公司曾出口苹果酒一批，外商开来的信用证上货物的名称为“Apple Wine”。为了单证一致，出口方在所有的单据上均用了“Apple Wine”。不料，货到国外后遭当地海关扣留罚款，因该批货物的内外包装上均写的是“Cider”字样，结果外商要求出口方赔偿其罚款损失。

此案中，为什么进口商品遭到进口国海关的扣留罚款呢？就是因为单据上的商品名称“Apple Wine”和包装上的商品名称“Cider”不一致，“Cider”既可以是苹果酒，也可以是苹果汁，而这两种商品的税率是不一样的。在向海关申报时，必须正确填报货物的名称，否则将影响海关的监管、征税和统计分类，也会遭到海关的罚款。例如，2020 年我国海关对一些进口商品的监管征税情况：激光打印机进口最惠国税率 0%，激光印刷机进口最惠国税率 2.7%，棉制针织男式大衣进口最惠国税率 8%，毛制针织男式大衣进口最惠国税率 10%。由此可见，货物名称正确、实事求是地反映货物内容是非常重要的。

二、货物品质的表示方法

货物的品质（quality of goods）是指货物的内在质量和外观形态的综合。前者包括货物的物理性能、机械性能、生物特征、化学成分等自然属性；后者包括货物的外形、色泽、款式、味道和气味等特征。

品质条款是国际货物买卖合同最基本的条款之一，卖方需要严格按照合同规定备货，必须熟悉合同中的品质条款。由于交易的货物种类繁多，加上交易习惯各不相同，因此表示货物品质的方法多种多样，概括起来，主要分为以实物表示和以文字说明表示两大类。

（一）以实物表示货物品质

以实物表示货物品质可分为凭现货买卖和凭样品买卖两种。

1. 凭现货买卖

凭现货买卖是指买卖双方根据成交货物的实际品质进行的交易。通常由买方或其代理人在卖方所在地验看货物，谈成交易后，卖方即交付买方验看过的货物，买方不得对验看过的货物品质提出异议。这种方法多用于拍卖、寄售和展卖业务中，尤其适用于具有独特性质的商品，如珠宝、首饰、字画、特定工艺制品（如牙雕、玉雕、微雕）等。

2. 凭样品买卖

样品是指从一批货物中抽出来的或由生产、使用部门设计加工出来的，足以反映和代表整批货物品质的少量实物。

凡以样品表示货物品质并以此作为交货依据的，称为凭样品买卖（sales by sample），通常适用于那些品质难以用文字描述，在造型上有特殊要求或具有色、香、味方面特征的货物的买卖。买卖双方以卖方提供的样品为准成交，称为凭卖方样品买卖（sale by seller’s sample）；以买方提供的样品为准成交，称为凭买方样品买卖（sale by buyer’s sample）。

凭卖方样品买卖时，选择的样品品质应具有充分的代表性，并将样品提供给买方。在将样品即原样（original sample）或称标准样品（type sample）送交买方的同时，应保留与送交样品品质完全一致的另一样品，即留样（keep sample）或称复样（duplicate sample），以备将来组织生产、交货或处理质量纠纷时做核对之用。

凭买方样品买卖，也称“来样成交”。由于买方提供的样品能够直接反映消费者的需求，所以在业务中也时有采用。在确认买方样品之前，卖方应充分考虑该样品在原材料、加工生产技术、设备和生产时间安排等方面的可行性，以防止日后交货困难。为了避免日后履约困难，卖方可以根据买方来样仿制或选择品质相近的样品提交给买方，即“回样”（return sample）或称“对等样品”（counter sample），请其确认。买方一旦确认该样品即作为双方交货的依据，这样就把“凭买方样品买卖”变成了“凭卖方样品买卖”。

无论由谁提供样品，一经双方确认便成为交接货物的品质依据，卖方承担提交的货物品质与样品完全一致的责任（strictly same as sample），这是凭样品买卖的基本特点。否则，买方有权提出索赔甚至拒收货物。

思考与训练 5.1

进出口业务中有哪些货物适合凭样品成交？

（二）以文字说明表示货物品质

在国际货物买卖中，大多数采用文字说明的方法表示货物品质，这种方法称为“凭文字说明买卖”（sale by description），具体有以下几种方式。

1. 凭规格买卖

规格是指用以反映货物品质的主要指标，如成分、含量、纯度、大小、长短、粗细、容量、性能等。以规格作为交货品质依据而进行的买卖，称为“凭规格买卖”（sale by specification）。这种方式简明、方便、准确、具体。例如，漂白棉布 30 支，门幅 35/36 英寸（88.90/91.44 厘米），每匹长度 40 码（36.576 米）或 40 码以上。

2. 凭等级买卖

等级是指同一类货物，按质地的差异或尺寸、形状、重量、成分、构造、效能等的不同，用文字、数字或符号所做的分类，如大、中、小，重、中、轻，一、二、三，甲、乙、丙，A、B、C 等。以等级作为交货品质依据而进行的买卖，称为“凭等级买卖”（sale by grade）。这种方式，简化了手续、促进了成交，并体现了按质论价的特点。但是，当双方对等级内容不熟悉时，最好在合同中明确规定每一等级的具体规格。

例如，我国出口的钨砂，按其三氧化钨和锡、砷、硫含量的不同，分为特级、一级、二级，如表 5.1 所示。

表 5.1　钨砂质量等级表

等级	含量			
	三氧化钨（最低）	锡（最高）	砷（最高）	硫（最高）
特级	70%	0.2%	0.2%	0.8%
一级	65%	0.2%	0.2%	0.8%
二级	65%	1.5%	0.2%	0.8%

3. 凭标准买卖

标准是规格和等级的标准化。在国际贸易中，使用某种标准作为说明和评价货物品质的依据，称为“凭标准买卖”（sale by standard）。

标准一般由标准化组织、政府机关、行业团体、工商组织、商品交易所等制定、公布，并在一定范围内实施。世界各国都有自己的标准，如英国为BS、美国为ANSI、法国为NF、德国为DIN、日本为JIS等。另外，还有国际标准，如国际标准化组织（ISO）标准、国际电工委员会（IEC）制定的标准等。我国有国家标准（GB）、专业标准、地方标准和企业标准。在进出口业务中，应根据具体情况，权衡利弊，决定采用国际上通行的标准或我国自己规定的标准。

由于标准会随着生产技术的发展和变化而不断被修改和变动，所以某类货物的标准往往会有不同年份的版本。版本不同，质量标准也不尽相同。因此，在采用标准时，应当注明采用标准的版本年份。

4. 凭牌号或商标买卖

牌号是指厂商或销售商所生产或销售产品的品牌；商标则是牌号的图案化，是特定商品的标志。

在国际贸易中，质量稳定、信誉良好，并为消费者熟悉、喜爱的产品，可以凭牌号或商标来规定其品质，这种方法称为“凭牌号或商标买卖”（sale by brand name or trade mark），如红双喜牌乒乓球、中华牌香烟、欧米茄牌手表等。

凭牌号或商标买卖通常是凭卖方的牌号或商标买卖。但有时买方在熟知卖方产品品质的情况下，常常要求在卖方的产品或包装上使用买方指定的牌号或商标，这就是定牌。使用定牌，可以利用买方的经营渠道和声誉提高售价并扩大销售量。

微课堂
凭说明表示商品品质

5. 凭说明书和图样买卖

用说明书和图样确定商品品质而进行的买卖，称为“凭说明书和图样买卖”（sale by description and illustration）。

机器、电器、仪表、大型设备、交通工具等技术密集型产品，由于其结构复杂，制作工艺不同，无法用样品或简单的几项指标来反映其品质全貌。对于这类产品，买卖双方除了要规定其名称、商标或牌号、型号等外，通常还需要使用说明书来介绍该类产品的构造、原材料、产品形状、性能、使用方法等，有时还附以图样、图片、设计图纸、性能分析表等来完整说明其品质特征。例如，在合同中规定“品质和技术数据必须与卖方所提供的产品说明书严格相符”（quality and technical data to be strictly in conformity with the description submitted by the seller）。

在以说明书和图样表示产品品质时，卖方要承担提交的货物品质必须与说明书和图样完全相符的责任。

思考与训练 5.2

有哪些特产是以产地名称表示产品品质的？

6. 凭产地名称买卖

用产地名称来表示其独特的品质、信誉而进行的买卖，称为“凭产地名称买卖”（sale by name of origin）。

农副产品受地理自然条件和传统加工技术影响较大，不同产地产品质量各异、各具特色，对于这类产品的销售，可以采用产地名称来表示其独特的品质、信誉，如四川榨菜、杭州龙井茶叶、景德镇瓷器等。凭产地名称销售的农副产品必须是具有国内外消费者所周知的特定品质的产品，否则买方可以拒收货物并提出索赔。

三、订立品质条款应注意的问题

订立品质条款，应注意内容和文字上的灵活性，力求准确、具体，避免笼统、含糊。尽量不用“大约”“左右”“合理误差”等含义不清的词语，同时注意以下几点。

1. 根据不同的货物特点用不同的方法表示其品质

在国际贸易中，哪些货物适宜凭样品买卖，哪些货物适宜凭规格、等级、标准买卖，都有行业习惯可循。当可用一种方法表示货物品质时，就不要采用两种或两种以上方式表示。如果采用两种或两种以上的方式表示，则所交货物就应符合各项要求。

2. 凭规格、等级等方式成交时，如寄样品，应声明是参考样品

如采用凭规格、等级等方式表示货物品质，在外贸业务中出口方又给进口方寄送了样品，此时出口方应说明样品“仅供参考”（for reference only）。否则，进口方有理由认为该笔业务既凭规格又凭样品交货，所交货物如果与样品不符，便会被人抓住把柄，进口方有权拒收和索赔。

3. 订明幅度的上下限或公差的允许值

凡需要采用品质机动幅度或品质公差表示其质量的货物，应订明幅度的上下限或公差的允许值。

某些产品由于在生产过程中存在自然损耗，或受生产工艺、产品本身特点等原因的影响，难以保证交货品质与合同规定的内容完全一致。对于这些货物，如果条款规定过死或质量指标订得绝对化，必然会给卖方交货带来困难。此时，应灵活应用以下方法。

（1）品质机动幅度。品质机动幅度是指允许卖方所交货物的品质指标在一定幅度内有所波动。规定品质机动幅度的方法有三种：规定范围，如棉布宽幅为 35/36 英寸（88.90/91.44 厘米）；规定极限，如水分含量最高为 15%；规定上下差异，如灰鸭毛含绒量为 35%±1%。卖方所交货物品质只要在其规定的范围内，即可认为交货品质与合同相符，买方无权拒收。

（2）品质公差。品质公差（quality tolerance）是指为国际同行业所公认的产品品质的误差。在工业品的生产过程中，产品的品质指标存在一定的误差是难免的，如手表每天计时的误差为若干秒、某一圆形物体的直径误差为若干毫米。这种为国际上所公认的品质误差，即使不在合同中作规定，只要卖方交货品质在公认的误差范围内，即认为与合同相符。

思考与训练 5.3

我国某公司与英国某公司签订出口一批大豆的合同，数量为 1 000 公吨，单价为每公吨 80 英镑 CIF 利物浦，品质规格为水分含量最高 14%、杂质不超过 2.5%。成交前我国公司曾向对方寄送过样品，签约后电告对方“所交货物与寄送的样品相似”。货物运抵英国后，该英国公司提出“货物的品质比样品的品质低”，并出具了当地检验公司的检验证明，凭此向我国公司提出降价 5%的要求。

请问在此情况下，我国公司能否以该项交易并非凭样品买卖而不予理赔？

四、违反品质条款的责任与后果

合同中的品质条款是买卖双方交接货物时的品质依据。《公约》规定：卖方所交货物品质如果与合同规定不符，卖方要承担违约责任，买方有权向卖方提出损害赔偿，也可要求修理或

交付替代货物，甚至拒收货物或解除合同。卖方所交货物的实际品质不能低于合同规定，低于合同规定就是违约行为；货物实际品质也不宜高于合同规定，高于合同规定，有时也会构成违约。

导入案例分析

在导入案例中，该公司以好充次的做法，是与合同不符的，在出现价格下跌的情况下，买方仍有可能提出拒收或索赔。出现这种情况，卖方应主动采取措施，将情况电告对方，与买方协商，寻找双方都能接受的解决办法。

第二节　合同中的数量条款

货物的数量是买卖合同中不可缺少的主要条件之一。由于交易双方约定的数量是交接货物的依据，因此，正确掌握成交数量和订好合同中的数量条款，具有十分重要的作用。

一、常用的度量衡制度与计量单位

货物数量是指以国际通用或买卖双方约定的度量衡表示的货物的重量、个数、长度、面积、容积等。在国际贸易中，由于货物的种类、特性和各国度量衡制度的不同，计量单位和计量方法也多种多样。因此，有必要了解各种度量衡制度、熟悉各种计量单位的特定含义和计量方法。

（一）国际贸易中常用的度量衡制度

国际贸易中常用的度量衡制度有米制、国际单位制、英制和美制四种。

（1）米制（the metric system）又称为国际公制，如克、公吨、米等。

（2）国际单位制（the international system of units，SI）是在米制的基础上发展起来的，两者在含义上基本没有区别。国际单位制已为越来越多的国家所采用，对国际贸易的进一步发展起着推动作用，如米、千米、千克等。

（3）英制（the british system）曾在纺织品等交易中有较大的影响，但由于它不采用十进制，换算很不方便，因此使用范围逐渐减小，如英尺、英寸、长吨等。

（4）美制（the U.S. system）以英制为基础，其多数计量单位的名称与英制相同，但含义有差别，主要体现在重量单位和容量单位中。

我国使用以国际单位制为基础的法定计量单位。

（二）计量单位

国际货物买卖中常用的计量单位有重量单位、个数单位、长度单位、面积单位、体积单位和容积单位等。

1. 重量单位

重量单位常用的有千克（kilogram or kg）、克（gram or g）、盎司（ounce or oz）、英制单位

的长吨（long ton or l/t）、美制单位的短吨（short ton or s/t），适用于一般天然产品以及部分工业制成品的计量，如羊毛、棉花、谷物、矿产品、油类、沙盐、药品等。

以重量计量时的主要换算关系如下：

1 磅≈0.453 6 千克

1 吨=1 公吨=1 000 千克

1 长吨=1 016 千克=2 240 磅

1 短吨=907 千克=2 000 磅

知识链接

在我国“吨”（ton，t）即指“公吨”（tonne，metric ton），但国外客户用“ton”时，应注意可能指公吨，也可能指的是长吨或短吨。使用公吨时建议用“metric ton”，以免产生歧义。

2. 个数单位

按个数计量的常用单位有只（piece or pc）、件（package or pkg）、双（pair）、台/套/架（set）、打（dozen or doz）、罗（gross or gr）、大罗（great gross or g.gr）、令（ream or rm）、卷（roll or coil）、辆（unit）、头（head）等，有些产品也可按箱（case）、包（bale）、桶（barrel or drum）、袋（bag）等计量。适用于一般日用工业制成品以及杂货类产品的计量，如文具、纸张、玩具、车辆、拖拉机、活牲畜等。

以个数计量时的主要换算关系如下：

1 罗=12 打=144 个

1 令=500 张（一开纸）

3. 长度单位

长度单位常用的有码（yard or yd）、米（metre or m）、英尺（foot or ft）、厘米（centimeter or cm）等，适用于纺织品匹头、绳索、电线电缆等的计量。

以长度计量时的主要换算关系如下：

1 米=1 公尺=100 厘米

1 英尺=12 英寸=1/3 码=30.48 厘米

1 码=3 英尺=36 英寸=0.914 4 米

4. 面积单位

面积单位常用的有平方码（square yard or yd^2）、平方米（square metre or m^2）、平方英尺（square foot or ft^2）、平方英寸（square inch）等，适用于皮制产品、塑料制品等的计量，如塑料篷布、塑料地板、皮革、铁丝网等。

以面积计量时的主要换算关系如下：

1 平方码≈0.836 1 平方米

1 平方英尺=929.030 4 平方厘米

1 平方英寸=6.451 6 平方厘米

5. 体积单位

体积单位常用的有立方码（cubic yard or yd^3）、立方米（cubic metre or m^3）、立方英尺（cubic foot or ft^3）、立方英寸（cubic inch）等，适用于化学气体、木材等的计量。

6. 容积单位

容积单位常用的有升（litre or l）、加仑（gallon or gal）、夸脱（quart）及蒲式耳（bushel or bu）等，适用于谷物类以及部分流体、气体产品的计量，如小麦、玉米、煤油、汽油、酒精、啤酒、过氧化氢、天然瓦斯等。

以容积计量时的主要换算关系如下：

1 升=1 公升≈0.22 英制加仑/0.264 美制加仑

1 英制加仑=4 夸脱=4.546 1 升

1 蒲式耳（英）=36.368 8 升

二、重量的计量方法

在国际贸易中，使用的计量方法通常有按重量、容积、个数、长度、面积、体积计量。究竟采用何种计量方法，要视货物的性质、包装、种类、运输方式以及市场习惯等情况而定。由于很多货物是采用按重量计量的方法，所以下面就重点介绍重量的计量方法。

1. 毛重

毛重（gross weight）是指货物本身的重量加皮重（tare），即包括包装材料的重量。在国际贸易中，有些低值产品常常以毛重作为计算价格的基础，称为“以毛作净”（gross for net）。

2. 净重

净重（net weight）是指毛重减去包装后的重量，即货物的实际重量。包装如何计重，应根据货物的特性、包装的特点、数量的多少和交易习惯等，由双方事先约定。

在业务中，如果货物按重量计量或计价，但未规定采用何种方法计算重量和价格，根据惯例，应按净重计量和计价。

3. 法定重量

法定重量（legal weight）是指货物和直接接触货物的销售包装加在一起的重量。有些货物的进口关税按从量税征收，如按重量征收，征税货物的重量必须包括直接接触货物的包装材料（如小瓶、小金属盒、纸盒）的重量在内。

4. 公量

公量（conditioned weight）是指先用科学的方法从货物中抽出所含的实际水分，然后加入标准水分而求得的重量。这种计算方法主要用于羊毛、生丝、棉纱、棉花等易吸湿、重量不太稳定而经济价值又较高的货物的计量。

公量=商品实际重量÷（1+实际回潮率）×（1+公定回潮率）

式中，公定回潮率是指交易双方商定的货物中水分与干量的百分比，如生丝、羊毛在国际上公认的回潮率为 11%。实际回潮率是指货物中的实际水分与干量的百分比。干量（dry weight）是纤维材料及其制品经一定方法除去水分后的重量。

思考与训练 5.4

某公司出口羊毛 10 吨，买卖双方约定的标准回潮率为 11%，实际回潮率则从 10 吨货物中抽取部分样品进行测算。假设抽取 10 千克羊毛，然后用科学方法去掉水分，净剩 8 千克干羊毛，请计算这批羊毛的公量。

三、数量条款概述

在进出口合同中，应明确规定成交货物的数量和计量单位，如“quantity: 2000 sets”。

但在外贸业务中，由于受货物特性、自然条件、包装方式、装卸能力、运输工具等因素的限制，卖方实际交货数量有时不能完全符合合同规定。为了避免因交货数量而发生争议，对于成交数量大、不易精确计算的货物，如小麦、大豆、玉米、煤炭、矿石、原油等，需要规定一个交货数量的机动幅度，一般有以下两种规定方法。

1. 规定溢短装

在合同中规定卖方交货数量可以按一定百分比多交或少交，这种规定通常称为“溢短装条款”。例如，合同规定：5 000 公吨，卖方可溢装或短装 5%（5 000M/T，with 5% more or less at seller’s option）。一般情况下，溢短装的权利归卖方所有，但在 FOB 或 FAS 贸易术语下，也可以由派船的买方决定，如买方有权决定多交或少交 3%（3% more or less at buyer’s option）。

2. 规定“约数”

“约数”是指在交易数量前面加上一个“约”（about，approximate or appr.）字。按照交易习惯，有了“约”字，即允许实际交货数量与合同数量之间有些差异。《UCP600》规定：凡以“约”“大约”或类似意义的词语用于信用证金额或信用证规定的数量或单价时，应解释为允许对有关金额、数量或单价有不超过 10%的增减幅度。

在数量机动幅度范围内多装或少装的货物，一般都按合同价格计收。但是，对于价格波动频繁的货物，为防止对方利用数量机动幅度故意增加或减少数量以谋取额外利益，可以明确规定增减部分按装运时的市价计算。

思考与训练 5.5

一笔出口矿砂的合同规定：2 500M/T, with 5% more or less at seller’s option。卖方准备交货时，矿砂的国际市场价格上涨，作为卖方的你准备交付多少？为什么？如果站在买方的立场上磋商合同条款时，应注意什么？

四、违反数量条款的责任与后果

按照合同规定的数量交付货物是卖方的基本义务。《公约》规定：卖方必须按照合同数量条款的规定如数交付货物；如果卖方实际交货数量多于合同约定的数量，买方可以收取，也可以拒绝收取多交部分的全部或一部分，如果买方收取多交部分，则必须按合同价格付款；如果卖方实际交货数量少于合同约定数量，卖方应在规定的交货期届满前补交，但这一权利的行使，不得使买方遭受不合理的不便或承担不合理的开支，即使如此，买方也有保留要求损害赔偿的权利。

第三节　合同中的包装条款

进出口货物一般都需要经过长距离运输，有时还需要多次装卸、搬运和储存。因此，除少数直接装入运输工具的散装货（bulk cargo）和在形态上自成件数、无须包装或略加捆扎即可成件的裸装货（nude cargo）不必包装以外，绝大多数货物都需要有适当的包装。包装不仅起到保护货物、保障运输的作用，而且还能起美化、宣传作用。

交易双方在签订合同时，一般要对包装问题进行洽商并作出具体的规定，包装条款也就成为买卖合同中的一项主要条件，同时包装本身还是货物说明的组成部分。

一、包装的种类及其作用

包装按其在流通过程中所起作用的不同，可分为运输包装和销售包装两大类。

运输包装又称大包装或外包装。它具有通风、防潮、防震、防锈蚀、防失散、防盗等功能，能起到保护货物，便于运输、储存、计数和分拨的作用。运输包装又分为单件运输包装和集合运输包装，前者是指在运输过程中作为一个计件单位的包装，如箱、桶、袋、包、篓、罐、捆等；后者是指将若干单件运输包装组合成一件大包装，以便更有效地保护货物、提高装卸效率和节省运输费用，常见的集合运输包装有集装袋、集装包、集装箱和托盘等。

销售包装又称小包装或内包装，是进入零售市场直接与消费者见面的一种包装。除了保护货物外，它还具有便于消费者识别、选购、携带和使用的功能，更具有美化、宣传和无声推销的作用。

二、运输包装上的标志

为了方便货物的运输、装卸、储存以及识别，需要在运输包装上刷写相关标志。制作的包装标志要简明清晰、易于辨认，着色牢固，防止被海水或雨水冲湿褪脱。制作包装上的标志时，需在每件货物相应的部位上刷制相同的标志，以便在货物被调换摆放位置后也能看到；要防止印刷错误，以免影响通关和装卸工作。运输包装上的标志主要包括运输标志、指示性标志、警告性标志等。

微课堂
唛头

1. 运输标志

运输标志（shipping mark）俗称唛头，是指为了便于有关人员运输和交接货物，以及为了便于辨别货物，防止错发、错运，而在货物外包装上刷印的文字或图形标志。运输标志由数字、字母及简单的文字组成，通常被刷印在外包装的明显部位，其作用是便于把一批货物与其他货物区别开来，以及防止错发、错运。唛头是唯一体现在装运单据上的包装标志。国际标准化组织和国际货物装卸协会推荐使用的标准运输标志由四个要素构成：收货人的名称、参考号码、目的地、件数及箱号，如下例：

ABC.C ……………………… 收货人的名称
94LAO602 …………………… 参考号码
NEW YORK ………………… 目的地
CTN/NOS.1-100 …………… 件数及箱号

有时，根据实际情况或买方客户的要求，运输标志还可包括其他的内容，如下例：

WRF.Co ……………………… 收货人的名称
HAMBURG ………………… 目的地
NOS.1-56 …………………… 件数及箱号
45cm × 60cm × 65cm ……… 体积标志
G. W 125kg ………………… 重量标志
N. W 100kg
MADE IN CHINA…………… 原产地标志

2. 指示性标志

指示性标志（indicative mark），是指根据货物的特性，如怕热、怕湿、怕震、怕倾斜等，在货物的外包装上刷印的一些提示有关人员在装卸、搬运、存放和保管过程中应注意事项的标志。它通常用图形或文字表示，常见的指示性标志如图 5.1 所示。

（a）易碎物品　（b）向上　（c）怕热　（d）怕湿　（e）禁止手钩　（f）禁止翻滚

图 5.1　指示性标志示意

3. 警告性标志

警告性标志（warning mark），是针对一些特殊货物，如爆炸品、易燃品、腐蚀品、氧化剂和放射物质等，需在外包装上用图形或文字等标志表示其危险性，以便搬运人员注意，保障货物和操作人员安全的标志。常见的警告性标志如图 5.2 所示。

（a）三级放射性物品　（b）爆炸品　（c）有毒气体

图 5.2　警告性标志示意

三、订立包装条款的注意事项

为了订好包装条款，便于合同的顺利履行，在商订包装条款时，买卖双方需注意下列事项。

1. 对包装的规定要明确、具体

在合同中要明确、具体地规定使用的包装材料和包装方式。如 10 件装一箱，15 箱装一托盘（10 pieces to be packed in a carton, 15 cartons packed in a pallet）。

合同中不宜笼统规定包装条款。例如，“适合海运包装”（seaworthy packing）、“习惯包装”（customary packing）和“卖方惯用包装”（seller’s usual packing）之类的条款。此类条款无统一解释，容易引起纠纷，除非是长期合作的贸易伙伴，双方已经取得一致认识，否则不宜采用。

2. 要结合货物的特点和不同的运输方式选择包装

货物的特性、形状和使用的运输方式不同，对包装的要求也不相同。在约定包装材料、包装方式、包装规格和包装标志时，必须考虑货物在储运和销售过程中的实际需要，然后确定适宜的包装。

3. 明确包装材料提供与包装费用负担的相关事项

出口货物的包装材料通常由卖方提供，包装费用一般包括在货物价格之内。如果买方有额外的包装要求，则由买方承担包装费用并规定具体的支付办法；如果包装材料由买方供应，还应订明包装材料最迟到达卖方的时限和逾期到达的责任。

4. 明确装箱细数及其配比

装箱细数是指每个包装单位内所装的商品个数。如果整批货物只有一个规格或尺码，则按要求的数量装箱即可。如果整批货物有多个规格、尺码或多种颜色，如需混码或混色包装，合同中一定要明确规定装箱细数及其配比。例如，T 恤衫 500 打，包括 32 码、34 码、36 码、38 码、40 码，每个尺码各 100 打，每箱每个尺码各装 20 打，共装 5 箱。如果合同中没有此明细规定，卖方在装箱时可以把 32 码的装在一箱，34 码的装在另一箱，即每个码数各装一箱。因受储存地点的限制，需要分批提货时，单码包装就会给销售带来很大的不便。因此，对于有多个规格、尺码或多种颜色的商品，如需混码或混色包装，合同中一定要明确规定装箱细数及其配比，而且卖方必须按要求包装。

5. 明确唛头的指定

按照国际贸易惯例，唛头一般由卖方决定，无须在合同中作具体规定。如果买方要求特定唛头，可在合同中列明，以便卖方刷制唛头。如果买方要求合同订立后由其指定唛头，则应明确指定的最后时限，并订明“若到时未收到有关唛头通知，卖方可自行决定”。

6. 定牌、无牌和中性包装问题

在我国的出口业务中，应客户的要求，有时也会采用定牌、无牌和中性包装这些做法。

（1）定牌是指卖方按照买方要求在商品或包装上使用买方指定的商标或牌名的做法。采用定牌往往是为了利用买方的品牌知名度及其经营能力，扩大商品出口，在商品销路好时不宜使用。另外，要注意买方商标或品牌的合法性，防止侵犯他人工业产权。

> 除非另有约定，采用定牌和无牌时，在货物和包装上均应标明“中国制造”字样。

（2）无牌是指买方要求卖方在出口货物或包装上免除所有商标或牌名的做法，主要用于半制成品。无牌商品无须广告宣传，可避免浪费，降低销售成本。

（3）中性包装（neutral packing）是指在货物和内外包装上不注明生产国别的包装。中性包装有定牌中性和无牌中性之分。定牌中性是指货物和包装上使用买方指定的商标；无牌中性是指在货物和包装上均不使用任何商标或牌名。上述两者均不注明生产国别。采用中性包装，是为适应转口销售、打破进口国家或地区的歧视和限制而采取的一种方法。使用定牌中性包装时更要特别慎重，避免发生侵权事件。

思考与训练 5.6

出口合同规定：糖水橘子罐头，每箱 24 听，每听含 5 瓣橘子，每听罐头上都要用英文标明“MADE IN CHINA”。卖方为了讨个吉利，每听装了 6 瓣橘子，装箱时，为了用足箱容，每箱装了 26 听。在刷制产地标志时，只在纸箱上注明了“MADE IN CHINA”。买方以包装不符合同规定为由，向卖方要求赔偿，否则拒收货物。请问买方的要求是否合理？为什么？

四、违反包装条款的责任与后果

在国际货物买卖中，提供约定的或通用的货物包装，是卖方的主要义务之一。《公约》规定，卖方交付的货物，需按照合同所规定的方式装箱或包装。除双方当事人另有协议外，货物应按照同类货物的通用方式装箱或包装，如果没有此种通用方式，则按照足以保全和保护货物的方式装箱或包装，否则即为与合同不符。如果货物的包装与合同不符，买方有权索赔，甚至拒收货物。

第四节　备货的工作要求

货物是履行出口合同的物质基础，备货就是指卖方按出口合同及信用证（合同采用信用证支付的情况下）的规定，按时、按质、按量准备好应交的货物。卖方如是生产型出口企业，出口货物大多由自己的企业生产，在与进口商落实合同及信用证（合同采用信用证支付的情况下）后，外贸业务员或跟单员向生产、加工及仓储部门下达联系单（或称加工通知单或信用证分析单），要求有关部门按联系单的要求进行加工、包装及刷制运输标志等。卖方如是贸易型出口企业，则必须寻找货物的国内供应商，通过与国内供应商签订国内购销合同落实货源。

《公约》明确规定，卖方的基本义务是交付货物、移交与货物有关的单据并转移货物所有权。因此，备好货物对卖方非常重要，是保证卖方按时、按质、按量履行合同的前提条件。

备货工作是卖方履行合同的基础，在备货工作中应注意以下几个问题。

1. 货物品质、规格必须与合同规定一致

货物品质要适应特定消费者的需要，这是商品的社会属性；同时，货物品质还应当稳定、均匀，适合商销，这是商品的自然属性。卖方所交货物的品质不能低于也不宜高于合同规定，出现这两种情况均构成违约。具体而言，卖方应做到以下几点。

（1）凡凭规格、等级、标准等文字说明达成合同的，交付货物的品质必须与合同规定的文字说明相符。

（2）凡凭样品达成合同的，交付货物的品质必须与样品的品质一致。

（3）如果既凭文字说明，又凭样品成交，则交付货物的品质必须与两者相符合。

（4）货物的品质还必须满足同一规格货物通常使用的目的和在订立合同时买方通知卖方的特定目的。

2. 货物的数量必须与合同规定一致

按合同规定的数量交货是卖方的基本义务。在备货时，卖方需注意，数量应留有余地，以作为装运时可能发生的调换和适应舱容之用，同时注意以下几点。

（1）货物数量短交，不足合同需要时，卖方应及时采取措施在合同有效期内补足，并注意不得使买方遭受不合理的不便和费用开支。

（2）货物数量多交，意味着买方对于多交的部分有权接受或拒绝接受其任意数量，卖方处境较被动。

（3）注意《UCP600》对于数量中约量的规定。其第30条a款规定："约"或"大约"用于信用证金额或信用证规定的数量或单价时，应解释为允许有关金额或数量或单价有不超过10%的增减幅度。第30条b款规定：在信用证未以包装单位件数或货物自身件数计量时，货物数量允许有5%的增减幅度，只要支取的金额不超过信用证金额。

3. 货物的包装和运输标志必须符合合同规定和运输要求

在备货时，卖方应对包装和运输标志进行认真核对和检查，使之符合合同的规定，并使其满足保护商品和适应运输的要求。如发现包装不良或有破损，卖方应及时更换，以免装船时无法取得清洁提单，造成收汇困难。

倘若合同未对包装作具体规定，卖方应按照同类货物的通用方式进行包装。如果没有通用方式，则应按照足以保全和保护货物的方式进行包装。

4. 货物备妥时间应与信用证装运期限相适应

卖方备货要结合船期安排，以便于船货衔接，不要造成货物长时间等船或船长时间等货物的局面。卖方必须在落实信用证条款后再安排生产，以防备好货物后，买方不到银行申请开证、不要货物或者信用证条款有问题而影响安全收汇。

5. 卖方对货物要有完全的所有权，并且不得侵犯他人权利

卖方所交付的货物，必须是第三方不能根据工业产权或其他知识产权主张任何权利或要求的货物。

自测题

一、单项选择题

1. 某美国客商到我国一家玩具厂参观，参观后对该厂的部分产品很感兴趣，于是立即签订买卖合同购买其所见到的那部分产品。这笔业务中表示货物品质的方法是________。

A. 凭现货买卖　　　　B. 凭卖方样品买卖

C. 凭买方样品买卖　　D. 凭对等样品买卖

2. 适用于在造型上有特殊要求或具有色、香、味方面特征的货物，表示品质的方式是________。

A. 凭等级买卖　　B. 凭商标买卖

C. 凭说明书买卖　　D. 凭样品买卖

3. 按照国际惯例，包装费用________。

A. 不应包括在货物价格之内，并在合同中列示

B. 应包括在货物价格之内，但必须在合同中另外列示

C. 包括在货物价格之内，一般不在合同中另外列示

D. 不应包括在货物价格之内，也不必在合同中列示

4. 在合同中，如果未规定用何种方法计算重量和价格，按照国际惯例应该以________计价。

A. 净重　　B. 理论重量　　C. 毛重　　D. 公量

5. 合同规定小麦水分含量最高为10%。这里的“最高”是________。

A. 溢短装条款　　B. 品质公差

C. 品质机动幅度　　D. 数量机动幅度

6. 按照《跟单信用证统一惯例》(《UCP600》) 规定，在不超过信用证支取金额条件下，未以包装单位件数或其自身件数计量的货物数量的伸缩幅度允许为________。

A. 3%　　B. 5%　　C. 7%　　D. 10%

7. 我国A公司向国外出口某商品50公吨，每公吨300美元，合同规定数量可增减10%。国外开来信用证，金额为15 000美元，数量约50公吨。A公司在交货时，该商品的市场价格呈下跌趋势，从A公司利益出发，在不违约的情况下A公司最佳交货数量是________。

A. 60公吨　　B. 55公吨　　C. 50公吨　　D. 45公吨

8. 在出口羊毛、生丝、棉纱等经济价值较大而含水量不稳定的商品时，计量方法通常采用________。

A. 以毛作净　　B. 净重　　C. 理论重量　　D. 公量

9. 某外商欲购买我国某出口商的“乘风”电扇，但要求改用“美好”商标，并不能注明产地，外商这一要求的实质是________。

A. 无牌中性包装　　B. 定牌中性包装　　C. 销售包装　　D. 运输包装

10. 在凭卖方样品成交时，应留存________以备交货时核查之用。

A. 回样　　B. 对等样品　　C. 复样　　D. 参考样

二、多项选择题

1. 下列关于商品数量机动幅度的规定，叙述正确的是________。

A. 数量机动幅度一般由履行交货义务的一方（卖方）或是合同中规定负责安排船只的一方选择

B. 买方可以接受也可以拒收多交部分的货物

C. 若卖方短交，买方应允许卖方在一定时期内补交，即便如此，买方也有保留索取损害赔偿的权利

D. 允许卖方在合同规定的机动幅度内多装或少装

2. 运输包装上的标志，按其作用或用途可分为________。

A. 运输标志　　B. 指示性标志　　C. 警告性标志　　D. 条形码

3. 以下包装方式属于集合运输包装的是________。

A. 集装箱　　B. 托盘　　C. 铁桶　　D. 麻袋

4. 国际标准化组织制定的“标准唛头”应包括四种内容，分别为________。

A. 收货人或买方名称的英文缩写字母或简称

B. 参考号码　　C. 目的港（地）　　D. 毛重

E. 件数及箱号　　F. 体积

5. 合同中数量条款为“1 000M/T, with 10% more or less at seller’s option”，则卖方交货数量为________时，不违反合同。

A. 1 000M/T　　B. 1 100M/T　　C. 900M/T

D. 899M/T 或 1 101M/T　　E. 900M/T～1 100M/T 的任意数量

三、判断题

1. 为了争取国外客户、便于达成交易，卖方应尽量选择质量最好的样品请对方确认。(　　)

2. 在国际货物买卖合同中规定“中国大豆，水分 14%，含油量 18%”，有利于明确货物品质，是正确的。(　　)

3. 在品质机动幅度和品质公差范围内，交货品质如有上下，一般不另行计算增减价。(　　)

4. 既凭文字说明买卖，又提供样品的，卖方所交货物的品质既要完全符合文字说明，又要与样品完全一致。(　　)

5. 为了防止在市价波动时享有溢短装权利的一方故意多装或少装货物，可以在合同中规定按装船时的市场价格计算溢装或短装部分的价格。(　　)

四、案例分析题

1. 某出口公司向中东进口商出口电风扇 1 000 台，信用证规定不允许分批装运。但在装船时，发现有 40 台电风扇严重损坏，临时更换已来不及。为保证质量，该公司认为根据《UCP600》的规定，即使信用证未规定溢短装条款，数量上仍允许有 5%的增减，故决定少交 40 台电风扇。结果议付时遭到银行的拒绝。

请问原因何在？

2. 某化工厂出口某化工原料共 500 公吨，合同与信用证规定使用麻袋包装货物。该化工厂在装船时发现麻袋只够包装 450 公吨货物，为保证及时装船，决定改用塑料袋包装剩下的 50 公吨货物。结果，买方以卖方违反合同包装条款为由拒收货物并要求索赔。

请问买方这种做法对吗？

课外实训项目

实训项目 1：通过网络查阅有关资料，了解运输包装上更多的指示性标志和警告性标志的图标及其具体含义。

实训项目 2：选择 2～3 种你身边的物品，利用合适的方法表示其品质。

课后阅读资料

商品数量短缺买方拒收案

我国某出口公司与匈牙利进口商订立了一份出口水果的合同，支付方式为货到验收后付款。但货到经买方验收后发现水果总重量缺少 10%，而且每个水果的重量也低于合同规定，匈牙利进口商既拒绝付款，也拒绝提货。后来水果全部腐烂，匈牙利海关向我方收取仓储费和处理水果费用 5 万美元。该出口公司陷于被动。

案例分析

商品的数量是国际货物买卖合同中不可缺少的主要条件之一。按照某些国家的法律规定，卖方交货数量必须与合同规定相符，否则，买方有权提出索赔，甚至拒收货物。此案中显然我方陷于被动地位，但仍可据理力争，挽回损失。首先应查明短重是属于正常途耗还是我方违约没有交足合同规定的数量，如属于我方违约，则应分清是属于根本性违约还是非根本性违约。如不属于根本性违约，进口商无权退货和拒付货款，只能要求减价或赔偿损失；如属于根本性违约，进口商可退货，但应妥善保管货物，对鲜活货物可代为转售，尽量减轻损失。《公约》第 86 条第 1 款明确规定：如果买方已收到货物，但打算行使合同或本公约任何的权利，把货物退回，它必须按情况采取合理措施，以保全货物，它有权保有这些货物，直至卖方把它所付的合理费用偿还给它为止。而此案中进口商未尽到妥善保管货物和减轻损失的义务，须对此承担责任。因此，我方出口公司可与匈牙利进口商就货物的损失及支出的费用进行交涉，尽可能挽回损失。

第六章

租船订舱

【学习目标】

备货工作结束后，合同中采用 CFR、CIF、CPT 或 CIP 贸易术语成交的，出口商必须按照合同或信用证的规定负责租船或订舱和安排装船出运事宜。在 FOB 或 FCA 成交方式下，一般由进口商指定船公司或承运人，但还是需要由出口商安排货物出运的具体工作。

学习本章后，应了解各种运输方式下出口货物运输环节的基本流程，掌握如何租船订舱、核算运费、订立装运条款以及运输环节涉及的单据。

【导入案例】

我国 A 出口企业与某国 B 进口商达成一笔交易，买卖合同规定的支付方式是即期付款交单（D/P at sight）。我方按期将该批货物装船出运（由 C 轮船公司承运，并出具转运提单），货物经日本转船，由其他轮船公司的船舶将货物继续运往目的港。货到目的港后，B 进口商已宣告破产倒闭。当地 D 公司伪造假提单向第二程轮船公司在当地的代理人处提走货物。

我国 A 出口企业装运货物后，即委托托收银行按即期付款交单方式收款，但因 B 进口商已倒闭，B 商并未到代收银行处付款赎单，导致 A 出口企业此笔货款无着落。后 A 出口企业又获悉货物已被冒领，遂与 C 轮船公司交涉，凭其签发的正本提单要求 C 轮船公司交出承运货物。C 轮船公司却借口依照提单第 13 条规定的“承运人只对第一程负责，对第二程运输不负运输责任”为由，拒不赔偿。于是，A 出口企业将此事诉诸法院。

讨论：（1）C 轮船公司的拒赔理由是否成立？

（2）海运提单的性质是什么？

在国际货物运输中，涉及的运输方式种类很多，其中包括海洋运输、铁路运输、公路运输、航空运输、邮政运输、江河运输、管道运输以及由各种运输方式组合而成的国际多式联运。在一笔进出口业务中采用何种运输方式，应由买卖双方在磋商交易时作出具体约定。

第一节　国际货物海洋运输概述

海洋运输（ocean transportation）不受道路和轨道的限制，通过能力很大，万吨以上，甚至数十万吨的巨轮都可以在海洋中航行。由于海洋运输的运量很大，且运输成本较低，许多国家特别是沿海国家货物的进出口，大部分都采用海洋运输方式。在国际贸易总量中，通过海洋运输的货物占 80%以上。因此，海洋运输是国际贸易中最主要的运输方式。

海洋运输虽有上述优点，但也存在一些不足之处，例如，船舶航行速度较慢；有些港口冬季可能会结冰，有些港口枯水期水位会较低，难以保证全年通航；海洋运输距离较长，易受气候影响，面临的货损风险较大等。

按照船舶经营方式的不同，海洋运输可分为班轮运输（regular shipping liner，Liner）和租船运输（charter）。

一、班轮运输

班轮运输又称定期船运输，是指船舶按照规定的时间，在固定的航线上和固定的停靠港口之间从事客货运输业务并按事先公布的运费率或协议运费率收取运费的一种船舶经营方式。

（一）班轮运输的特点

班轮运输具有以下四个特点。

（1）“四固定”。班轮公司有固定的船期表，有固定的航线，每条航线有固定的停靠港口，并按照相对固定的运费率收取运费。

（2）“一负责”。在班轮运输中，由船方负责货物的配载、装卸，相关的装卸费包括在运费中，货方无需在运费之外支付装卸费。船货双方不约定装卸时间，因而也不计算滞期费和速遣费。

（3）船货双方的权利、义务与责任豁免的规定，以船方签发的提单条款为依据。

（4）班轮承运的货物品种、数量比较灵活，货运质量有保证，且一般采取在码头堆场或仓库交接货物的方式，货物交接比较便利。

（二）班轮运输运费

班轮运输有杂货班轮运输和集装箱班轮运输两种。杂货班轮运输的特点是运输的货物不装在集装箱内，以件杂货为主，也可以是一些散货、重大件货物等，这种运输方式特别适合小批量零星件杂货的海上运输。集装箱班轮运输是以集装箱为运输单元的班轮运输。集装箱班轮运输具有货运质量高、运送速度快、装卸方便、机械化程度高、作业效率高、便于开展联运、能降低货运成本等优点，它正逐步取代传统的杂货班轮运输。

1. 杂货班轮运费的计算

杂货班轮运费包括基本运费和附加费两部分。前者是指将货物从装运港运到目的港所应收取的基本运费，它是构成全程运费的主要部分；后者是指对一些需要特殊处理的货物或者由于突然事件的发生或客观情况变化等原因而需另外收取的费用（部分附加费种类见表 6.1）。杂货班轮运费的计算公式如下：

基本运费=基本运费率×货运量

附加费=基本运费×∑附加费率

班轮运费=基本运费+附加费

=基本运费率×货运量×（1+∑附加费率）

表 6.1　国际海运的部分附加费

附加费名称及缩写	解　释
燃油附加费（BAF /BAC/FAF） bunker adjustment factor（charge）/ fuel adjustment fee	由于燃油价格上涨，船舶的燃油费用支出超过原核定的运输成本中的燃油费用，承运人在不调整运价的前提下增加的附加费
超重附加费 over weight surcharge	由于单件货物重量超过一定限度而加收的一种附加费
超长附加费 over length surcharge	由于单件货物长度超过一定限度而加收的一种附加费
港口拥挤附加费（PCS） port congestion surcharge	由于港口拥挤，船舶抵港后需要长时间等泊而产生额外费用，为补偿船期延误损失而增加的临时附加费。一般是以色列、印度某些港口及中南美航线使用
直航附加费 direct additional	一批货物达到规定的数量，托运人要求将其直接运抵非基本港卸货，船公司为此而加收的费用
转船附加费 transshipment additional	如果货物需要转船运输的话，船公司必须在转船港口办理换装和转船的手续而增加的费用
货币贬值附加费（CAF） currency adjustment factor	由于国际外汇市场汇率发生较大的变化，计收运费的货币贬值，承运人的实际收入减少，为弥补这种损失而加收的附加费
码头操作费（THC） terminal handling charge	船公司在运费之外，向货代企业额外收取的一项费用，它是随着国际海上集装箱班轮运输的发展而产生的
美国仓单费（AMS） american manifest system	自动舱单系统录入费，用于美加航线。根据 2003 年美国“反恐”的需要，规定船公司必须于装货前 24 小时将货物资料通过 AMS 系统报美国海关
直接收货附加费（ORC） origin receiving charge	也称本地出口附加费，一般在华南地区使用

基本运费率和附加费率按班轮公司公布的班轮运价表（freight tariff）的规定收取，船公司一般会定期公布自己的运价表。运价表一般包括货物分级表、各航线运费率表、附加费率表以及计算运费的规则和规定。货物分级表将货物分为 20 个等级，不同等级有不同的运费率，其中 1 级运费率最低，20 级运费率最高（部分货物等级分类见表 6.2）。

表 6.2　部分货物等级分类

货　名	COMMODITIES	级别 CLASS	计费标准 BASIS
人造革及制品	ARTIFICIAL LEATHER & GOODS	11	M
棉布及棉纱	COTTON GOODS & PIECE GOODS	10	M
玩具（木制、铁制、长毛绒制）	TOY(WOODEN, METAL, PLUSH)	8	M
各种豆类	BEANS, ALL KINDS	5	W/M
自行车及零件	BICYCLES & PARTS	9	W/M
纸（捆、卷）	PAPER(IN BALES & REELS)	12	W
瓷砖、瓷器	TILES, PROCELAIN	7	W
各种毛巾	COTTON TOWELS, ALL KINDS	9	M
卫生洁具	SANITARY WEAR	8	M

计费标准，即货运量的确定方法。根据货物的不同，通常采用下列几种标准确定货运量的计算方式。

（1）按货物的实际毛重计收，一般称“重量吨”（weight ton）。1 重量吨按 1 公吨或 1 长吨计算，在运价表内用字母“W”表示。

（2）按货物的体积或容积计收，一般称“尺码吨”（measurement ton）。1 尺码吨按 1 立方米或 40 立方英尺（1.13 立方米）计算，在运价表内用字母“M”表示。

（3）按重量或体积计收，统称“运费吨”（freight ton），即指班轮公司按货物的重量或体积较高者确定货运量，在运价表内以“W/M”表示。

（4）按货物的 FOB 总值计收，即从价运费。班轮公司在承运黄金、白银、精密仪器、手工艺品等贵重货物或高价货物时，由于在积载、保管方面需要采取特别措施，并承担较大的责任，所以对这类货物收取从价运费，其费率占 FOB 货价的百分之零点几到 5%不等，在运价表上用“A.V.”表示。另外，在班轮运价表中还有下列标志：“W/M or A.V.”及“W/M plus A.V.”。前者表示班轮公司可根据货物的重量、体积或货价三者中收费最高的一种方式计收运费；后者表示班轮公司除先按货物的重量或体积中收费较高的一种方式计收运费外，还须另收一定百分比的从价运费。

课堂实训范例 6.1

某公司按 CFR Long Beach 出口自行车零件共 100 箱，每箱体积为 40 厘米 × 35 厘米 × 30 厘米，毛重为 50 千克，装运港为深圳港，请计算该批货物的运费。表 6.3 是中国至美国航线的基本运价。

表 6.3　中国—美国航线基本运价

Scale of class rates for China-America service (in USD)

CLASS	SEATTLE, PORTLAND SAN FRANCISCO	LOS ANGELES LONG BEACH	MIAMI CHARLESTON	PHILADELPHIA NEW YORK, BOSTON
1	95	100	115	120
2	100	105	120	125
…				
7	130	135	142	145
8	136	140	146	150
9	143	147	153	156
10	150	155	160	165

说明：需另加收 10%货币贬值附加费。

答：

第一步：查表 6.2 可知，自行车零件等级为 9，计费标准是 W/M，即先比较重量和体积，取两者中较大者作为货运量。

货物的体积：　$100 \times 0.4 \times 0.35 \times 0.3 = 4.2$（立方米）

货物的重量：　$100 \times 50 = 5000$（千克）=5（公吨）

5（重量吨）> 4.2（尺码吨），取 5 公吨作为货运量。

第二步：查表 6.3 得知，运 9 级货物到长滩港的基本运费率为 147 美元，并从表格说明中得知需另加收 10%的货币贬值附加费。

第三步：计算运费。

总运费 $= 147 \times 5 \times (1+10\%) = 808.5$（美元）

（5）按货物的件数计收，如装运卡车按辆数、活牲畜按头计收运费等。

（6）由货主和班轮公司临时议定。有些班轮公司对承运某些大宗货物（如粮谷、矿石）采取由船货双方临时议定运价的办法。由于这些大宗货物运量较大、装卸容易、货价较低，所以对这些货物临时议定的运价比一般杂货的班轮运费低，在运价表中以“open”表示。

思考与训练 6.1

我国某公司某年5月出口400箱瓷砖到美国，一箱装10片瓷砖，每箱毛重30千克，体积为0.02立方米。

（1）请根据表6.2及表6.3的资料，核算此批货物的总运费（由于燃油价格猛涨，班轮公司宣布从4月起另加收20%的燃油附加费）。

（2）该公司此批瓷砖原来的报价为每箱30美元FOB Shenzhen，现客户要求改报CFRC2% New York，在不减少该公司外汇收入的情况下，该公司应怎样报价？

2. 集装箱班轮运费的计算

集装箱班轮运费与杂货班轮运费一样，也由基本运费和附加费组成。基本运费的计算方法有两种：第一种是采用与普通杂货班轮运输基本运费相同的计算方法，对具体的航线按货物的等级和不同的计费标准来计算基本运费，一般适用于拼箱货；第二种是采用包箱费率，即以一个集装箱为计费单位计算基本运费，常用于集装箱整箱交货的情况。常见的包箱费率有以下三种形式。

（1）FAK包箱费率（freight for all kinds），即对每一个集装箱不分货类，按统一标准收取费用的费率。

（2）FCS包箱费率（freight for class），即按不同货物等级制定的包箱费率。货物等级也是1～20级，但级差较小。一般低价货费率高于传统运输费率，高价货费率则低于传统运输费率；同一等级货物，重量货运价高于体积货运价。

（3）FCB包箱费率（freight for class or basic），是既按不同货物等级或货类制定包箱费率，又按计费标准制定包箱费率。

表6.4是深圳到美国航线的普通干货集装箱海运包箱费率。

表6.4 深圳—美国航线普通干货集装箱海运包箱费率 （单位：美元）

FINIAL DESTINATION	FCL 20'GP	FCL 40'GP	FCL 40'HQ
SEATTLE, PORTLAND, SAN FRANCISCO	2 050	3 900	4 000
LOS ANGELES, LONG BEACH	2 100	4 000	4 100
MIAMI, CHARLESTON	2 400	4 600	4 700
PHILADELPHIA, NEW YORK, BOSTON	2 450	4 700	4 800

说明：需另收取美国仓单费（AMS）USD25/set；直接收货附加费（ORC）USD141/20'GP, USD269/40'GP, USD269/40'HQ。

课堂实训范例 6.2

某公司按CFR Long Beach出口自行车零件共1 000箱，每箱体积为40厘米×35厘米×30厘米，毛重为50千克，装运港为深圳，用集装箱装运，请计算该批货物的运费。

答：

第一步：计算1 000箱货物的总毛重和总体积。

总毛重=1 000 × 0.05 = 50（公吨）

总体积=1 000 × 0.4 × 0.35 × 0.3 =42（立方米）

第二步：根据货量选择装运所需的集装箱。查阅集装箱尺寸资料（可参考本章第三节中的“课内阅读资料”）可知，本批货物须选择 2 个 20 英尺的集装箱装运。

第三步：根据表 6.4 计算运费。

总运费=2 × 2 100+2 × 141+25= 4 507（美元）

即时查询

读者可登录中国国际海运网（shippingchina）查询目前的运价水平。

二、租船运输

租船运输又称不定期船运输，是指租船人向船方租赁船舶用于运输货物的一种运输方式。

（一）租船运输的特点

租船运输与班轮运输相比，没有“四固定”的特点，具体的区别体现在以下几个方面。

（1）属于不定期船，无固定的航线、挂靠港和船期，一切由租船双方在装运前协商确定。

（2）运价不固定，受市场供求的约束，随租船市场行情的变化而变化。

（3）租船运输中的港口使用费、装卸费及船期延误等责任费用的划分由双方协定。

（4）租船运输主要适用于粮谷、煤炭、石油、木材等大宗货物的运输。

（5）租船人和出租人双方之间的权利、义务和责任以签订的租船合同为准。

（二）租船运输的方式

租船运输的方式包括定程租船、定期租船、光船租船等。

（1）定程租船（voyage charter）是指按航程（包括单程、来回程和连续单航次）租赁船舶，故又称程租船或航次租船。在定程租船方式下，船方必须按租船合同规定的航程完成货物运输任务，并负责经营管理船舶和承担船舶在航行中的一切开支。

（2）定期租船（time charter）是指按一定期限租赁船舶。在租赁期间，租船人在租船合同规定的航行区域内可自行使用和调度船舶。一般，定期租船方式下，各航次中所产生的燃料费、港口费、装卸费、垫舱物料费等各项费用均由租船人负担，而船方仅对船舶的维护、修理、机器的正常运转和船员工资与给养负责。定期租船方式下的租金一般按租期每月每吨若干金额计算，船租双方不规定装卸率和滞期费、速遣费。

（3）光船租船（bareboat charter）是指船舶所有人将船舶出租给承租人使用一段时期，船舶所有人所提供的船舶是一艘空船，既无船长，又未配备船员，承租人自己要任命船长、配备船员，并负责船员的给养和船舶营运管理所需的一切费用。船舶所有人除了在租期内收取租金外，对船舶本身和船舶运营均不负责。这种光船租船方式，实际上属于单纯的财产租赁，与上述定期租船有所不同。

（三）定程租船运费

定程租船是租船市场上使用得较多的一种方式，且对运费的波动最为敏感。其运费构成包括基本运费、装卸费（船方不负责装卸，或不负责装货，或不负责卸货时产生）及滞期费或速遣费。

1. 基本运费

基本运费是指从装运港到目的港的海上运费。其计算方式有两种：一种是按运费率（rate of freight）计算，即规定每单位重量或每单位体积的运费额，同时规定按装船时的货物重量（in taken quantity）或按卸船时的货物重量（delivered quantity）来计算总运费；另一种是整船包价（lump sum freight），即不管租方实际装货多少，一律按包价支付。

2. 装卸费

有关货物的装卸费用由租船人和船方协商确定，并在定程租船合同中作出具体的规定。主要有下列四种不同的规定。

（1）船方不负担装卸费（F.I.O.）或船方不负责装卸、理舱和平舱（F.I.O.S.T.），采用此法的情况较为普遍。

（2）船方负担装卸费（gross terms or liner terms）。

（3）船方只负担装货费，不负担卸货费（F.O.）。

（4）船方只负担卸货费，不负担装货费（F.I.）。

3. 滞期费和速遣费

在定程租船运输中，装卸货时间的长短会影响船舶的使用周期和在港费用，这直接关系船方的经营效益。因而，为了节省船期，定程租船合同中一般都有规定租船人在一定时间内完成装卸作业的条款，即装卸时间条款，或称装卸期限条款。如果在约定的允许装卸时间内未能将货物装卸完，致使船舶在港内停泊时间延长，给船方造成经济损失，则延迟期间的损失，应按每天若干金额补偿给船方，这项补偿金称为滞期费；反之，如果提前完成装卸任务，使船方节省了船舶在港的费用支出，船方将其获取的利益的一部分给租船人作为奖励，这部分费用称为速遣费。

第二节 海运提单

海运提单（ocean bill of lading，B/L）简称提单。《中华人民共和国海商法》第七十一条规定：提单，是指用以证明海上货物运输合同和货物已经由承运人接收或者装船，以及承运人保证据以交付货物的单证。提单所涉及的当事人主要有承运人、托运人、收货人等。其中，承运人通常是指与托运人签订运输合同或承担运输任务的船公司；托运人是指与承运人签订运输合同或将货物交给承运人的人；收货人是指有权提取货物的人。

微课堂
提单的性质

一、海运提单的性质和作用

提单的性质与作用，主要表现在以下三个方面。

（1）货物收据。提单是承运人（或其代理人）签发给托运人的货物收据（receipt for the goods），用来证实已按提单记载的事项收到货物，承运人应凭提单所列内容向收货人交货。

（2）物权凭证。提单是一种货物所有权的凭证（documents of title），因此，拥有提单就拥有支配货物的权利，就等于占有货物。卖方凭提单向银行结算货款，提单的合法持有人凭提单可以在目的港向船公司提取货物，也可以在载货船舶抵达目的港交货前，通过转让提单来转移货物的所有权，也可以凭提单向银行抵押以取得贷款。

（3）运输契约的证明。运输契约是在装货前签订的，而提单是在装货后才签发的，因此，提单本身并不是运输契约，而只是运输契约的证明（evidence of contract of carriage）。在提单背面照例印有各项运输条款和条件，规定了承运人和托运人双方的权利和免责事项。提单的合法持有人有权向承运人索取违约赔偿。

导入案例分析

导入案例中，C 轮船公司难辞其咎，其拒绝赔偿的理由不成立。提单第 13 条规定“承运人只对第一程负责，对第二程运输不负运输责任”应理解为 C 轮船公司只是对货物在第二程运输过程中所遭受的货物灭失或损坏不负责任。显然，货物在目的港被 D 公司提走，并非第二程运输中的“运输责任”所造成的损失。C 轮船公司必须对货物被非提单持有人提走给 A 出口企业造成的损失进行赔偿，这是由海运提单的性质决定的。海运提单是一种物权凭证，承运人签发海运提单后必须凭提单放货，即把货物交给提单合法持有人。本案中由于买方 B 进口商破产，其并未到代收银行付款赎单，所以提单仍由代收银行暂为保管或代收银行将单据退还给托收行。此时，A 出口企业作为提单的合法持有人有权凭提单要求 C 轮船公司在目的港交出所承运的货物。

二、海运提单的内容

提单的格式很多，每个船公司都有自己的提单格式，但基本内容大致相同，一般包括提单正面记载的事项和提单背面印有的运输条款。提单的样式见本书第九章示范 9.5 提单。

1. 提单的正面内容

提单正面记载的事项，分别由托运人和承运人或其代理人填写，通常包括下列事项。

（1）托运人（shipper）。

（2）收货人或指示（consignee or order）。

（3）被通知人（notify party）。

（4）前程运输（pre-carriage by）。

（5）收货地点（place of receipt）。

（6）装运港（port of loading）。

（7）船名及航次（vessel’s name and voyage number）。

（8）卸货港（port of discharge）。

（9）最后交货地点（place of delivery）。

（10）唛头及件号（marks and numbers）。

（11）集装箱数或包装件数、包装种类和货物的描述（No. of containers or packages, kind of packages and description of goods）。

（12）毛重（gross weight）。

（13）尺码（measurement）。

（14）运费和费用（freight and charges）。

（15）正本提单份数（number of original Bs/L）。

（16）签单地点和日期（place and date of issue）。

（17）签署人及身份（signature）。

2. 提单的背面条款

在班轮提单背面，通常都印有运输条款，这些条款是确定承托双方以及承运人、收货人和提单持有人之间的权利与义务的主要依据。为了缓解船货双方的矛盾并照顾双方的利益，各国为了统一提单背面条款的内容，曾先后签署了四个有关提单的国际公约，分别如下。

（1）1924年签署的《统一提单的若干法律规则的国际公约》，简称《海牙规则》（*Hague Rules*）。

（2）1968年签署的《布鲁塞尔议定书》，简称《维斯比规则》（*Visby Rules*）。

（3）1978年签署的《联合国海上货物运输公约》，简称《汉堡规则》（*Hamburger Rules*）。

（4）2009年签署的《联合国全程或部分海上国际货物运输合同公约》，简称《鹿特丹规则》（*The Rotterdam Rules* 2008）。

由于上述四个公约签署的历史背景不同、内容不一，各国对这些公约的态度也不尽相同。因此，各国船公司签发的提单的背面条款也就互有差异。

三、海运提单的种类

在国际贸易业务中，可以从各种不同的角度对提单加以分类，主要有以下几种分类方式。

1. 按货物是否已装船分类

按货物是否已装船分类，提单可分为已装船提单和备运提单。

（1）已装船提单（shipped or on board B/L），是指货物装船后，由承运人签发给托运人的提单，它必须载明装货船名和装船日期。提单上记载的装船日期表明了装货完毕的日期，该日期应完全符合买卖合同规定的装运时间。由于已装船提单对收货人按时收货有了保障，因此，在买卖合同中一般都规定卖方须提供已装船提单。

（2）备运提单（received for shipment B/L），又称收讫待运提单，是承运人在收到托运货物等待装船期间，向托运人签发的提单。

2. 按提单有无不良批注分类

按提单上有无不良批注分类，提单可分为清洁提单和不清洁提单。

（1）清洁提单（clean B/L），是指交运货物的“外表状况良好”（in apparent good order and condition），承运人在提单上未加任何有关货损或包装不良之类批注的提单。在买卖合同中，一般都明确规定卖方提供的已装船提单必须是清洁提单，银行也只接受清洁提单，所以卖方只有提交了清洁提单，才能取得货款。

（2）不清洁提单（unclean B/L or foul B/L）。承运人为了保护自身利益，在托运货物的外表状况不良或件数、重量与提单记载不符时，在提单上加注批语，如“铁条松散”（iron-strap loose or missing)、"×件损坏"(... packages in damaged condition)等。凡承运人加注了这类表明货物外表状况不良或存在缺陷等批语的提单，称为不清洁提单。银行为了自身的安全，对不清洁提单，除信用证明确规定可接受外，一般都拒绝接受。因此，在实际业务中，有些托运人为了便于向银行结汇，当遇到货物外表状况不良或存在缺陷时，便要求承运人不加批注，仍给予签发清洁提单。在这种情况下，托运人必须向承运人出具保函(letter of indemnity)，保证如因货物破残短损及因承运人签发清洁提单而引起的一切损失，概由托运人负责。在国际贸易业务中，一般认为，包含下列三种批注的提单，不应被视为不清洁提单：①不明确表示货物或包装不能令人满意的条款，如"旧箱""旧桶"等；②强调承运人对货物或包装品质所引起的风险不负责任的条款；③否认承运人知道货物内容、重量、容积、质量或技术规格的条款。

课内阅读资料

某远洋运输公司(原告)装载被告托运的6 000吨白糖，后发现这批白糖10%有脏色，大副因此在收货单上做了批注。因信用证将过期，货物也可能变质，被告为了能及时出口货物结汇，就出具保函要求原告开出清洁提单，并说明："如收货人有异议，其一切后果均由发货人承担，船方概不负责……"。原告接受其保函，并开出了清洁提单。后来收货人以货物脏色为由在某国港口扣船索赔，原告被迫赔偿收货人 10 万美元。原告随即依保函向被告提出赔偿，要求其承担己方因签发清洁提单而遭受的损失。

在本案中，承运人为避免向收货人承担责任欲签发不清洁提单，是正当合法的。被告为了防止货物变质、及时结汇而出具保函换取清洁提单，目的不在于隐瞒货物本身的缺陷。原告接受保函也是其真实的意思表示，双方均出于善意，对第三人不具有欺诈的故意，因而法院认定保函有效，承运人遭受的损失，可依保函从托运人处得到补偿。

但是，对于为换取清洁提单而出具的保函的效力不可一概而论。若出具保函的背景为托运人和承运人明知"鉴于货物的状况，签发清洁提单将损害收货人的利益，或托运人对承运人接受保函有威胁之嫌"，应视为托运人和承运人串通合谋，构成对善意收货人的欺诈，这样的保函应属无效。如果是在托运人和承运人不明确、不清楚货物是否有瑕疵、量差的情况下为签发清洁提单而要求托运人出具保函，由于双方并无恶意，对第三人不构成欺诈，这样的保函应属有效。但这种效力是针对托运人和承运人的，对包括收货人在内的第三人并没有效力。这是目前我国法律的实践做法，也是国际立法的趋势。如《汉堡规则》第十七条规定，托运人为了换取清洁提单可以向承运人出具承担赔偿责任的保函。该保函在托运人和承运人之间有效，对包括受让提单的收货人在内的第三人一概无效。与此同时，如果承运人接受保函而签发清洁提单属有意的欺诈，则该保函对托运人也属无效，承运人不仅无权从托运人处取得赔偿，且要对包括收货人在内的第三人的损失承担无限赔偿责任。这在一方面使保函得以合法化，另一方面又加重了承运人的责任。因而，即使欺诈行为可能是托运人做出的，承运人仍须承担全部责任，即他对收货人赔偿后无法向托运人追偿。由于这种规定的存在，承运人在接受保函时要谨慎处理，在一定程度上起到了抑制保函的作用。

3. 按提单收货人抬头分类

按提单收货人抬头的不同分类，提单可分为记名提单、不记名提单和指示提单三种。

（1）记名提单（straight B/L），是指在提单收货人栏内填写特定收货人名称的提单。此种提单不能背书（endorsement）转让，货物只能交给提单上填写的特定收货人。根据某些国家的习惯，承运人签发记名提单，记名收货人可以只凭身份证明而无须出示正本提单即可提货，此时，该提单就失去了物权凭证的作用。记名提单一般用于买方预付货款的情况中。

（2）不记名提单（bearer B/L），是指在提单收货人栏内不填写收货人或指示人的名称而留空，或只写明“货交来人（to bearer）”的提单。提单持有人不做任何背书，就能凭提单转让货物所有权或提取货物，承运人只凭提单交货。由于这种提单风险较大，故国际贸易业务中一般极少使用。

（3）指示提单（order B/L），是指在提单收货人栏内只填写“凭指定”（to order）或“凭某人指定”（to order of...）字样的一种提单。这种提单经过背书才可以转让，通过转让可以实现买卖仍在运输途中货物的目的。这种提单有利于资金周转，故在国际贸易业务中使用较多。

背书的方法有两种：单纯由背书人（提单转让人）签字盖章的，称为空白背书；除背书人签字盖章以外，还列有被背书人（受让人）的名称的，称为记名背书。注明“凭指定”且托运人注明是卖方的提单，在卖方未背书转让之前，卖方仍拥有货物的所有权。在我国出口贸易中，大多是采用这种“凭指定”、空白背书的提单，习惯上称为“空白抬头、空白背书”提单（ocean marine bill of lading made out to order and blank endorsed）。

4. 按运输方式分类

按运输方式的不同分类，提单可分为直达提单、转船提单和联运提单。

（1）直达提单（direct B/L），是指从装运港将货物直接运抵目的港所签发的提单。如合同和信用证规定了不准转运，托运人就必须在取得直达提单后，方可向银行结汇。

（2）转船提单（transshipment B/L），是指载货船舶不直接驶往目的港，需在途中某港换装另一艘船舶时所签发的包括全程运输的提单。转船提单中一般会注明“在某港转船”（with transshipment at ...）字样。

（3）联运提单（through B/L），是指货物需经两种或两种以上的运输方式才能运抵目的港，而其中第一程为海运时由第一程承运人所签发的提单。联运提单用于海陆联运、海空联运或海海联运。

5. 按提单内容的繁简分类

按提单内容的繁简分类，提单可分为全式提单和略式提单。

（1）全式提单（long form B/L），是指通常应用的带有背面条款的提单。这种提单除在其正面列明必要的项目外，在其背面还列有各项有关装运的条款，以表明承运人和托运人的权利与义务。

（2）略式提单（short form B/L），是指不带背面条款，仅保留其正面的必要项目的提单。这种提单上一般都印有“本提单货物的收受、保管、运输和运费等项，均按本公司全式提单上的条款办理”的字样。

6. 按提单使用的效力分类

按提单使用的效力分类，提单可分为正本提单和副本提单。

（1）正本提单（original B/L），是指有承运人、船长或他们的代理人签字盖章，注明签发日期并标明“正本”（original）字样的提单。正本提单在法律上和商业上都是公认的物权凭证，是提货的依据，可流通转让。全套正本海运提单的份数（full set original ocean B/L）是指提单正面注明的已签发的正本份数。提单正面注明已签发三份正本，三份即构成全套，如注明只签发一份正本，一份也构成全套，大多数船公司都会签发三份正本，凭其中一份提货后，其余各份均告失效。

（2）副本提单（non-negotiable or copy B/L），是指没有承运人、船长或他们的代理人签字盖章，一般都标明“Copy”或“Non-Negotiable”字样的提单。副本提单仅供内部流转、业务工作参考及企业确认装船信息使用。

7. 其他分类

在国际贸易实际业务中，除了上述几类提单外，还有一些具有特殊性质的提单。

（1）舱面提单（on deck B/L），是指承运人对装在船舶甲板上的货物签发给托运人的提单，故又称甲板货提单。承运人在这种提单上打印或书写“装舱面”（on deck）字样，以表明提单所列的货物装在甲板上。由于货物装在甲板上风险比较大，托运人一般需向保险公司加保甲板险。

（2）过期提单（stale B/L），是指错过规定的交单日期或晚于货物到达目的港的提单。前者是指超过信用证规定的交单期或信用证未规定交单期时在装运日 21 天后才交到银行兑用的提单，根据《UCP600》的规定，银行可拒绝接受此类提单；后者是近洋短程运输所致，在近洋短程运输情况下，很难避免出现过期提单的情况，所以卖方为了维护自身的利益，一般都要求买方在申请开证时，须列入可以接受过期提单的条款，以免引起争议。

（3）倒签提单（anti-dated B/L），是指货物装船后，应托运人要求，承运人在签发提单时倒签已装船日期的一种提单。例如，实际装船日期是 8 月 5 日，而合同或信用证规定的装运时间是 7 月 31 日前，为了符合合同或信用证的规定，将提单日期倒签为 7 月 31 日，此为倒签提单。

（4）预借提单（advanced B/L），是指货物尚未装船，承运人预先签发给托运人的已装船提单。按规定，提单须在货物装船完毕时签发。不管是倒签提单还是预借提单，提单日期都不是真正的装船日期。这种行为侵犯了收货人的合法权益，故应杜绝使用。上述两种提单均需托运人提供保函才能获得，英、美、法等国对保函不予承认，亚洲、欧洲一些国家认为只要未损害第三者利益，便不属违法，不过仍应严加控制。

（5）第三方提单（third party B/L），是指提单上注明的托运人为与买卖双方或信用证的受益人无关的第三方的提单。有时，中间商为了防止买方与真正的供货商接洽，或是代理商、批发商为了利用业务或经营上的优势推销商品、出售或转让他人商品，会使用背书方式转让提单，要求出口商（真正的供货商）在提单上不列出其名称或国别，而以第三方作为托运人，其目的就是不想把真正的供货商暴露给买方，以防买方绕开中间商直接找供货商订货。采用这种提单时，必须在合同或信用证中作出相应的规定，如规定“第三方提单可接受”（Third party B/L is acceptable）。

课内阅读资料

我国某出口公司先后与伦敦 B 公司和瑞士 S 公司签订出售农产品的合同，货物共计 3 500 吨，价值 8.275 万英镑。装运期为当年 12 月至次年 1 月。但由于原定的装货船舶出现故障，只能改装另一艘货船，致使货物到 2 月 11 日才装船完毕。在出口公司的请求下，货船公司将提单的日期改为 1 月 31 日，货物到达鹿特丹后，买方对装货日期提出异议，要求出口公司提供 1 月装船证明。出口公司坚持提单是正常的，无须提供证明。结果买方聘请律师上货船查阅船长的航行日志，证明提单日期是伪造的，并立即凭律师提供的证据，向当地法院控告并由法院发出通知扣留该船，经过 4 个月的协商，最后，出口公司赔款 2.09 万英镑，买方方撤回上诉结案。

倒签提单是一种违法行为，一旦被识破，产生的后果很严重。但是在国际贸易中，使用倒签提单的情况还是相当普遍的。尤其是在延期时间不长的情况下，还是有许多出口商会铤而走险。当出现倒签日期较长的情况时，就容易引起买方怀疑，买方可以通过查阅船长的航行日志或者班轮时刻表等途径识破假象。

四、海运出口货物的运作程序

海运出口货物的运作程序根据贸易条件的不同而有所差异。按照 FOB 条件成交，卖方无须办理租船订舱手续；按照 CFR 条件成交，卖方无须办理保险手续；按照 CIF 条件成交，卖方既要租船订舱，又要办理保险手续。这里仅以 CFR 成交条件下的班轮装运程序为例加以说明：

备货报检→托运订舱→货物集港→报关→装船→换取提单

（1）备货报检。出口商根据出口合同或信用证中有关货物的品种、规格、数量、包装等的规定，按时、按质、按量准备好应交的出口货物，并做好申报检验和领证工作。在我国，凡列入海关实施检验的进出口商品目录的商品属于需要进行法定检验的商品，进出口商必须向海关申报检验。若信用证或出口合同规定在装船前需由有关商品检验机构出具货物品质、数量、重量检验证书的，出口商应在出口报关前向有关的具备资质的商品检验机构报检，并取得合格的检验证书。在做好出运前的准备工作，货证都已齐全之后，即可办理托运工作。

（2）托运订舱。出口商（托运人）编制出口托运单（shipping note，S/N；booking note，B/N），向货运代理公司办理委托订舱手续。货运代理公司根据托运人的具体要求按航线分类整理后，及时向船公司或其代理订舱。托运人也可直接向船公司或其代理订舱。当船公司或其代理签发了装货单（shipping order，S/O）后，订舱工作即告完成，也意味着托运人和承运人之间的运输合同已经缔结。

（3）货物集港。当船舶到装运港装货的计划确定后，按照港区进货通知在规定的期限内，由托运人办妥集运手续，将出口货物及时运至港区集中，等待装船，货物集港要做到批次清、件数清、标志清。

（4）报关。进出口货物的收发货人经与直属海关、第三方认证机构（中国电子口岸数据中心）签订电子数据应用协议后，可在全国海关适用“通关作业无纸化”的方式，通过“中国国际贸易单一窗口”或“互联网+海关”平台向海关发送报关单数据。海关直接对电子报关单及随附单据的电子数据进行无纸化审核。无纸化审核完成后，符合放行条件的，海关就会发送电子放行指令。

（5）装船。凭海关电子放行指令或打印的“通关无纸化查验/放行通知书”，托运人即可通知船公司装船。在装船过程中，应有托运人委托的货运代理在现场监装，随时掌握装船进度并处理临时发生的问题。装货完毕后，理货组长要与船方大副共同签署收货单（mate receipt，M/R），并交与托运人。理货员如发现某批货物有缺陷或包装不良，应在收货单上做批注，并由大副签署，以确定船货双方的责任。作为托运人，应尽量争取收货单上没有不良批注，以便取得清洁提单。

（6）换取提单。在装船完毕后，托运人除向收货人发出装船通知外，还应仔细审核船公司或货运代理公司签发的提单样本是否与实际情况及信用证的要求一致，如相符，应及时凭收货单向船公司或其代理交纳运费和港杂费，换取已装船清洁提单。

案例 6.1

佛山奇飞进出口贸易有限公司根据合同（见示范3.6）和信用证（见示范4.3）的要求，备妥货物后，委托金发海运货运代理公司订舱，填写出口托运单（见示范6.1），货物装船后船公司签发提单，船公司签发的提单（B/L）请参考第九章的示范9.5。

示范 6.1 出口托运单

<table>
<tr><td colspan="2">经营单位
（托运人）</td><td colspan="5">佛山奇飞进出口贸易有限公司
佛山市中山路 187 号
电话：0757-83512680 传真：0757-83512683</td><td>金发
编号</td><td colspan="2"></td></tr>
<tr><td rowspan="3">提单项目要求</td><td colspan="9">发货人：
Shipper: FOSHAN QIFEI I/E TRADE CO., LTD.
NO. 187 ZHONGSHAN ROAD, FOSHAN, CHINA</td></tr>
<tr><td colspan="9">收货人：
Consignee: TO THE ORDER OF COMMERZBANK</td></tr>
<tr><td colspan="9">通知人：
Notify Party: BOLTITI CORONA S.A.
ARTURO PRAT 476 HAMBURG, GERMANY</td></tr>
<tr><td colspan="2">海洋运费（ ）
Sea freight</td><td colspan="2">预付（√）或到付（ ）
Prepaid or Collect</td><td>提单
份数</td><td>THREE</td><td>提单寄送
地址</td><td colspan="3">广东省佛山市中山路 187 号</td></tr>
<tr><td>装运港</td><td>GUANGZHOU</td><td>目的港</td><td>HAMBURG</td><td>可否转船</td><td>允许</td><td>可否分批</td><td colspan="3">不允许</td></tr>
<tr><td colspan="2">集装箱预配数</td><td colspan="2">20'×1</td><td>装运期限</td><td>最晚 8 月 31 日</td><td>有效期限</td><td colspan="3">9 月 15 日</td></tr>
<tr><td colspan="2">标记唛码</td><td>件数及
包装样数</td><td>中英文货名
Description of Goods</td><td>毛重
（千克）</td><td>尺码
（立方米）</td><td colspan="4">成交条件
（总价）</td></tr>
<tr><td colspan="2">BOLTITI
HAMBURG
NOS. 1-71</td><td>3 264 PAIRS
71 CARTONS</td><td>手工制作的皮鞋及手套
HAND-MADE LEATHER SHOES AND GLOVES</td><td>4 921.30</td><td>18.876</td><td colspan="4">USD 16 788.20
CIF
HAMBURG</td></tr>
<tr><td colspan="2" rowspan="2">内装箱地址</td><td colspan="2" rowspan="2">广东省佛山市中山路 187 号
电话：0757-83512680</td><td rowspan="2">特种货物
□冷藏货
□危险品</td><td colspan="5">重件：每件重量</td></tr>
<tr><td colspan="3">大件
（长×宽×高）</td><td colspan="2"></td></tr>
<tr><td colspan="2" rowspan="2">门对门装箱地址</td><td colspan="3" rowspan="2"></td><td colspan="5">特种集装箱：（ ）</td></tr>
<tr><td>货物备妥日期</td><td colspan="4"></td></tr>
<tr><td colspan="2">外币结算账号</td><td colspan="3"></td><td colspan="5">货物进栈（√）、自送（ ）或派送（ ）</td></tr>
<tr><td colspan="5" rowspan="7">声明事项</td><td>人民币结算账号</td><td colspan="4"></td></tr>
<tr><td>托运人签章</td><td colspan="4"></td></tr>
<tr><td>电 话</td><td colspan="4"></td></tr>
<tr><td>传 真</td><td colspan="4"></td></tr>
<tr><td>联 系 人</td><td colspan="4"></td></tr>
<tr><td>地 址</td><td colspan="4"></td></tr>
<tr><td colspan="5">制单日期</td></tr>
</table>

ORIGINAL

第三节　其他国际货物运输方式

除海洋运输外，国际货物运输方式还包括铁路运输、航空运输、公路运输、内河运输、邮包运输、管道运输、集装箱运输、国际多式联运等，现对以上几种运输方式作简要的介绍。

一、铁路运输

在国际货物运输中，铁路运输（railway transportation）是一种仅次于海洋运输的主要运输方式。铁路运输具有许多优点，例如，火车运行速度较快，载运量较大，一般不易受气候条件的影响，能终年正常运行，而且在运输途中遭受的风险较小，所以铁路运输具有高度的连续性。办理铁路货运手续比办理海洋运输手续简单，而且发货人和收货人可以在就近的始发站（装运站）和目的站办理托运和提货手续。

进出口货物采用铁路运输，称国际铁路货物联运（international railway transportation），是指两个或两个以上国家，按照协定，利用各自的铁路联合起来完成一票货物的全程运输的方式。它使用统一的国际联运单据，在一国铁路向另一国铁路移交货物时，无须发货人、收货人参加，由铁路部门对全程运输负连带责任。

国际铁路货物联运的有关当事国事先必须有书面约定才能协作进行货物的联运工作。相关的国际条约主要有《国际铁路货物运送公约》（简称《国际货约》）和《国际铁路货物联运协定》（简称《国际货协》）两个。1954 年 1 月我国加入了《国际货协》，开办了国际间的铁路联运。目前，我国和邻近的中亚国家、南亚国家以及和中东欧国家运送进出口货物，采用铁路联运的货运量日渐增长。例如，作为铁路联运典型代表的中欧班列，从 2011 年开始运营起算，每年开出的班列数量在快速增加，至 2019 年开行量依次为 42 列、80 列、117 列、308 列、815 列、1 702 列、3673 列、6300 列、8225 列。目前中欧班列以比海运的时间短、比空运的价格低的优势，吸引了大量进出口公司采用铁路方式运送货物，受到了国际市场的青睐。

国际铁路货物联运所使用的运单和运单副本，是铁路部门与发货人间缔结的运送契约。在发货人提交全部货物和付清其所负担的一切费用后，始发站有关人员在运单和运单副本上加盖始发站日期戳记，证明货物已经承运，运送契约即告缔结。按照我国同参加《国际货协》的各国所签订的贸易交货共同条件的规定，运单副本是卖方通过有关银行向买方结算货款的主要文件之一。但铁路运单并非物权凭证，不能通过背书转让和作为抵押品向银行融通资金。

二、航空运输

航空运输（air transportation）是一种现代化的运输方式，它不受地面条件的限制，航行便利，运输速度很快，航行时间很短，货物在运输途中破损率低。因此，某些急需物资、易损货物和贵重货物适于航空运输。

我国通过航空运输进口的货物，主要是贵重货物、稀有金属、精密仪器仪表、电子计算机、手表、钻石、种禽、种畜和技术资料等。我国航空运输出口的货物，主要是鲜活货物（如鱼、蟹）、生丝、绸缎、服装、裘皮和羊绒等。

（一）航空运输的主要类型

航空运输包括班机运输、包机运输、集中托运、急件快递四种方式。

（1）班机运输（scheduled airline）是指航班在固定航线上飞行的运输方式，它有固定的始发站、途经站和目的站。一般航空公司都采用客货混合型飞机。

（2）包机运输（chartered carrier）是指包租整架飞机或由几个发货人（或航空货运代理人）联合包租一架飞机来运送货物的运输方式，分为整包机和部分包机两种。前者适合运送大批量货物，后者适用于有多个发货人且他们的货物到达同一个目的站的情况。

（3）集中托运（consolidation）是指由航空货运代理公司将若干单独发货人的货物集中起来，组成一整批货，由其向航空公司申请托运到同一目的站，货到国外后由目的站的空运代理办理收货、报关并分拨给各个实际收货人的运输方式。此种方式运费较低，在外贸业务中使用较多。

（4）急件快递（air express）是由专门经营这项业务的公司与航空公司合作，设专人用最快的速度将急件在发货人、机场、收货人之间进行传递的运输方式。

（二）航空运输的运费与运单

航空运输的运价是指从起运机场到目的机场的运价，不包括其他额外费用（如提货费、仓储费）。运价一般是按重量或体积计算，以两者中较高者为准。空运货物按一般货物、特种货物和货物的等级规定运价标准。

航空货运单（airway bill）是航空运输的正式凭证，它是承运人与托运人之间订立的运输契约，也是承运人或其代理人签发的货物收据。货物运抵目的地后，收货人凭航空公司的到货通知及有关证明领取货物，并在航空货运单上签收。因此，航空货运单并非物权凭证，是不可转让的，卖方只可凭此向银行办理结汇。若合同约定采用航空运输方式，建议使用信用证方式支付或100%前 T/T 方式支付货款（即卖方在办理货物托运手续前买方必须电汇支付 100%货款），以防个别不法商人钻航空货运单不是物权凭证的空子，在未向卖方支付货款的情况下将货物提走。

（三）航空运输货物的运作程序

采用航空运输需要办理一定的货运手续，航空公司一般只负责空中运输，货物在始发机场交给航空公司之前的揽货、接货、报关、订舱以及在目的站机场从航空公司手中接货、报关、交付或送货上门等业务则由航空货运代理公司办理。以下是航空货运代理公司对出口货物的航空运输操作方面的一般流程。

1. 接受发货人的委托，预订舱位

航空货运代理公司从发货人处取得必要的出口单据，安排运输工具取货或由发货人送货到指定地点，对货物与单证进行认真的核对，并向航空公司预订舱位。

2. 向海关申报

航空货运代理公司需要在货物运抵海关监管区后，装货的 24 小时前向海关申报出口。

（1）审核发货人提交的报关单据。报关所需单据一般有商业发票、装箱单、出口货物报关单，有的货物还需要动植物检疫证书或产地证、外销合同等。

（2）缮制航空运单，填写订舱单，向航空公司正式订舱。

（3）将发货人提供的货物随行单据钉在运单后面；如果是集中托运的货物，要制作集中托运清单，并将清单、所有分运单及随行单据装入一个信袋，钉在运单后面。

（4）将制作好的运单标签贴在每一件货物上。如果是集中托运的货物，还必须有分运单标签。

（5）持缮制好的航空运单到海关报关申请放行。

（6）将盖有海关放行章的运单与货物一齐交与航空公司，航空公司验收单货无误，在交接单上签字。

（7）集中托运货物。需要以传真、电子邮件或其他电信方式通知国外代理公司以下内容：航班号、运单号、品名、件数、毛重、收货人等。

三、公路、内河、邮包和管道运输

公路运输（road transportation）是一种比较灵活、方便的运输方式。它除了适用于在车站、港口、机场集散进出口货物外，还适用于有陆地接壤的邻国之间的进出口货物运输。我国同越南、朝鲜、尼泊尔、缅甸、蒙古等邻国都有公路相连通，我国与这些国家的部分进出口货物可以经由跨境公路运输。

内河运输（inland water transportation）是水上运输的重要组成部分，它是连接内陆腹地与沿海地区的枢纽，在运输和集散进出口货物中起到重要的作用。我国江河密布，除有边境河流外，内陆还分布有许多终年通航的河流，特别是长江、珠江水系，航运十分便利，而且有些河港还能直接停靠海洋货轮和装卸进出口货物，这为发展我国对外贸易货物的内河运输提供了有利的条件。

邮包运输（parcel post transportation）是一种很简便的运输方式。若买卖双方商定采用此种运输方式，卖方只要根据买卖合同规定的条件，遵照邮局有关规定，向邮局办理商品包裹的投寄手续，并取得邮包收据，即完成交货义务。国际邮包运输具有国际多式联运和“门到门”运输的性质。

管道运输（pipeline transportation）是一种比较特殊的运输方式，货物在管道内借助高压泵的压力输往目的地，主要适用于运送液体和气体货物。许多盛产石油的国家都积极发展管道运输，因为管道运输速度快，流量大，中途装卸环节少，运费低廉。

图 6.1　集装箱

四、集装箱运输

集装箱（container）是指具有一定强度、刚度和规格，专供周转使用并便于机械操作的大型装货容器。使用集装箱装运货物，可直接在发货人的仓库装货，运到收货人的仓库卸货，中途更换车、船时，无须将货物从箱内取出换装。图 6.1 是常用的集装箱。

集装箱有多种类型，根据国际标准化组织的规定，集装箱的规格有三个系列，仅第一个系列就有15种之多。在国际货运中使用的集装箱规格主要有20英尺（1英尺=0.304 8米）和40英尺两种，常用的有1CC型20'×8'×8'6"与1AA型40'×8'×8'6"。集装箱箱体上都有一个11位字符的编号，前四位是字母，后七位是数字，此编号是唯一的。关于四个英文字母，前三个字母是箱主（船公司、租箱公司）代码，如 CCL 是中远海运集装箱运输有限公司的代码，CBH、FBL 都是租箱公司佛罗伦斯的代码；第四个字母 U 代表集装箱。第 5～10 位数字是箱主对此集装箱的编号，第 11 位为校验码。

课内阅读资料

1. 集装箱的种类

集装箱按用途分类可分为通用集装箱（干货箱）（general-purposse container/dry cargo container）、冷冻集装箱（reefer container）、挂衣集装箱（dresshanger container）、开顶集装箱（open-top container）、框架集装箱（flat-rack container）、罐式集装箱（tank container）、平台集装箱（platform container）等。

2. 集装箱的规格及载重说明（以通用集装箱为例）

表 6.5 为通用集装箱的规格及载重说明。

表 6.5 通用集装箱的规格及载重说明

集装箱箱型	箱内尺寸（米×米×米）	最大载重（千克）	内容积（立方米）
20 英尺货柜（20'GP）（20' × 8' × 8'6"）	5.898×2.352×2.391	28 270	33.2
40 英尺货柜（40'GP）（40' × 8' × 8'6"）	12.031×2.352×2.391	26 650	67.7
40 英尺加高货柜（40'HQ）（40' × 8' × 9'6"）	12.031×2.352×2.698	26 500	76.3
45 英尺加高货柜（45'HQ）（45' × 8' × 9'6"）	13.544×2.352×2.698	28 680	86.0

说明： 表 6.5 中技术参数只供参考，并不具有普遍性。因为即使是同一规格的集装箱，因结构和制造材料的不同，其技术参数也会略有差异。

1. 集装箱的装箱方式

采用集装箱运输货物时，集装箱的装箱方式有整箱货（full container load，FCL）和拼箱货（less than container load，LCL）之分。凡装货量达到每个集装箱容积的 75%或达到每个集装箱负荷量的 95%都为整箱货，由发货人负责装箱、计数、积载并加铅封（shipper count, load and seal），以箱为单位向承运人进行托运。凡装货量达不到上述整箱标准的，则选择拼箱托运，通常由发货人或货运代理公司将货物从工厂送交集装箱货运站（container freight station，CFS），运输部门按货物的性质、目的地分类整理，然后将运往同一目的地的货物拼装成整箱后再发运。

集装箱实物照片

2. 集装箱的处置场所

集装箱的处置场所主要是集装箱堆场和集装箱货运站。

（1）集装箱堆场（container yard，CY），是专门用来保管和堆放集装箱（重箱和空箱）的场所，是整箱货办理交接的地方，一般设在港口的装卸区内。

（2）集装箱货运站，又叫中转站或拼装货站，是拼箱货办理交接的地方，一般设在港口、车站附近，或内陆城市交通方便的场所。

3. 集装箱的交接方式

集装箱的装箱方式有整箱货和拼箱货之分，整箱货和拼箱货的交接方式有所不同。

（1）整箱交、整箱收（FCL-FCL），适用于“场到场”运输（CY TO CY）、“门到门”运输（DOOR TO DOOR）、“场到门”运输（CY TO DOOR）、“门到场”运输（DOOR TO CY）。

（2）整箱交、拆箱收（FCL-LCL），适用于“场到站”运输（CY TO CFS）、“门到站”运输（DOOR TO CFS）。

（3）拼箱交、整箱收（LCL-FCL），适用于“站到场”运输（CFS TO CY）、“站到门”运输（CFS TO DOOR）。

（4）拼箱交、拆箱收（LCL-LCL），适用于“站到站”运输（CFS TO CFS）。

由发货人进行装箱，然后其自行将货物运至集装箱堆场等待装运，货到目的港（地）后，收货人可以直接在目的港（地）的集装箱堆场提货，此方式为“场到场”运输；由发货人进行装箱并在其货仓或工厂仓库将货物交承运人验收后，由承运人负责全程运输，直到收货人的货仓或工厂仓库交箱为止，这种全程连续运输为“门到门”运输；承运人在集装箱货运站负责将不同发货人的运往同一目的地的货物拼装在一个集装箱内，货到目的港（地）后，再由承运人在集装箱货运站拆箱分拨给不同的收货人，此方式为“站到站”运输。

4. 集装箱运输的出口程序

以下是集装箱运输的一般出口程序。

（1）订舱。发货人根据贸易合同或信用证条款的规定，在货物托运前一定时间内填好集装箱货物托运单（container booking note），委托其代理或直接向船公司申请订舱。

（2）接受托运申请。船公司或其代理公司根据自己的运力、航线等具体情况考虑发货人的要求，决定是否接受申请，若接受申请就着手编制订舱清单，然后分送集装箱堆场、集装箱货运站，并安排空箱及办理货运交接。

（3）发放空箱。通常运输整箱货的空箱由发货人到集装箱码头堆场领取，有的发货人有自备箱；运输拼箱货的空箱由集装箱货运站负责领取。

（4）拼箱货装箱。发货人将不足一整箱的货物交至集装箱货运站，由集装箱货运站根据订舱清单和场站收据负责装箱，然后由装箱人编制集装箱装箱单（container load plan）。

（5）整箱货交接。由发货人自行负责装箱，并将已加海关封志的整箱货运到集装箱堆场。集装箱堆场根据订舱清单，核对场站收据（dock receipt，D/R）及装货单（见示范6.2）验收货物。

（6）集装箱的交接签证。在集装箱堆场或集装箱货运站验收货物和/或集装箱后，在场站收据上签字，并将签署后的场站收据交还给发货人。

（7）换取提单。发货人凭场站收据向集装箱运输经营人或其代理换取提单（combined transport bill of lading）。

（8）装船。集装箱装卸区根据装货情况，制订装船计划，并将出运的集装箱移到集装箱码头前方堆场，待船靠岸后，即可装船出运。

五、国际多式联运

国际多式联运（international multimodal transport or international combined transport）是在集装箱运输基础上产生和发展起来的一种综合性的连贯运输方式，它一般以集装箱为媒介，把海、陆、空各种传统的和单一的运输方式有机地结合起来，组成一种国际间的连贯运输。使用一份包括全程运输在内的多式联运单据，并由多式联运经营人对全程运输负总责，如果货物在运输途中发生灭失之类的问题，找多式联运经营人负责就可以了。

示范 6.2 装货单

Shipper （发货人）

D/R NO. （编号）

Consignee （收货人）

装 货 单

场站收据副本

第五联

Notify party （通知人）

Received by the carrier the total number of containers or other packages or units stated below to be transported to subject to the terms and conditions of the carrier's regular forms of Bills of Lading which shall be deemed to be incorporated herein.

Pre carriage by （前程运输） Place of receipt （收货地点）

Ocean vessel（船名）Voy. No.（航次）Port of loading（装运港）

场站章

Port of discharge（卸货港）	Place of delivery（交货地点）	Final destination for merchant's references 目的地

Container No. （集装箱号）	Seal No. （封志号） Marks & Nos. （唛头与号码）	Nos of containers or Pkgs （集装箱数或件数）	Kind of packages Description of goods （包装种类与货名）	gross weight （毛重）千克	Measurement （体积）立方米

TOTAL NUMBER OF CONTAINERS OR PACKAGES (IN WORDS) 集装箱箱数或件数合计（大写）

Container No. （箱号） Seal No.（封志号）Pkgs. （件数） Container No. （箱号） Seal No.（封志号）Pkgs. （件数）

Received （实收） By terminal clerk （场站员签字）

FREIGHT & CHARGES	Prepaid at（预付地点）	Payable at （到付地点）	Place of issue（签发地点）
	Total prepaid （预付总额）	No. of original Bs/L （正本提单份数 ）	BOOKING （订舱确认） APPROVED BY

Service type on receiving □CY □CFS □DOOR	Service type on delivery □ CY □ CFS □ DOOR	Reefer temperature required （冷藏温度）	℉	℃
TYPE OF GOODS （种类）	□Ordinary （普通） □ Reefer （冷藏） □ Dangerous （危险品） □ Auto （裸装车辆） □ Liquid （液体） □ Live Animal （活动物） □ Bulk （散货） □ ______	危险品	Class Property IMDG Code Page UN NO.	

第四节　合同中的装运条款

在进出口合同中，涉及装运方面的条款，除规定运输方式外，还必须规定装运期、装运港（地）和目的港（地）、分批装运和转运等各项内容。明确、合理地规定装运条款是保证进出口合同顺利履行的重要条件之一。

一、装运时间

装运时间又称装运期（time of shipment），是卖方完成货物装运的期限。装运期和交货期（time of delivery），在象征性交货条件下，两者的意思是一致的，这是因为卖方完成货物装运即完成了交货义务；但在实际交货条件下，如在DAP、DPU、DDP条件下，两者的含义就不一样了，这时的装运期是指货物装运的时间，交货期则是指货物到达目的地交货的时间，它们之间相差一个运输航程。

1. 装运时间的规定方法

在国际货物买卖合同中，买卖双方必须对装运时间作出具体的规定。常用的规定方法有以下几种。

（1）规定在某月或跨月装运。

【例】

Shipment during March, 2020.

Shipment during Feb./Mar. 2020.

（2）规定在某月底或某日前装运。

【例】

Shipment at or before the end of May, 2020.

Shipment on or before July 15th, 2020.

Shipment not later than Sept. 15th, 2020.

（3）规定在收到信用证后一定期限内装运。

【例】

Shipment within 45 days after receipt of L/C.

在对买方资信了解不够或为防止买方可能因某些原因不按时履行合同的情况下，可采用这种方法规定装运时间，以保障卖方的利益。注意，在采用这种方式规定装运时间时，为防止出现因买方拖延或拒绝开证而造成卖方不能及时安排生产及耽误装运进程的被动局面，合同中必须同时规定有关信用证开立或送达的期限。

【例】

The buyer must open the relevant L/C to reach seller not later than June 15th, 2020.

（4）近期装运术语。表达这类规定的词语有“立即装运”（immediate shipment）、“即期装运”（prompt shipment）、“尽速装运”（shipment as soon as possible）等。应尽量避免使用这类规定方法，因为各国对此解释不一，有的理解为一个月，有的理解为两周，容易引起争议和纠纷。国际商会制定的《UCP600》中明确规定，不应使用如“迅速”“立即”“尽速”和类似词语，如使用这类词语，银行将不予置理。

思考与训练 6.2

深圳某机械进出口公司向阿根廷出口一批农具，采用 CIF 术语成交，由中方安排运输。中方货源要在 4 月初才能备齐，于是业务员在合同中将装运条款订为“shipment on or before 15th April”。后经查询，深圳至南美的航班每月只有一班，离港时间是每月 30 日。试问合同中关于装运时间的规定是否妥当？为什么？

2. 规定装运时间应注意的问题

规定装运时间时，一般应考虑货源情况，如生产周期、库存情况、交货数量、商品本身的特点、包装及市场情况等；还应考虑运输情况，如航线、航班和国内运输情况；也应特别注意开证日期与装运时间的衔接等情况。

（1）应考虑货源和船源的实际情况。从货源和船源的实际情况出发来确定装运期或交货期，有利于卖方按期装运和履行约定的交货义务。如货源无把握即盲目成交，就有可能出现到时交不了货，形成有船无货的情况。在按 CFR 或 CIF 条件出口和 FOB 条件进口时，还应考虑船源情况。如船源无把握就盲目成交，或者没有留出安排船位的合理时间，规定在成交的当月交货或装运，则可能出现到时租不到船或订不到舱位，而形成有货无船的情况。

（2）应考虑市场情况。要考虑市场需求情况，特别是季节性商品，其装运时间与用户安排销售密切相关，要为客户着想。

（3）应考虑开证日期的规定是否明确、合理。装运期与开证日期是互相关联的。为了保证按期装运和及时交货，在规定装运期的同时，还应明确、合理地规定开证日期，并使两者互相衔接。一般来说，信用证至少应在装运期开始前 15 天送达卖方，以便卖方有充足的时间安排装货。

二、装运港（地）和目的港（地）

装运港（port of shipment/loading）是指货物起始装运的港口，目的港（port of destination/discharge）是指最终卸货的港口。

1. 装运港和目的港的规定方法

在国际货物买卖合同中，买卖双方必须对装运港和目的港作出明确的规定。为了便于卖方安排装运和适应买方接收货物或转售货物的需要，装运港通常由卖方提出，经买方同意后确定；目的港通常由买方提出，经卖方同意后确定。常用的规定方法有以下几种。

（1）在一般情况下，只规定一个装运港和一个目的港，并列明港口名称。

【例】

Port of shipment: Shanghai

Port of destination: London

（2）在大宗交易的情况下，有时需要规定两个或两个以上的装运港或目的港，并分别列明港口名称。

【例】

Port of shipment: Qingdao and Shanghai

Port of destination: London and Liverpool

（3）在磋商交易时，如明确规定一个或几个装卸港有困难，可以采用选择港（optional ports）的办法，即允许收货人在预先提出的两个或两个以上的卸货港中，在货轮抵达第一个备选港口前，按船公司规定的时间，将最后确定的卸货港通知船公司或其代理人，船方负责按通知的卸货港卸货。按一般航运惯例，如果货方未在规定时间将选定的卸货港通知船方，船方有权在任何一个备选港口卸货。

【例】

CIF London/Hamburg/Rotterdam optional.

CIF London, optional Hamburg/Rotterdam, optional addition for buyer's account.

（4）笼统规定某一航区为装运港或目的港。

【例】

Port of shipment: China ports

Port of destination: U.K. ports

2. 规定国外装运港和目的港应注意的问题

在进口合同中规定国外的装运港以及在出口合同中规定国外的目的港时应注意以下事项。

（1）力求具体、明确。国外港口应明确、具体，最好只有一个港口名称。在磋商交易中，如国外商人笼统地提出以“欧洲主要港口”或“非洲主要港口”为装运港或目的港时，不宜轻易接受。因为欧洲或非洲港口很多，究竟哪些港口是主要港口，并无统一的解释。而且到达各港的距离不同，港口条件不一，运费和附加费相差很大，所以，我们应避免采用此种规定方法。

（2）合理使用“选择港”。采用“选择港”时应注意：①合同中规定的选择港的数目一般不超过3个；②备选港口要在同一条班轮航线上，而且是班轮公司的船只都能停靠的港口；③在核定价格和计算运费时，应按备选港口中最高的运费率加上选卸港附加费计算；④在合同中应明确规定买方确定目的港的时间，以及因选择港而增加的运费、附加费均由买方负担。

（3）注意装卸港的具体条件。关于装卸港的具体条件，主要是考虑有无直达班轮航线、港口装卸条件以及运费和附加费用水平等。如果租船运输，还应进一步考虑码头泊位水的深度、有无冰封期、冰封的具体时间以及港口对船舶国籍有无限制等因素。

（4）注意港口有无重名。世界各国港口重名的很多，例如，维多利亚（Victoria）港，世界上有 12 个之多，波特兰（Portland）港、波士顿（Boston）港在美国和其他国家都有同名港。为了防止发生差错、引起纠纷，在买卖合同中应明确注明装卸港所在国家和地区的名称。

3. 规定国内装运港和目的港应注意的问题

在出口业务中，对国内装运港的规定，一般以选择接近货源地的对外贸易港口为宜，同时应考虑港口和国内运输的条件及费用水平。如果进出口公司对某一出口商品采取集中成交、分口岸交货的方式，由于在成交时还不能确定具体装运港口，在这种情况下，也可规定两个或两个以上的港口或规定“中国口岸”为装运港，这样能处于主动位置。

在进口业务中，对国内目的港的规定，原则上应选择接近用货单位或消费地区的对外贸易港口最为合理。

三、分批装运和转运

分批装运（partial shipment）是指一个合同项下的货物在成交数量较大时先后分若干批或若

干期装运的方式。在国际贸易中，有的交易因为数量较大，或由于备货、运输条件、市场需要或资金的限制，有必要分期、分批交货的时候，可在合同中规定分批装运条款。

转船或转运（transshipment）是指货物自装运港运至目的港的过程中，从一个运输工具转移到另一个运输工具上，或是由一种运输方式转为另一种运输方式的行为。如无直达船舶或合同规定集装箱装运，而出口口岸缺乏装卸设备，需集中到其他口岸装箱时，需要在合同中规定允许转运。

1. 合同中的分批装运和转运条款

是否允许分批装运和转运，直接关系到买卖双方的经济利益。因此，能否分批装运和转运，合同双方当事人应该达成一致意见，并在合同中作出相应的规定。一般来说，允许分批装运和转运，能使卖方处于主动地位。

（1）规定允许分批装运和转运。

【例】

Partial shipment and transshipment allowed.

（2）规定不允许分批装运和转运。

【例】

Partial shipment and transshipment not allowed.

（3）既规定允许分批装运，又规定分批的具体时间、批次及数量。

【例】

Shipment during Jul. / Oct. in four equal monthly lots.

2. 注意国际惯例的有关规定

在实际业务中，我们应注意《UCP600》中关于分批装运和转运的相关规定。

（1）《UCP600》第 31 条 a 款规定：允许部分支款或部分发运。第 31 条 b 款规定：①表明使用同一运输工具并经由同次航程运输的数套运输单据在同一次提交时，只要显示相同目的地，即使运输单据上表明的发运日期不同或装货港、接管地或发运地点不同，将不视为分批装运。如果交单由数套运输单据构成，其中最晚的一个发运日将被视为发运日。②含有一套或数套运输单据的交单，如果表明在同一种运输方式下经由数件运输工具运输，即使运输工具在同一天出发运往同一目的地，仍将被视为分批装运。

（2）《UCP600》第 32 条款规定：如信用证规定在指定的时间段内分期支款或分期发运，任何一期未按信用证规定期限支取或发运时，信用证对该期及以后各期均告失效。

微课堂

《UCP600》对装运的有关规定

思考与训练 6.3

我国某公司与法国 B 公司订立了一份出口 600 吨冻品的合同，规定本年 4－9 月每月平均交货 100 吨，即期信用证支付，来证规定货物装运前由出口口岸商品检验机构出具船边测温证书作为议付不可缺少的单据之一。4－6 月交货正常，并顺利结汇，7 月因船期延误，拖延至 8 月 5 日才实际装运出口，海运提单倒签为 7 月 31 日，但送银行议付的船边测温证书中填写的船边测温日期为 8 月 5 日。8 月 7 日出口方在同船又装运 100 吨，开证行收到单据后来电表示对这两批货物拒付货款。试分析我方有何失误？开证行拒付有何依据？

（3）《UCP600》第20条c款规定：①提单可以表明货物将要或可能被转运，只要全程运输由同一提单涵盖；②即使信用证禁止转运，注明将要或可能发生转运的提单仍可接受，只要其表明货物由集装箱、拖车或子母船运输。

由此可知，《UCP600》中的禁止转运，实际上仅是禁止海运港至港除集装箱以外的货物（散货）运输的转运。《UCP600》对转运作了以上淡化和从宽的规定，主要是为了适应现代运输业的发展，有利于减少转运引起的纠纷。但该解释仅适用于信用证业务的处理而不涉及买卖合同条款的解释。在实际业务中，买卖双方还应在合同中明确规定允许转运条款。

思考与训练 6.4

某国际贸易公司对国外C公司出口500吨花生。买方申请开来的信用证规定："分5个月装运：3月80吨，4月120吨，5月140吨，6月110吨，7月50吨。每月不允许分批装运，装运从中国港口至伦敦港口。"

该国际贸易公司接到信用证后，根据信用证规定于3月15日在青岛港装运了80吨，于4月20日在青岛港装运了120吨，均顺利收回了货款。该国际贸易公司后因货源不足，5月20日在青岛港只装运了70.5吨。经联系得知烟台某公司有一部分同样规格的货物，所以该国际贸易公司要求"HULIN"轮再驶往烟台港继续装运其不足之数。当时船方考虑到船舱空载，所以同意在烟台港又装运了64.1吨。

该国际贸易公司向银行提交了两套单据：一套是在青岛于5月20日签发的提单，其货量为70.5吨；另一套是在烟台于5月28日签发的提单，货量为64.1吨。但银行认为单据有两处不符点：①在青岛和烟台分批装运货物；②短量。

思考：银行所说的不符点是否成立？

四、装运通知

装运通知（advice of shipment）是买卖合同中必不可少的一项条款。无论按哪种贸易术语成交，交易双方都要承担相互通知的义务。规定这项条款的目的在于，明确买卖双方的责任，促使买卖双方互相配合，共同做好船货衔接工作。

按照国际贸易的一般做法，按FOB条件成交时，卖方应在约定的装运期开始以前（一般为30天）向买方发出货物备妥准备装船的通知，以便买方及时派船接货。买方接到卖方发出的通知后，应按约定时间，将船名、船舶到港受载日期通知卖方，以便卖方及时安排货物出运和准备装船。

按CIF、CFR或FOB条件成交时，卖方应于货物装船后，立即将合同号、货物的品名、件数、重量、发票金额、船名及装船日期等各项内容，电告买方，以便买方在目的港做好接卸货物的准备，并及时办理进口报关等手续。如按FOB或CFR条件成交，买方接到此项装运通知后，还需办理货物运输保险手续。按照国际贸易惯例，如因卖方漏发或未及时发出此项装运通知，致使买方漏保或未及时投保，则卖方应负担买方因此而遭受的有关损失。

自测题

一、单项选择题

1. 下列对装运时间规定不合理的是________。

A. 2020 年 5 月 15 日前　　B. 2020 年 2/3/4 月装运
C. 立即装运　　D. 收到信用证后 45 天内装运

2. 我方以 CIF 条件出口一批货物，货物于预定日期装完，船方出具的提单上注明“Shipped on board May 15th, 2020”“Used carton”“To order”字样。请问此提单是________。

A. 已装船、不清洁及指示提单　　B. 已装船、清洁及不记名提单
C. 已装船、清洁及指示提单　　D. 备运、不清洁及指示提单

3. 出口商在货物装船取得提单后，未能在交单期内到银行交单兑用，该提单将成为________。

A. 顺签提单　B. 待运提单　C. 预借提单　D. 过期提单

4. 一票货物于 2019 年 9 月 10 日开始装船，并于同月 12 日全部装上船，同日船舶开航。问：如果在同月 11 日应托运人要求，承运人签发了已装船提单，该提单通常称为________。

A. 顺签提单　B. 待运提单　C. 预借提单　D. 过期提单

5. 在进出口业务中，能作为物权凭证的运输单据有________。

A. 铁路运单　B. 海运提单　C. 航空运单　D. 邮包收据

6. 经过背书才能转让的提单是________。

A. 指示提单　B. 不记名提单　C. 记名提单　D. 清洁提单

7. 国内某公司与外商签订一份 CIF 出口合同，以 L/C 方式支付。国外银行开来的信用证中规定：“信用证截止日为 8 月 10 日，最迟装运期为 7 月 31 日。”我方加紧备货出运，于 7 月 21 日取得大副收据，并换回正本已装船清洁提单，我方应不迟于________向银行提交单据。

A. 7 月 21 日　B. 7 月 31 日　C. 8 月 10 日　D. 8 月 11 日

8. 按《UCP600》的解释，若信用证条款中未明确规定是否“允许分批装运和转运”，则应视为________。

A. 允许分批装运，但不允许转运　　B. 允许分批装运和转运
C. 允许转运，但不允许分批装运　　D. 不允许分批装运和转运

9. 海运提单日期应理解为________。

A. 货物开始装船的日期　　B. 货物装船过程中的任何一天
C. 货物装船完毕的日期　　D. 签订运输合同的日期

10. 根据《UCP600》对分批装运所作的规定，下列表述错误的是________。

A. 同时提交的多套运输单据表明货物是使用同一运输工具经由同一航次运输的，即使运输单据注明的装运日期及装运地不同，只要目的地相同，也不视为分批装运
B. 除非信用证另有规定，允许分批装运
C. 除非信用证另有规定，不允许分批装运
D. 如信用证规定在指定的时间内分期装运，若其中一期未按约定的时间装运，则信用证对该期和以后各期均告失效

二、判断题

1. 班轮条件下的装卸费用均由班轮公司负责。(　　)

2. 清洁提单上一定记载有“Clean”字样。(　　)

3. 不清洁提单上记载有“Dirty”字样。(　　)

4. 为了避免货物由于中途转船延误时间，造成货损、货差，在按 CFR 条件进口时，买方应争取在买卖合同中，订明“不准转船”的条款。(　　)

5. 如合同中规定的装运条款为“2020 年 7/8 月装运”，那么出口公司必须于 7 月、8 月两个月内每月各装一批。(　　)

6. 如承运人在提单上加注“货物用旧麻袋包装”，则此提单为不清洁提单。(　　)

7. 海运提单如有三份正本，则凭其中任何一份即可在卸货港向船公司或货运代理公司提货。(　　)

8. 在航空运输中，收货人凭航空公司的提货通知单提货。(　　)

三、计算题

1. 由上海港运往伦敦港门锁一批，计 150 箱，每箱体积为 30 厘米 × 40 厘米 × 50 厘米，每箱毛重为 65 千克。燃油附加费率为 15%，门锁为小五金类，计算标准是 W / M，等级为 10 级，基本运费为每吨运费 512.00 港元。试计算运费为多少。

2. 我国某公司某批货物的出口报价为每桶 320 美元 FOB 大连，现客户要求改报 CFR 鹿特丹价格，在不影响该公司外汇收入的情况下，应报价多少？（该批货物共 120 桶，装于一 20 英尺的集装箱中，经查询，从大连到鹿特丹的集装箱包箱费率为 1 500 美元。）

四、案例分析题

我国一家出口公司向西欧一客商出口一批五金工具，该客商于 9 月通过开证行开来一张信用证，信用证中规定：1 200 箱五金工具，最迟在 12 月 15 日前装运，由上海港运往鹿特丹港，不允许分批装运。然而，在出口公司备货期间，客商又通过开证行开来一份信用证修改书，规定：装运改为 600 箱五金工具从上海港运往鹿特丹港，另 600 箱五金工具从上海港运往阿姆斯特丹港，其他装运条款不变。

出口公司即与船公司联系，商讨订舱事宜，600 箱于 12 月 9 日装上“东方号”货轮运往鹿特丹港，600 箱于 12 月 12 日装上“杜鹃号”货轮运往阿姆斯特丹港。装运后出口公司持装运单据到当地银行议付，不久却收到开证行转来的拒付通知书，称出口公司提交的单据与信用证不符，原证不允许分批装运，出口公司却分两批装运出港。

请问开证行拒付是否合理？请说明理由。

课外实训项目

1. 我国 A 公司出口一批长毛绒玩具，原报价 USD8.25 Per PC FOB Shenzhen。现客户要求按 CFR New York 成交，在保持利润不变的情况下，请根据本书中表 6.2～表 6.4 提供的资料正确报价。产品的包装规格是：包装箱的尺寸为 60 厘米 × 50 厘米 × 45 厘米，每箱装 30 个长毛绒玩具，每箱毛重为 45 千克。

（1）如客户购买长毛绒玩具 12 000 个，我方应报 CFR New York 价格为多少？

（2）如客户只购买长毛绒玩具 2 400 个，我方应报 CFR New York 价格为多少？

2. 客户最终订购长毛绒玩具 12 000 个，请以两人为一组，协商办理长毛绒玩具的出口托运手续。

课后阅读资料

6.1　打火机分批装运问题

某出口公司收到一份国外来证，规定货物为 40 000 只打火机，总价值为 4 万美元，允许分批装运，采用海运方式。之后进口商发来传真表示急需其中 10 000 只（总数量的 1/4）打火机，并要求改用空运方式提前装运，并提出这部分货款将采用电汇方式（T/T）在发货前汇至出口商。

请问：遇到此类问题该怎么办？

案例分析

出口商可在收到 1/4 货款后立即空运 10 000 只打火机，然后，在装运有效期内海运剩余 30 000 只打火机，随后递交全套单据向银行结算兑用，单据上的数量与金额分别为 30 000 只和 3 万美元。因该证规定允许分批装运，银行便认为货物已被分批装运，只要单据与信用证完全相符，根据《UCP600》第 7 条规定，只要规定的单据提交给指定银行或开证行，并且构成相符交单，开证行就必须承付。假如进口商要减少 10 000 只打火机，出口商也可采取类似的方法进行处理。如果该证规定“不允许分批装运”（Partial shipment not allowed），或如果出口商没有充分理解、利用“允许分批装运”条款，为解决上述问题，出口商只得要求进口商修改信用证，从而给进出口双方带来不必要的银行费用和麻烦。

6.2　分批装运解决质检难题

某出口公司收到一份国外来证，货物为各式运动鞋和塑料底布面拖鞋，价值分别为 45 154 美元和 2 846 美元，允许分批装运，单据要求该出口商必须提供由中国有关商品检验机构签发的品质检验证书（简称质检证）。在货物备妥发运前，我国商品检测机构认为该批拖鞋品质未达到国家标准，不能为其签发质检证。为此，出口商立即向进口商提出申请修改信用证的要求，即删除拖鞋的质检证条款，进口商以改证费用太高，且可能影响交货期为由拒绝改证，但表示只要货物和封样一致，其仍会接收货物。

此时，出口商采取如下操作：根据信用证要求如期装运货物，并要求船公司出具两套海运提单，分别代表运动鞋和拖鞋，然后将其连同各自的出口单据，先后（日期差距应稍大，但都应在规定的交单期内）分套向通知银行交单。因信用证允许分批装运，通知银行便视每套单据为每批货物单据。经先后分套审核单据，通知银行认为运动鞋项下的单据完全符合信用证要求，而拖鞋项下的单据缺少质检证。通知银行先后向国外寄单，根据《UCP600》第 7 条和第 16 条 a 款规定，运动鞋的货款能安全收回，而拖鞋的货款可能会因单证不符遭到开证行拒付。事实上，进口商还是接受了上述不符点并履行付款义务。如果该证规定“不允许分批装运”，出口商就不可能作出上述处理，并达到安全收汇的目的。

案例分析

综上所述，我们不难看出充分利用“允许分批装运”条款对解决上述实际问题具有十分重要的意义。它不仅可以为进出口双方省去修改信用证等诸多麻烦及银行费用（有时进口商会借机要求改变付款方式，如采用装船后 T/T 或 D/P 等），而且可以为出口商分散收汇风险。因此，出口商在与进口商签订出口合同时应尽量争取允许分批装运，这将有利于出口商在履行合同过程中解决一些实际问题。

6.3 用 D/A 记名提单编织的圈套

某年 3 月 11 日，我国甲公司与印度尼西亚乙公司签订一笔 2 万美元的出口合同，乙公司要求以 D/P at sight 为付款方式。

在货物装船起运后，乙公司又要求甲公司将提单上的托运人和收货人均注明为乙公司，并将海运提单副本寄给它。货到目的港后，乙公司便以暂时货款不够等原因不付款赎单，要求甲公司将付款方式改为 D/A，并允许乙公司先提取货物，否则就拒收货物。由于提单的收货人已记名为乙公司，甲公司无法将货物再转卖给其他客户，只能答应其要求。然后，乙公司以货物是自己的为由，以保函和营业执照复印件为依据向船公司凭副本海运提单办理提货手续。货物被提走转卖后，乙公司不但不按期向银行付款，而且再也无法取得联系，甲公司最后货、款两空。

案例分析

在本案例中，乙公司使用了一个连环圈套：D/P 见票即付—记名提单—D/A。乙公司非常精通国际贸易中的各种规定和习惯做法，并具有丰富的实践经验，其利用甲公司对海运提单及托收付款方式不甚了解的弱点，引诱甲公司进入其预先编织好的圈套，使甲公司失去对货物的控制权，从而达到其非法占有甲公司货物的目的。

提单可按不同用途或作用分类。根据提单是否可以流通可分为“记名提单”和“指示提单”。记名提单是指提单上的抬头人（即收货人）栏内填明特定的收货人名称，只能由该特定收货人提货，不能用背书的方式转让给第三者，因此记名提单不能流通。国际上只有对价值很高的货物或有特殊用途的货物才采用“记名提单”。因此，为了保护自己，出口商应避免在 D/P 付款条件下出具记名提单。

在本案中，印度尼西亚乙公司要求托运人和收货人均注明为乙公司，这就使得该提单项下的货物只能由乙公司提货，不能用背书的方式转让给第三者，不能流通。该批货物即使有别的客户要也提不了货。而把托运人也写成乙公司，则连要求船公司把货物退运给甲公司都不可能了。提单上的托运人才是与承运船公司达成运输契约的契约方，船公司依合同向托运人负责，并按托运人的指示将货物交给收货人或正本提单的持有人，同时提单只有在托运人背书后才发生物权的转移，因此提单上的托运人应为国内出口商或其贸易代理，而不能是任何第三方，更不能是货物的进口商。一旦货物的进口商成为海运提单的托运人，即意味着货物所有权的转移，同时出口商也失去了要求进口商必须付款的权利。本案中，甲公司虽有正本提单却已丧失了对货物的控制权。

第七章

办理国际货运保险

【学习目标】

学习本章后，应了解国际海洋货物运输保险的承保责任范围，掌握我国海洋货物运输保险条款的基本内容和伦敦保险协会海运货物保险条款的基本内容，学会如何在外贸合同中订立保险条款以及如何办理国际货运保险手续。

【导入案例】

某出口商按 CIF 条件出口一批食品，装船前按合同要求投保了一切险，货物在装运港装船后由香港转运至汉堡。货物抵达香港后，由中信公司办理转运时，因大部分货物外包装破损，船方拒绝承运，为赶上船期，中信公司在香港雇工重新包装，更换包装共花费 3 900 美元。

讨论：（1）在国际贸易中为什么要办理海洋货物运输保险？

（2）中信公司代垫的 3 900 美元保险公司是否赔付？

保险是一种经济补偿制度，从法律角度看，它是一种补偿性契约行为，被保险人（insured）向保险人（insurer）提供一定的对价（保险费），保险人则对被保险人将来可能遭受的承保范围内的损失负赔偿责任。

保险的种类很多，国际货物运输保险属于财产保险的范畴。货物运输保险已经成为国际贸易中不可缺少的组成部分。国际货物运输保险是指被保险人（卖方或买方）对一批或若干批货物向保险公司按照一定金额投保一定险别并交纳保险费，保险公司承保后，如果所保货物在运输途中发生承保范围内的损失，保险公司按保单的规定给予被保险人经济上的补偿。

国际贸易中的货物一般都需经过长途运输，在整个运输过程中可能会遇到自然灾害或意外事故而使货物遭受损失。为了更好地将不可预知的风险转移给保险公司，使贸易得以顺利进行，货物装运前宜办理货运保险。

由于国际贸易中的货物可采取的运输方式有很多，如海洋运输、铁路运输、航空运输、公路运输和邮包运输等，国际货物运输保险也相应地分为海运货物保险、陆路运输货物保险、航空运输货物保险和邮包运输保险。

第一节　海运货物保险承保的范围

海上运输货物风险很大，保险公司为了保证外贸业务的正常开展，根据海上运输的特点设置了海运货物保险承保的范围，包括保障的风险、保障的损失与保障的费用。

一、海运货物保险保障的风险

对于海上货物运输，保险公司承保的风险有海上风险和外来风险两类。

海上风险（perils of the sea）也称为海难，包括自然灾害（natural calamity）和意外事故（fortuitous accidents），如表7.1所示。

外来风险（extraneous risks）包括一般外来风险（general extraneous risks）和特殊外来风险（special extraneous risks），如表7.2所示。

表7.1 海上风险

自然灾害	自然力量所造成的灾害（但并不泛指一切由于自然界力量引起的灾害，而是具有特定的范围），如恶劣气候、雷电、海啸、地震、火山爆发、洪水、流冰等
意外事故	意外原因造成的事故（但并不泛指海上发生的所有意外事故，而是具有特定的范围），如运输工具遭受搁浅、触礁、沉没、碰撞、失踪、失火、爆炸等

表7.2 外来风险

一般外来风险	被保险货物在运输途中由于一般外来原因所造成的风险，主要包括偷窃、沾污、渗漏、破碎、受热受潮、串味、生锈、钩损、淡水雨淋、碰损、短量、提货不着等
特殊外来风险	指由于军事、政治、国家政策法令以及行政措施等特殊外来原因所造成的风险，主要包括战争、罢工、货物被有关当局拒绝进口或没收、船舶被扣导致交货不到等

表7.3 全部损失

实际全损	（1）被保险货物完全灭失，如船舶触礁后船、货同时沉入海底 （2）货物实际上已经不可能归还被保险人，如货物被敌方扣押无法拿回 （3）货物丧失原有用途和价值，如水泥被海水浸泡成为硬块 （4）船舶失踪超过两个月仍无讯息
推定全损	（1）货损后，修复费用超过货物修复后的价值 （2）货损后，整理和续运到目的地的费用超过货物到达目的地的价值 （3）实际全损已不可避免，或为避免全损所需的施救费用将超过获救后的价值 （4）被保险人失去货物所有权，而收回所有权所需支出的费用将超过收回后的货物价值

注意：在海上保险业务中，全损的概念不是以一艘船上载运的全部货物的完全灭失为划分标准，保险人对全损范围的界定通常在保险条款中以文字加以说明。

二、海运货物保险保障的损失

海上货物运输损失（简称海损）是指被保险货物在海运途中，因遭受海上风险而产生的损失。在保险业务中海损一般还包括与海运相连接的陆上运输和内河运输过程中所发生的损失。按损失程度的不同，海损可分为全部损失和部分损失；按货物损失的性质不同，海损又可分为共同海损和单独海损。

（一）全部损失和部分损失

（1）全部损失（total loss）又称全损，是指被保险货物全部遭受损失。按损失的情况，全部损失可以分为实际全损（actual total loss，ATL）和推定全损（constructive total loss），如表7.3所示。实际全损是指物质性的消失，推定全损是指虽未达到全部货物的物质性灭失，但避免实际全损所需费用超过了其货值本身。

知识链接

在推定全损的情况下，被保险人可以获得的损失赔偿有以下两种情况：①办理委付，获得全损的赔偿；②不办理委付，获得部分损失的赔偿。

委付是海上货物运输保险中处理索赔的一种特殊做法，是指被保险人在保险标的处于推定全损时，向保险人声明愿意将保险标的的一切权益，包括财产权及一切由此产生的权利与义务转让给保险人，并要求保险人按全损给予赔偿的一种行为。

在实务中的具体做法是，在推定全损发生后，被保险人如需获得全损的赔偿，应立即以书面或口头方式向保险人发出委付通知。

（2）部分损失（partial loss）是指被保险货物的损失没有达到全部损失的程度。

（二）共同海损和单独海损

微课堂
共同海损

1. 共同海损

共同海损（general average）是指载货的船舶在海上遇到灾害、事故，威胁到船、货各方的共同安全，为了解除这种威胁，维护船、货安全，或者使航程得以完成，由船方有意识地、合理地采取措施所做出的某些特殊牺牲或支出的某些特殊费用。例如，某海轮的舱面上装有 1 000 台拖拉机，航行中遇大风浪袭击，450 台拖拉机被卷入海中，海轮严重倾斜，如不立即采取措施，则有翻船的危险，船长下令将余下的 550 台拖拉机全部抛入海中，船舶得以继续安全行驶。此时被抛的 550 台拖拉机的损失就是共同海损。共同海损的成立，必须具备一定的条件，如表 7.4 所示。

表 7.4　共同海损成立的条件

共同海损	构成共同海损必须具备的条件： （1）导致共同海损的危险必须是真实存在的，并危及船、货的共同安全 （2）共同海损措施必须是为了解除船、货的共同危险，人为地、有意识地采取的合理措施 （3）共同海损的牺牲是有特殊性质的，费用损失必须是额外支付的 （4）共同海损的损失必须是共同海损措施的直接的、合理的后果 （5）共同海损措施最终必须有效果

船舶在遭受共同海损后，凡属共同海损范围内的牺牲或费用均应由获救受益方（船方、货方和运费收入方）根据获救价值按比例分摊，这种分摊，称为共同海损分摊。

2. 单独海损

单独海损（particular average）是指被保险货物遭受海损后，其损失未达到全部损失的程度，而且是仅由受损方单独承担的部分损失。与共同海损相比较，单独海损的特点有以下三点：①它不是人为有意造成的部分损失；②它是保险标的本身的损失；③单独海损仅由受损失的被保险人单独承担，但其可根据损失情况从保险人处获得赔偿。

三、海运货物保险保障的费用

由海上运输风险导致的费用主要有以下两种。

1. 施救费用

施救费用（sue & labor charges）又称营救费用或损害防止费用，是指当保险标的遭遇保险责任范围内的灾害事故时，被保险人或其代理人为防止损失的扩大而采取抢救措施所支出的费用。

各国保险法规或保险条款一般都规定：保险人对施救费用应承担赔偿责任，赔偿金额以不超过该批货物的保险金额为限。

2. 救助费用

救助费用（salvage charges）是指保险标的遭遇承保范围内的灾害事故时，由保险人和被保险人以外的第三者采取救助措施并获成功，由被救助方支付给救助方的一种报酬。

救助费用一般都可以列为共同海损的费用项目。各国的保险法规或保险条款一般都规定：保险人对救助费用承担赔偿责任。

思考与训练 7.1

某精密仪器价值 15 000 美元，由于货轮在航行途中触礁，船身剧烈震动使仪器受损。事后经专家检验，修复费用为 16 000 美元，如拆为零件销售，可卖 2 000 美元。该仪器的损失属于何种损失？

第二节　我国海运货物保险险别

保险险别是指保险人对风险和损失的承保责任范围。为了适应国际货物海运保险的需要，中国人民财产保险股份有限公司（PICC Property and Casualty Company Limited）根据我国保险实际情况，并参照国际保险市场的习惯做法，分别制定了适用于各种运输方式的货物保险条款，总称“中国保险条款（China Insurance Clauses，CIC）”。其中，根据中国人民财产保险股份有限公司制定的“海洋运输货物保险条款（2009 版）”（Ocean Marine Cargo Clauses dated 2009）的规定，海洋运输货物保险包括基本险和附加险的保险范围、保险责任的起讫及除外责任等内容。

一、基本险

基本险又称主险，可单独投保。根据我国海洋运输货物保险条款，基本险包括平安险、水渍险和一切险三种。

1. 平安险

“平安险”一词是我国保险业的习惯叫法，其英文含义是单独海损不赔偿。平安险（free from particular average，FPA）的责任范围主要包括以下几种。

（1）被保险货物在运输途中由于恶劣气候、雷电、海啸、地震、洪水等自然灾害造成整批货物的实际全损或推定全损。若被保险货物用驳船运往或运离海轮，则每一艘驳船所装的货物可视为一个整批。

（2）由于运输工具搁浅、触礁、沉没、互撞、与流冰或其他物体碰撞，以及失火、爆炸等意外事故造成货物的全部或部分损失。

（3）在运输工具已经发生搁浅、触礁、沉没、焚毁等意外事故的情况下，货物在此前后又在海上遭到恶劣气候、雷电、海啸等自然灾害所造成的部分损失。

（4）在装卸或转船时由于一件或数件甚至整批货物落海所造成的全部或部分损失。

（5）被保险人对遭受承保责任内危险的货物采取抢救、防止或减少货损的措施所支付的合理费用，但以不超过该批被救货物的保险金额为限。

（6）运输工具遭遇海难后，在避难港由卸货所引起的损失及在中途港、避难港由于卸货、存仓以及运送货物所产生的特别费用。

（7）共同海损的牺牲、分摊和救助费用。

（8）运输合同中订有“船舶互撞责任”条款的，根据该条款规定应由货方偿还船方的损失。

2. 水渍险

“水渍险”也是我国保险业沿用已久的名称，其英文含义是负责单独海损的赔偿。水渍险（with particular average，WPA/WA）的责任范围主要包括以下两部分。

（1）平安险所承保的范围。

（2）被保险货物由于恶劣气候、雷电、海啸、地震、洪水等自然灾害所造成的部分损失。

3. 一切险

一切险（all risks）的责任范围主要包括以下两部分。

（1）水渍险所承保的范围。

（2）被保险货物由于一般外来风险所造成的全部损失或部分损失。

换句话说，一切险是水渍险和一般附加险的总和，但不包括特殊附加险。

思考与训练 7.2

投保一切险，保险公司是否对于任何原因造成的货物损失都负责赔偿？

思考与训练 7.3

我国A公司与某国B公司于2019年10月20日签订购买52 500吨化肥的CFR合同。开证行开出的信用证规定，装船期限为2020年1月1日至1月10日。装船前B公司告知A公司其租用的“顺风号”轮将于2020年1月8日可在装运港装船，在收到此通知后A公司为这批货物投保了水渍险。

由于B公司租来运货的“顺风号”轮在开往某外国港口的途中遇到飓风，结果直至2020年1月20日才完成装船。承运人在B公司出具保函的情况下签发了与信用证条款一致的提单。“顺风号”轮于1月21日驶离装运港。2020年1月30日“顺风号”轮途经巴拿马运河时起火，造成部分化肥烧毁。船长在指挥救火过程中又造成部分化肥湿毁。由于船舶在装运港口的延迟，该船到达目的地时正好遇上了化肥价格下跌，A公司在出售余下的化肥时不得不大幅度降价，A公司遭受了很大损失。

请根据上述事例，回答以下问题。

（1）途中烧毁的化肥损失属于什么损失，应由谁承担？保险公司是否给予赔偿？

（2）途中湿毁的化肥损失属于什么损失，应由谁承担？保险公司是否给予赔偿？

（3）A公司可否向承运人追偿由于化肥价格下跌造成的损失？为什么？

二、附加险

附加险是基本险的扩大和补充，不能单独投保，只能在投保一种基本险后加保，但是可以加保一种或数种附加险。

根据我国海洋运输货物保险条款，附加险可分为一般附加险、特殊附加险和特别附加险。

一般附加险（general additional risks）承保的是一般外来风险造成的全部或部分损失。一般附加险共有11种，具体的险别名称和承保范围如表7.5所示。

表 7.5　一般附加险

一般附加险险别	承保范围
偷窃、提货不着险 （T.P.N.D） theft, pilferage and non-delivery	货物因遭偷窃，以及货物运抵目的地以后，货物的全部或整件提货不着的损失
淡水雨淋险（F.W.R.D） fresh water & rain damage	因淡水、雨水、融雪，包括舱汗、船舱淡水管漏水等造成货物浸水导致的损失
短量险 risk of shortage	通常指袋装或散装货的数量或重量短少的损失
混杂、沾污险 risk of intermixture & contamination	因混入杂质或被沾污所造成的损失，如油漆污染了地毯，矿砂、矿石等混进了泥土、草屑等
渗漏险 risk of leakage	流质或半流质货物因包装容器损坏发生渗漏造成货物短量的损失，或用液体浸泡的货物因液体流失而变质的损失
碰损、破碎险 risk of clash & breakage	易碎货物，如陶瓷器皿、玻璃花瓶、大理石等，因受压、碰撞和震动而出现破碎、凹瘪等的损失
串味险 risk of odour	同舱装载的货物因受到异味的影响而使品质受到损坏，如茶叶、香料、药材等在运输过程中受到一起堆储的皮张、樟脑丸的影响而造成的串味损失
受热、受潮险 damage caused by heating & sweating	航行途中，由于气温骤变或船上通风设备失灵使船上水汽凝结，货物受潮或受热所导致的损失
钩损险 hook damage	装卸过程中使用钩子时，或因碰撞使货物遭受钩损，或因钩破包装使货物外漏、散失的损失，以及为修补、调换包装所支付的费用
包装破裂险 loss or damage caused by breakage of packing	因运输或装卸不慎，包装破裂所造成的损失，以及为满足继续安全运输的需要而对包装进行修补或调换所支付的费用
锈损险 risk of rust	运输途中因货物生锈造成的损失

导入案例分析

导入案例中出口商投保了一切险，一切险包括了包装破裂险。凡投保包装破裂险的货物，保险公司对于货物因运输或装卸不慎，包装破裂所造成的损失，以及为满足继续安全运输的需要而对包装进行修补或调换所支付的费用负责赔偿。因此，中信公司代垫的 3 900 美元保险公司应予赔付。

特殊附加险（special additional risks）承保的是由特殊外来风险造成的全部或部分损失，常见的有战争险和罢工险，其承保范围如表 7.6 所示。

表 7.6　特殊附加险

特殊附加险险别	承保范围
战争险 war risk	承保战争、类似战争、敌对行为、武装冲突或海盗引起的被保险货物的直接损失；由上述行为引起的捕获、拘留、扣留、禁制、扣押所造成的损失；各种常规武器，包括水雷、鱼雷、炸弹所致的损失；本条款责任范围内引起的共同海损的牺牲、分摊和救助费用
罢工险 strike risk	承保由于罢工者、被迫停工工人或参加工潮、暴动、民众斗争的人员的行为，或任何人的恶意行为所造成的直接损失和上述行动或行为所引起的共同海损的牺牲、分摊和救助费用

注意：按照国际保险市场的习惯做法，被保险货物如已投保战争险，再加保罢工险时，一般不再加收保险费。中国人民财产保险股份有限公司也采用这个办法。

特别附加险（specific additional risks），其承保的范围多与政治、国家行政管理、战争以及一些特殊的风险密切相关，包括交货不到险（failure to deliver risk）、进口关税险（import duty risk）、舱面险（on deck risk）、拒收险（rejection risk）、黄曲霉素险（aflatoxin risk）、出口货物到中国香港（包括九龙）或中国澳门存储火险责任扩展条款（fire risk extension clause for storage of cargo at destination H.K, including Kowloon, or Macao）。

思考与训练 7.4

卖方按 CIF 纽约价格出口冷冻羊肉一批，合同规定投保一切险加战争险、罢工险。货到纽约后适逢码头工人罢工，货物因港口无法作业不能卸载。第二天货轮因无法补充燃料，以致冷冻设备停机。等到第五天罢工结束，该批冷冻羊肉已变质。对于此项损失，保险公司是否予以赔偿？

三、保险责任的起讫与除外责任

我国的“海洋运输货物保险条款（2009 版）”除了规定上述基本险和附加险的承保范围外，还对保险责任的起讫和除外责任作了具体的规定。

1. 保险责任的起讫

保险责任的起讫又称承保责任期限，是指保险人承担责任的起讫时限。国际保险业惯用“仓至仓条款”（warehouse-to-warehouse clause，W/W clause）来规定保险期限。我国海洋运输货物保险条款对“仓至仓”的规定如下。

（1）仓至仓是指保险人对被保险货物所承担的保险责任，自被保险货物运离（此处的“运离”指货物在仓库或储存处所开始搬动时起算）保险单所载明的起运地仓库或储存处所开始运输时生效，包括正常运输过程中的海上、陆上、内河和驳船运输在内，直至该项货物到达（此处的“到达”是指运至并完成卸货）保险单所载明目的地收货人的最后仓库或储存处所，或被保险人用作分配、分派或非正常运输的其他储存处所为止。如未抵达上述仓库或储存处所，则以被保险货物在最后卸载港全部卸离海轮后满 60 天为止。如在上述 60 天内被保险货物需转运到非保险单所载明的目的地，则承保责任在该项货物开始转运时终止。

（2）由于被保险人无法控制的运输延迟、绕道、被迫卸货、重新装载、转载或承运人运用运输契约赋予的权限所做的任何航海上的变更或终止运输契约，致使被保险货物被运到非保险单所载明的目的地时，在被保险人及时将获知的情况通知保险人，并在必要时加交保险费的情况下，本保险仍继续有效，保险责任按下列规定终止：①被保险货物如在非保险单所载明的目的地出售，则保险责任至交货时为止，但不论任何情况，均以被保险货物在卸载港全部卸离海轮后满 60 天为止；②被保险货物如在上述 60 天期限内继续运往保险单所载原目的地或其他目的地，保险责任仍按上述第（1）条的规定终止。

战争险的责任起讫不是“仓至仓”，而是以“水上危险”为限，即以货物装上保险单载明的装运港海轮或驳船开始，到货物卸离保险单载明的目的港海轮或驳船为止。如果被保险货物不卸离海轮或驳船，保险责任期限以海轮到达目的港当日午夜起算 15 天为止。

罢工险的保险责任起讫与基本险一致，采用“仓至仓”原则。

2. 除外责任

除外责任是指保险人不负赔偿责任的范围。根据我国海洋运输货物保险条款的规定，下列损失不在平安险、水渍险和一切险的承保范围内。

（1）被保险人的故意行为或过失所造成的损失。

（2）属于发货人责任所引起的损失。

（3）在保险责任开始前，被保险货物已存在的品质不良或数量短差所造成的损失。

（4）被保险货物的自然损耗、本质缺陷、特性以及市价跌落、运输延迟所造成的损失或费用。

（5）战争险和罢工险条款规定的责任范围和除外责任。

思考与训练 7.5

我国某外贸公司向日、英两国商人分别以 CIF 和 CFR 价格出售蘑菇罐头，有关被保险人均办理了保险手续。这两批货物在从起运地仓库运往装运港的途中均遭受损失。

讨论：（1）这两笔交易各由谁办理货运保险手续？

（2）这两批货物损失的风险与责任各由谁承担？

（3）保险公司是否给予赔偿？并简述理由。

知识链接

无论是财产保险、责任保险、信用保险还是人身保险，投保人和保险人均需订立保险合同，并共同遵守一定的原则。

1. 可保利益原则

可保利益，又称保险利益或可保权益，是指投保人或被保险人在保险标的上因某种利害关系而享有的被法律承认、可以投保的经济利益。在保险合同中，被保险人要求保险人给予保障的并不是保险标的本身，而是被保险人对保险标的所享有的经济利益。国际货运保险的利益包括货物本身的价值及其相关费用，如运费、保险费、关税和预期利润等。当保险标的安全到达时，被保险人就受益；当保险标的遭到损毁或灭失时，被保险人就受损。

投保人对保险标的应具有保险利益，否则保险合同无效。但国际货运保险并不要求被保险人在投保时便具有保险利益，仅要求在保险标的发生损失时必须具有保险利益。这是由国际贸易的特点决定的。例如，按 FOB、CFR、FCA、CPT 条件达成的交易，由买方办理保险，但货物风险的转移是以货物在装运港装上船或在出口国装运地交付承运人为界。显然，货物风险转移前，买方并无保险利益。若硬性规定投保人在投保时就必须具有保险利益，则买方无法在货物装船前或交付承运人前及时办理货物保险。因此，在国际货运保险中，保险人视投保人具有预期的保险利益，以便其能及时办理保险。

2. 最大诚信原则

所谓诚信就是诚实与信用。保险合同是以最大诚信原则为基础的，投保人和保险人在签订合同以及在合同的有效期内，必须保持最大限度的诚意，双方都应恪守信用、互不欺瞒。被保险人必须如实告知保险人有关保险标的、运输条件、航程以及包装等真实情况。

3. 近因原则

近因是指在风险和损失之间，导致损失的最直接、最有效、起决定作用的原因，而不是指时间上或空间上最接近的原因。近因原则是保险理赔必须遵守的基本原则之一，其含义为只有在导致保险事故的近因属于保险责任范围内时，保险人才对保险标的的损失承担赔偿责任。

4. 补偿原则

补偿原则，又称损害赔偿原则，是指当保险标的遭受保险责任范围内的损失时，保险人应当依照保险合同的约定履行赔偿责任，但最高赔偿额不得超过投保金额或实际损失，即被保险人不能通过保险赔偿获得额外利益。

第三节　伦敦保险协会海运货物保险条款

在世界海运保险中，英国是一个海运历史悠久和海运业务比较发达的国家，长期以来，它所制定的各种保险规章制度，对世界各国有着广泛的影响，其中包括海运保险单格式和保险条款。目前，世界上有很多国家在海运保险业务中直接采用伦敦保险协会制定的“协会货物条款”（institute cargo clauses，ICC）或者在制定本国保险条款时参考或部分采用上述条款。

“协会货物条款”最早制定于 1912 年，为了适应不同时期法律、判例、商业、航运等方面的变化和发展，需要经常对条款进行补充和修订，最后一次修订完成于 2009 年 1 月 1 日。伦敦保险协会的“海运货物保险条款”主要有以下六种。

（1）协会货物条款（A），Institute Cargo Clauses（A），简称 ICC（A）。

（2）协会货物条款（B），Institute Cargo Clauses（B），简称 ICC（B）。

（3）协会货物条款（C），Institute Cargo Clauses（C），简称 ICC（C）。

（4）协会货物战争险条款（货物），Institute War Clauses – Cargo，简称 IWCC。

（5）协会货物罢工险条款（货物），Institute Strikes Clauses – Cargo，简称 ISCC。

（6）恶意损害险条款，Malicious Damage Clauses。

这里主要介绍 ICC（A）、ICC（B）、ICC（C）。

一、ICC（A）险的承保范围和除外责任

ICC（A）险承保的责任范围最大，承保责任以一切风险减“除外责任”的形式出现，即“除外责任”项下所列风险不予负责，其他风险保险人都予承保。

ICC（A）险的除外责任主要包括以下三种。

（1）一般除外责任，包括归因于被保险人故意的不法行为造成的损失或费用；自然渗漏、自然损耗、自然磨损、包装不当或准备不足造成的损失或保险标的内在缺陷或特性造成的损失或费用；直接由于延迟所引起的损失或费用；由于船舶所有人、经营人、租船人经营破产或不履行债务造成的损失或费用；由于使用任何原子或核子裂变和（或）聚变或其他类似反应或放射性物质的武器或设备直接或间接造成的损失或费用。

（2）不适航、不适货除外责任。所谓不适航、不适货除外责任，是指保险标的在装船时，

若被保险人或其受雇人已经知道船舶不适航，以及船舶、装运工具、集装箱等不适货，保险人不负赔偿责任。

（3）战争除外责任和罢工除外责任。

二、ICC（B）险的承保范围和除外责任

ICC（B）险的承保范围采用列明风险的形式，凡属于列出的就是承保的，没有列出的，不论何种情况均不负责。凡归因于下列情况者均予承保：火灾、爆炸；船舶或驳船触礁、搁浅、沉没；陆上运输工具碰撞出轨；船舶、驳船或运输工具与水以外的外界物体碰撞；在避难港卸货；地震、火山爆发、雷电；共同海损牺牲；抛货或浪击落海；海水、湖水或河水进入运输工具或储存处所；货物在装卸时落海或跌落造成的整件全损。

ICC（B）险的除外责任，除对任何人故意损害或破坏、海盗等造成的损失或费用不负责外，其余与ICC（A）险的除外责任相同。

三、ICC（C）险的承保范围和除外责任

ICC（C）险的承保范围比ICC（A）险、ICC（B）险要小得多，它只承保重大意外事故，而不承保自然灾害及非重大意外事故的风险，其具体承保的风险是：火灾、爆炸；船舶或驳船触礁、搁浅、沉没；陆上运输工具倾覆或出轨；在避难港卸货；共同海损牺牲、抛货。ICC（C）险的除外责任与ICC（B）险完全相同。

综上所述，ICC（A）险的承保范围类似于我国的一切险，ICC（B）险的承保范围类似于水渍险，ICC（C）险的承保范围类似于平安险，但比平安险的责任范围要小一些。

ICC（A）险、ICC（B）险、ICC（C）险的责任起讫也是“仓至仓”条款。ICC附加险的规定与中国保险条款的规定大致相同，但对战争险和罢工险专门制定了独立完整的条文，可以作为独立险别单独投保，而中国保险条款中的这两种特殊附加险是不能作为独立险别单独投保的。

第四节　保险实务

在进出口业务中，与运输保险相关的问题包括买卖双方如何在合同中订立保险条款、如何办理保险手续以及在发生货损时如何办理保险索赔。

一、订立合同中的保险条款

一笔进出口业务由谁办理货运保险，主要看双方采用的是什么贸易术语，采用不同的贸易术语成交，合同中的保险条款内容会有所不同。

1. 规定由买方办理保险手续

如以FOB、CFR、FCA、CPT贸易术语成交，则由买方办理保险，合同中只需规定：保险由买方负责办理（insurance: to be effected by the buyers）。

如买方要求卖方代为办理保险，则需规定“由买方委托卖方按发票金额××%代为投保××险，保险费由买方负担（Insurance to be covered by the sellers on behalf of the buyers for ... % of the invoice value against ... risks and premium is to be paid by the buyers）”。

2. 规定由卖方办理保险手续

如按 CIF、CIP 贸易术语成交，由卖方办理保险。合同中的保险条款除约定险别、保险金额等内容外，还应标明条款版别，如“按中国人民财产保险股份有限公司海洋运输货物保险条款（2009 版）投保”。保险条款如下：

由卖方按发票金额的 110%投保一切险和战争险，以中国人民财产保险股份有限公司海洋运输货物保险条款（2009 版）为准。（Insurance to be covered by the sellers for 110% of the invoice value against all risks and war risk as per Ocean Marine Cargo Clauses of the PICC Property and Casualty Company Limited dated 2009.）

微课堂

保险金额和保险费

知识链接

保险金额（insured amount）是被保险人的投保金额，是保险公司赔偿的最高限额，也是计算保险费的基础。保险金额的大小涉及买方的切身利益和卖方支付保险费的多少，故双方需在合同中将保险金额具体订明。

按照国际保险市场的习惯做法，出口货物的保险金额一般按 CIF 或 CIP 价格加成计算，即按发票金额再加一定的百分比，此百分比称为投保加成率。投保加成率一般按 10%计算，这增加的 10%主要是作为买方进行这笔交易所付的费用和预期利润。投保加成率一般不超过 30%。如买方要求投保加成率超过 10%，卖方也可酌情接受。但如果买方要求投保加成率超过 30%，则卖方应与保险公司商妥后才能接受。保险金额的计算公式如下：

保险金额= CIF 货价 ×（1+投保加成率）

= CIF 货价 × 投保加成

例如，买卖双方的合同条款规定“卖方按 CIF 发票价的 110%投保一切险”，此时，110%称为投保加成，即投保加成率为 10%。

二、办理保险手续

进出口双方签订合同后，在履约过程中，不管采用何种贸易术语成交，必须由出口方或进口方按合同的规定办理货运保险。

（一）出口货物的投保手续

我国出口货物如按 CIF 或 CIP 条件成交，由出口方办理货运保险手续。投保手续一般是：投保人填写投保单→保险公司审核→投保人缴纳保险费→保险公司签署保险单据。

1. 投保人填写投保单

投保人根据合同或信用证的规定备齐货物并确定装船出运日期后，在货物尚未装船前，向保险公司填写一份“海运出口货物投保单”。

2. 保险公司审核

保险公司收到投保人递交的投保单后，根据有关规定对其进行审核，以决定是否承保。

3. 投保人缴纳保险费

投保人按约定方式缴纳保险费（premium）是保险合同生效的条件。保险费率（premium rate）是由保险公司根据一定时期、不同种类货物的赔付率，按不同险别和目的地确定的。保险费的计算公式为

$$保险费=保险金额 \times 保险费率$$

4. 保险公司签署保险单据

投保人缴纳保险费后，保险公司则根据投保人的投保单内容缮制保险单据并签署。保险单据是保险公司与投保人之间的保险合同，是保险公司对投保人的承保证明。

案例 7.1

佛山奇飞进出口贸易有限公司（以下简称出口方）在货物出运前根据信用证（见示范4.3）的要求，于8月22日向中国人民财产保险股份有限公司佛山分公司办理货运保险手续，填写投保单（见示范7.1）。出口方按要求缴纳保险费，保险公司于当天签发了保险单。保险单内容请参考第九章示范9.4。

（二）进口货物的投保手续

我国进口货物如按FOB或CFR条件成交，需由我国进口方办理保险。为了简化投保手续，以及防止漏保或来不及办理投保等差错，可以与保险公司签订预约保险合同。

按照海运进口货物预约保险合同的规定，投保人在获悉每批货物的起运消息后，给保险公司发出书面的装运通知，准确地将船名、开航日期、航线、货物品名及数量、货物价值等内容通知保险公司，就视为向保险公司办理了投保手续，无须再填写投保单。如被保险人未按预约保险合同的规定给保险公司发出书面的装运通知，则保险公司不负赔偿责任。

在进口业务中，按双方签订的预约保险合同规定，保险金额按以下公式计算，其中的保险费率按“特约费率表”规定的平均费率计算。

$$\begin{aligned}保险金额&=[\text{FOB 价格} \times (1+平均运费率)] \div (1-平均保险费率)\\&=\text{CFR 价格} \div (1-平均保险费率)\end{aligned}$$

示范 7.1　涉外货物运输险投保单

PICC

中 国 人 民 财 产 保 险 股 份 有 限 公 司

PICC Property and Casualty Company Limited

运输险传真件

Application for Transportation Insurance

致：中国人民财产保险股份有限公司佛山分公司

TO:PICC Property and Casualty Company Limited, Foshan Branch

收件人 ATTN	佛山奇飞进出口贸易有限公司 佛山市中山路 187 号	日期 DATE ：Aug.22nd 2019

被保险人:

Assured: FOSHAN QIFEI I/E TRADE CO., LTD.

兹有下列物品拟向中国人民财产保险股份有限公司投保

Insurance is required on the following commodities:

标记 Marks&Nos.	包装及数量 Quantity	保险货物项目 Description of goods	保险金额 Amount insured
BOLTITI HAMBURG NOS. 1-71	1 392 pairs　58CTNS 1 872 pairs　13CTNS Total:3 264pairs　71CTNS	Hand-made leather shoes Hand-made leather gloves	USD18 468.00 发票金额 USD16 788.20

发票号 Invoice NO. QF296		合同号 Contract NO. 15QFIE0702
信用证号 L/C NO. 329898871232	提单号 B/L NO. AS PER B/L	装载工具（填运输方式与具体车船名称） Per conveyance:　S.S. JINLONG V.0097
起运日期 Date of commencement：AS PER B/L		自　经　至 From　GUANGZHOU, CHINA　Via　To HAMBURG

请将要保的险别说明（Please indicate the Conditions &/or Special Coverage）

COVERING ALL RISKS AND WAR RISKS AS PER PICC DATED 2009. CLAIM IF ANY, PAYABLE IN USD AT HAMBURG.

备注：被保险人确认本保险合同条款和内容已经完全了解。

Remarks: THE ASSURED CONFIRMS HEREWITH THE TERMS AND CONDITIONS OF THESE INSURANCE CONTRACT FULLY UNDERSTOOD

投保人（公司盖章） Applicant' s signature/or seal of　proposer: 经办人 Signature:　赵飞飞	传真 FAX　NO. 0086-757-83512683 电话 TEL　NO. 0086-757-83512680 日期 DATE: 2019-08-22

知识链接

1．保险单据的种类

保险单据是保险公司与投保人之间订立的保险合同，它反映了保险人与投保人之间的权利和义务关系，也是保险公司对投保人出具的承保证明。当发生保险责任范围内的损失时，它又是保险索赔和理赔的主要依据。常用的保险单据有以下几种。

（1）保险单（insurance policy）又称大保单，用于承保一个指定航程内某一批货物的运输保险。它是一种正规的保险合同，包括正面内容和背面条款。其正面内容一般包括被保险人的名称和地址、保险标的、运输标志、运输工具、起讫地点、承保险别、保险币别和金额、出单日期等项目。背面印有保险人和被保险人之间权利和义务方面的保险条款。保险单是使用最广的保险单据。

（2）保险凭证（insurance certificate）又称小保单，是一种简化的保险单。这种凭证除背面不载明保险人与被保险人的权利和义务条款外，其余内容与保险单相同。保险凭证与保险单具有同等效力。

（3）预约保单（open policy）又称开口保单，是保险公司承保被保险人一定时期内所有进出口货物使用的保险单。凡属于其承保范围内的货物一经起运即自动承保。被保险人在获悉每批货物起运时，必须及时将装运通知书送交保险公司。

（4）批单。保险单签发以后，投保人如果需要对保险单的内容进行变更或修改，可以根据保险公司的规定，以书面形式向保险公司提出申请。经保险公司同意后可另外使用一种凭证，注明更改或补充的内容，这种凭证称为批单（endorsement）。保险单一经批改，保险公司即按批改后的内容承担责任。批单须粘贴在原保险单上，并加盖骑缝章，作为保险单不可分割的一部分。

2. 核算 CIF 或 CIP 价格

采用 CIF 或 CIP 贸易术语成交时，根据《2020 通则》的规定，卖方需订立把货物运至指定目的港（地）的运输合同并支付运费，并负责订立货运保险合同及支付保险费。所以，从价格构成上来讲，CIF 价格与 FOB 价格、CFR 价格的关系如下：

CIF 价格=FOB 价格+海运运费（F）+保险费（I）

即

CIF 价格=FOB 价格+海运运费（F）+ CIF 价格×投保加成×保险费率

CIF 价格−CIF 价格×投保加成×保险费率=FOB 价格+海运运费（F）

CIF 价格×（1−投保加成×保险费率）=FOB 价格+海运运费（F）

式中，海运运费是指装运港到指定目的港的海运或内河水运的运费。

根据以上公式，即可推导出以下在实际业务中核算 CIF 价格的常用计算公式：

CIF 价格=[FOB 价格+海运运费（F）]÷（1−投保加成×保险费率）

=CFR 价格÷（1−投保加成×保险费率）

以上 CIF 价格与 FOB 价格、CFR 价格之间的换算关系同样适用于 CIP 价格与 FCA 价格、CPT 价格之间的换算。

思考与训练 7.6

我国 A 公司出口某商品 1 000 箱，原对外报价为每箱 25 美元 FOB Guangzhou，现外商要求将价格改报为 CIF Hamburg，已知该商品每箱运费为 2 美元，客户要求按 CIF 发票价的 110%投保一切险，保险费率为 1%。在保持利润不变的情况下，该商品每箱 CIF Hamburg 价格应报多少？A 公司投保时需缴纳多少保险费？

三、保险索赔

保险索赔是指当被保险人的货物遭受承保责任范围内的风险损失时，被保险人向保险人提出的索赔要求。在国际贸易中，如由卖方办理投保，卖方在交货后将保险单背书转让给买方或其收货代理人，当货物抵达目的港（地）发现残损时，买方或其收货代理人作为保险单的合法受让人，可就地向保险人或其代理人要求赔偿。中国人民财产保险股份有限公司为方便我国出口货物运抵国外目的港（地）后能及时勘查损失、就地给予赔偿，已在 100 多个国家和地区建立了勘查或理赔代理机构。至于我国进口货物的出险勘查索赔，则由有关的专业进口公司或其委托的收货代理人在港口或其他收货地点，向当地的保险公司要求赔偿。

被保险人或其代理人在向保险人索赔时，应做好下列几项工作。

（1）当被保险人得知或发现货物已遭受保险责任范围内的损失时，应及时通知保险公司，并尽可能保留现场，由保险人会同有关方面勘查损失程度、调查损失原因、确定损失性质和责任、提出施救意见，并签发联合检验报告。检验报告是被保险人向保险人索赔的重要文件。

（2）当被保险货物运抵目的港（地）后，被保险人或其代理人提货时发现货物有明显的受损痕迹、整件短少或散装货物已经残损，应立即向理货部门索取残损或短少证明。如货损涉及第三者的责任，则首先应向有关责任方提出索赔或声明保留索赔权。在保留向第三者索赔权的条件下，可向保险公司索赔。被保险人在获得保险补偿的同时，须将受损货物的有关权益转让给保险公司，以便保险公司取代被保险人的地位或以被保险人的名义向第三者责任方进行追偿。保险人的这种权利，叫作代位追偿权（the right of subrogation）。

（3）采取合理的施救措施。当被保险货物受损后，被保险人和保险人都有责任采取可能的、合理的施救措施，以防止损失扩大。因抢救、阻止、减少货物损失而支付的合理费用，保险公司负责补偿。在被保险人能够施救而不履行施救义务时，保险人对于扩大的损失甚至全部损失有权拒赔。

（4）备妥索赔证据，在规定时效内提出索赔，并注意是否有免赔率的规定。在进行保险索赔时，通常应提供的证据有：保险单或保险凭证正本；运输单据；商业发票和重量单、装箱单；检验报告单；残损、短量证明；向承运人等第三者责任方请求赔偿的函电或其证明文件，必要时还需提供海事报告；索赔清单，主要列明索赔的金额及其计算依据，以及有关的费用项目和用途等。

根据我国海洋运输货物保险条款的规定，保险索赔或诉讼的时效为自货物在最后卸货地卸离运输工具时起算，最多不超过两年。

知识链接

免赔率（franchise ratio）是保险公司对所保货物在发生损失时，免除一部分赔偿责任的百分比。对易碎和易短量货物的索赔，应了解是否有免赔率的规定。

1. 无免赔率的规定

无免赔率（irrespective of percentage，I.O.P）也叫不计免赔率，规定不论损失程度大小，只要是承保范围内的风险造成的损失均予以赔偿。

2. 有免赔率的规定

（1）如果实际损失率没有超过免赔率，保险公司不予赔偿。

（2）如果实际损失率超过免赔率，保险公司的赔偿则分为两种情况：①相对免赔率，不扣除免赔率，保险公司对受损金额全部予以赔偿；②绝对免赔率，扣除免赔率，保险公司只赔偿超过免赔率部分的受损金额。

目前，国际上一般采用绝对免赔率，我国保险公司也采用绝对免赔率。

第五节　我国其他货运保险

中国人民财产保险股份有限公司除了制定海洋运输货物保险条款外，还分别制定了适用于不同运输方式的货物保险条款，包括陆上运输货物保险、航空运输货物保险、邮包运输保险。

一、陆上运输货物保险

陆上运输货物保险是承保铁路、公路货物运输损失的保险。

1. 陆运险

陆运险（overland transportation risks）负责对被保险货物在运输途中遭受暴风、雷电、洪水、地震等自然灾害，或由于运输工具遭受碰撞、倾覆、出轨，或在驳运过程中因驳运工具遭受搁浅、触礁、碰撞，或由于遭受隧道坍塌、崖崩，或失火、爆炸意外事故等情况造成的损失进行赔偿。

陆运险的承保范围相当于海运货物保险中的水渍险。

2. 陆运一切险

陆运一切险（overland transportation all risks）除包括陆运险的责任范围外，还负责对被保险货物在运输途中由于一般外来原因所致的全部或部分损失进行赔偿。

陆运一切险的承保范围相当于海运货物保险中的一切险。

陆运险和陆运一切险的保险责任起讫按照“仓至仓”条款办理，但是，货物未进仓者，以该货物到达最后卸货车站满60天为止。

3. 陆上运输货物战争险

陆上运输货物战争险（overland transportation cargo war risks）是陆上运输货物险的一种附加险，承保陆上运输途中由于战争、类似战争行为和敌对行为、武装冲突、各种常规武器所致的货物损失。

4. 陆上运输冷藏货物险

陆上运输冷藏货物险（overland transportation cargo insurance-frozen products）是陆上运输货物险的一种专门保险，承保范围除陆运险所列的损失外，还负责赔偿由于冷藏机器或隔温设备在运输途中损坏造成货物解冻融化而腐坏的损失。

陆上运输冷藏货物险的保险责任起讫为自货物运离保单所载起运地点的冷藏仓库，装入运输工具开始运输时生效，直至运达目的地收货人仓库为止，但是最长保险期限以货物到达目的地车站后 10 天为限。

二、航空运输货物保险

航空运输货物保险是承保以飞机进行货物运输的保险。

（1）航空运输险（air transportation risks）的承保范围相当于海运货物保险中的水渍险。

（2）航空运输一切险（air transportation all risks）的承保范围相当于海运货物保险中的一切险。航空运输险和航空运输一切险的保险责任起讫按照“仓至仓”条款办理，但是，货物未进仓者，以该货物到达最后目的地卸离飞机满 30 天为止。

（3）航空运输货物战争险（air transportation cargo war risks）是航空运输货物险的一种附加险，承保航空运输途中由于战争、类似战争行为和敌对行为、武装冲突以及各种常规武器所致的货物损失。

三、邮包运输保险

邮包运输保险是承保邮包在运输途中因自然灾害、意外事故和外来原因所造成的损失。

（1）邮包险（parcel post risks）的承保范围相当于海运货物保险中的水渍险。

（2）邮包一切险（parcel post all risks）的承保范围相当于海运货物保险中的一切险。邮包险和邮包一切险的保险责任起讫为自邮包离开保险单所载起运地点寄件人的处所，运往邮局时开始生效，直至邮包运达保险单载明的目的地邮局，发出通知书给收件人的当日午夜起算满 15 天为止，在此期限内，邮包一经交至收件人的处所，保险责任即行终止。

（3）邮包战争险（parcel post war risks）是一种附加险，承保邮包在运输途中由于战争、类似战争行为和敌对行为、武装冲突、海盗行为以及各种常规武器所致的邮包损失。

自测题

一、单项选择题

1. 我国某公司从德国进口一批电冰箱，以 CIF 上海成交，运货船只在途经马六甲海峡附近时遭海盗洗劫，货物尽失，而该货物只投保了平安险。这种损失的责任方是________。

A. 卖方　　B. 买方　　C. 保险公司　　D. 运输公司

2. 我方以 CIF 条件出口一批货物，投保了一切险，载运该批货物的海轮在航行中遇到下雨，部分货物遭到水渍而损失。这种损失应由________负责。

A. 卖方　　B. 买方　　C. 保险公司　　D. 运输公司

3. 我方公司以 CIF 条件出口一批食品，卖方投保时，按________投保是正确的。

A. 平安险+一切险+战争险　　B. 一切险+受潮受热险

C. 水渍险+偷窃险+战争险　　D. 偷窃险+罢工险+战争险

4. “仓至仓”条款是指________。

A. 运输公司的责任起讫条款　　B. 仓储公司的责任起讫条款

C. 保险公司的责任起讫条款　　D. 货代公司的责任起讫条款

5. 按CPT贸易术语成交的合同，一般应由________办理保险。

A. 卖方　　B. 买方　　C. 承运人　　D. 保险人

6. A公司按FOB New York条件进口一批大豆，在运输途中产生黄曲霉素，货物受损。要得到保险公司的赔付，应投保________。

A. 平安险　　B. 一切险

C. 黄曲霉素险　　D. 一切险加黄曲霉素险

7. 按国际保险市场惯例，投保金额通常在CIF总值的基础上________。

A. 加一成　　B. 加二成　　C. 加三成　　D. 加四成

8. 有一批出口服装，在海上运输途中，因船体触礁导致服装严重受浸，如果将这批服装漂洗后再运至原定目的港所花费的费用已超过服装的保险价值，这批服装应属于________。

A. 实际全损　　B. 推定全损　　C. 共同海损　　D. 单独海损

9. 预约保险以________代替投保单，说明投保的一方已办理了投保手续。

A. 提单　　B. 大副收据

C. 买卖合同　　D. 卖方给保险公司发送的装运通知

10. 被保险货物由于恶劣气候、雷电、海啸、地震、洪水等自然灾害所造成的部分损失，不属于________的承保范围。

A. 平安险　　B. 水渍险

C. 一切险　　D. 水渍险+受潮受热险

二、判断题

1. 根据我国海洋货物运输保险条款的规定，三种基本险别和战争险均适用“仓至仓”条款。(　　)

2. 在国际贸易中投保人向保险公司投保一切险后，在运输途中由于任何外来原因造成的一切货损均可向保险公司索赔。(　　)

3. 某出口公司按CIF条件出口坯布1 000包，根据合同规定投保了水渍险。货物在途中因船舱内淡水管道滴漏，致使该坯布中的100包遭到水渍，保险公司对该损失应负赔偿责任。(　　)

4. 在使用CFR贸易术语成交时，由买方办理保险手续，保险公司仍然从货物运离卖方仓库时开始承担保险责任。(　　)

5. 在保险单签发以后，投保人如果需要对保险单的内容进行变更或修改，保险公司可根据投保人的请求出具注明更改或补充内容的凭证，这种凭证称为批单。(　　)

三、计算题

1. 我方以每袋50美元CIF新加坡出口某商品1 000袋。在货物出口前，由我方向保险公司按发票金额的110%投保水渍险、串味险及淡水雨淋险，保险费率分别为0.6%、0.1%、0.1%。

请问该批货物的投保金额是多少？我方需向保险公司缴纳多少保险费？

2. 某公司出口货物一批，原报价每吨2 085美元CFR利物浦，客户要求改报CIFC 3%利物浦价格。出口方按客户要求为货物投保一切险，保险金额为CIF价格的110%，从黄埔到利物浦的海运一切险保险费率为1%。请按此条件给客户报CIFC 3%利物浦价格。

3. 某货主在货物装船前，按发票金额的 110%办理了货物的投保手续，投保一切险加战争险。该批货物共 100 吨，以 CIF 条件成交的总价值为 20.75 万美元，一切险和战争险的保险费率分别是 0.6%和 0.1%。

问:（1）若发生了保险公司承保范围内的风险，导致该批货物全部灭失，保险公司的最高赔偿金额是多少？

（2）该货主应缴纳的保险费是多少？

（3）货到目的港后买方发现货物共短量 5.8 吨，保险公司负责赔偿的金额是多少？

课外实训项目

为出口商品办理国际货运保险

某公司出口文化衫一批，原报价为 CFR 开普敦 USD 65/打，总计 12 000 打，现客户要求改报 CIF 价格，投保一切险及战争险，费率分别为 0.7%和 0.2%，投保加一成。

请以 2 人为一小组，用本章所学的知识为以上产品办理国际货运保险手续。

（1）1 人作为投保人正确填制投保单并计算需要交纳的保险费。

（2）1 人作为保险人出具保险凭证。

课后阅读资料

7.1　资料一

G 公司以 CIF 价格条件引进一套英国产检测仪器，因合同金额不大，合同采用简式标准格式，保险条款一项只简单规定“保险由卖方负责”。到货后，G 公司发现一部件变形影响其正常使用。G 公司向外商反映要求索赔，外商答复，仪器出厂经严格检验，有质量合格证书，非他们责任。后经出入境检验检疫局检验，认为该变形是运输途中部件受到振动、挤压造成的。

G 公司于是向保险代理索赔，保险公司认为此情况属“碰损、破碎险”承保范围，但 G 公司提供的保单上只投保了“ICC（C）”，没投保“碰损、破碎险”，所以无法索赔。G 公司无奈只好重新购买新部件。既浪费了金钱，又耽误了时间。

案例分析

本案中 G 公司业务人员想当然地以为合同规定卖方投保，卖方一定会投保“一切险”或伦敦保险协会的“海运货物保险条款”的 ICC（A），按照《2020 通则》的解释，在 CIF 条件下，如果合同没有具体规定，卖方只需要投保最低责任范围的险别，即平安险或伦敦保险协会的“海运货物保险条款”的 ICC（C）就算履行其义务。

所以，当进口合同使用 CIF、CIP 贸易术语成交，由卖方投保时，一定要在合同上注明所需投保的基本险别以及附加险。选择险别应考虑货物的特性，不同性质的货物抵御风险的能力不同，如不易损坏的铁制品不用投保一切险，而茶叶、烟草容易吸潮，则需要投保一切险或水渍险加受潮受热险。

7.2 资料二

A公司作为被保险人，就其托运的200桶水杨酸甲酯及40桶安塞蜜（以CIF贸易术语成交）向某保险公司投保了海运一切险及战争险，货物从中国上海港运往Guatemala City。保险公司于8月1日和8月8日分别向申请人签发了两份货物运输保险单，保险金额分别为8 344美元及10 054美元，承保条件为PICC一切险和战争险。上述货物在被运往目的港的途中被武装劫持，造成货物提货不着。A公司根据两份保险单向保险公司提出索赔，请求保险公司支付保险赔偿金18 398美元，保险人拒赔。

保险公司认为两份保险单正本均已背书给收货人，收货人是两份保险单正本的唯一合法持有人，根据保险利益原则，收货人也是唯一具有两份保险单下的保险利益的关系方。其他任何关系方（包括A公司）都无权就本案向保险公司索要保险赔偿金。A公司认为保险单是以A公司为被保险人出示的，且已由保险公司认可。即使保险单已经背书，但背书是空白背书，仍然是谁持有保险单即可主张权益。

请问：在此种情况下，A公司具有向保险公司索赔的权利吗？

案例分析

第一，尽管A公司是保险单的被保险人，但对涉案货物是否具有保险利益，首先应根据申请人（卖方）与买方之间的买卖合同而定。A公司以CIF价格出售货物并将保险单背书转让给买方，买卖合同没有约定运输途中的风险仍由卖方承担，根据《2020通则》的规定，受让保险单的买方从货物在装运港装上船那一刻起便承担货物的风险，因而具有保险利益。

第二，保险单可通过背书的方式转让，A公司在保险单背面背书，把保险单转让给了买方，保险单不同于提单，持有保险单的人并不一定对保险单上的货物具有保险利益，而必须是对保险单上的货物承担风险的人才具有保险利益，因此，尽管A公司持有保险单，但由于具有保险利益的买方并没有把保险单通过背书的方式，再次转让给A公司，对涉案货物无保险利益的A公司即使持有涉案货物的保险单，仍然对涉案货物无保险利益。

因此，A公司无权向保险人索赔保险赔偿金，保险公司也无义务向其支付该保险赔偿金。

第八章

报检和报关

【学习目标】

商品检验是指按照国家有关法律、法规和国际货物买卖合同的规定，对进出口商品的质量、数量（重量）、规格、包装、安全性能、卫生指标、装运技术和装运条件等项目进行检验或鉴定并出具检验证书，作为买卖双方交接货物、收付货款和处理索赔的必要依据。

报关是指进出口货物收发货人、进出境运输工具负责人、进出境物品所有人或者他们的代理人向海关办理货物、物品或运输工具进出境手续及相关海关事务的过程。

学习本章后，应掌握国际贸易货物检验的方式、检验的时间和地点、检验的依据和内容、检验机构和检验的基本程序，以及了解一般进出口货物的报关程序。

【导入案例】

美国 A 公司与澳大利亚 B 商人签订一份食品进口合同，合同中的商检条款规定：该批食品的品质检验证明由澳大利亚商检机构提供。货到目的港后，经美国卫生检疫部门抽样化验发现霉菌含量超过美国的标准，决定禁止在美国销售，并建议就地销毁。美国 A 公司将货物销毁后，凭美国当地公证检验机构提供的检验证书向澳大利亚 B 商人提出索赔。

讨论：澳大利亚B商人是否需要赔偿？由澳大利亚商检机构出具的合格品质检验证书是否有效？

第一节　商品检验的基本常识

国际货物贸易中，买卖双方分处两国，距离遥远，不可能当面点交货物，而且，货物在长途运输中可能会遭受各种风险，造成不同程度的损失，因此，买卖双方一般都要对货物进行检验。

商品检验（commodity inspection）简称“商检”，是指在国际货物买卖过程中由商检机构或国家商检部门对卖方交付给买方的货物品质、数量和包装进行检验，以确保合同标的物符合买卖合同的规定；有的还对装运技术条件或货物在装卸运输过程中发生的残损、残缺进行检验或鉴定，以明确事故范围和责任归属；商品检验还包括依据国家有关法律、法规对某些进出口商品实施强制检验或对食品、动植物及相关产品实施检疫。

一、商品检验的相关法律规定

商品检验是保障买卖双方经济利益的有效手段。为了保障买卖双方的经济利益，就需要一个有资格的、权威的、独立于买卖双方之外的、公正的第三者，即专业的检验机构负责对卖方交付货物的质量、数量和包装进行检验，或对装运技术条件或货物的残损、残缺等情况进行检验或鉴定。检验机构检验或鉴定后出具相应的检验证书，作为买卖双方交接货物、支付货款和进行索赔、理赔的重要依据。

随着我国对外贸易的发展，为了保证进出口商品的质量、维护我国的正当权益以及出口商品的信誉，进一步与国际市场接轨，于1989年8月1日实施、2018年修订的《中华人民共和国进出口商品检验法》（以下简称《商检法》）规定：商检机构和经国家商检部门许可的检验机构，依法对进出口商品实施检验；进出口商品检验应当根据保护人类健康和安全、保护动物或者植物的生命和健康、保护环境、防止欺诈行为、维护国家安全的原则，由国家商检部门制定、调整必须实施检验的进出口商品目录（以下简称目录）并公布实施；列入目录的进出口商品，由商检机构实施检验；列入目录的进口商品未经检验的，不准销售、使用；列入目录的出口商品未经检验合格的，不准出口。

应该指出的是，买方对货物的检验权并不是强制性的，检验并不是买方接受货物的必要条件。若买方没有充分利用检验货物的权利，就表明其放弃了检验权。鉴于检验的结果直接关系到买卖双方交接货物的权利和义务，而在实际业务中实行的具体做法又各不相同，买卖双方在合同中最好就检验权的具体实施方法作出明确的规定。

二、检验的时间和地点

货物检验的时间和地点是指在何时、何地行使对货物的检验权。确定检验时间和地点，关系到哪一方行使对货物的检验权、检验结果以哪一方提供的检验证书为准的问题。由于它直接关系到买卖双方的切身利益，因此，规定检验时间和地点是交易双方商定检验条款的核心所在。在国际贸易中，有关检验的时间和地点的规定方法，主要有以下四种。

（一）在出口国检验

在出口国检验包括工厂检验（产地检验）和装船前或装船时检验两种。

1. 工厂检验（产地检验）

工厂检验（产地检验）是指生产工厂的检验人员或合同约定的买方检验人员在货物离厂前对其质量、数量、规格、包装等实施检验。卖方承担货物离厂前的责任，这是国际贸易中的习惯做法。我国在进口重要货物和大型成套设备时，一般都在出口国工厂进行检验或安装、测试。

2. 装船前或装船时检验

装船前检验是指装船前由约定的检验机构出具检验证明，并以此作为交货品质和重量的最后依据，即离岸品质和离岸重量（shipping quality and shipping weight）。采用这种方法时，卖方取得检验证书，意味着所交货物的品质和重量与合同规定相符，也意味着卖方按质、按量履行了合同义务，此时，买方无复验权。可见，这种方法对卖方有利，至于货物在运输途中发生货损或灭失，买方仍然有权向有关责任方（如承运人或保险人）索赔。装船时检验，是指在采用传送带或机械化操作时，对正在装船的货物（如散装货）进行抽样检验或衡量，并以此时的品质和重量作为交货的最后依据。这种依据也属于离岸品质和离岸重量。

导入案例分析

导入案例中，合同规定商检以装船地检验报告为准，这就决定了卖方交货品质的最后依据是装船地商检报告书。根据国际贸易商品检验的一般规则，谁行使检验权就要以谁提供的检验证书为准。仅就本案来看，只有在美国A公司所在地的检验机构证明货物确实在装船前就存在内在缺陷的情况下，澳大利亚B商人才有义务承担理赔责任。在这种情况下，买方在目的港收到货物后，虽然可以委托商检机构对货物进行再次检验，但原则上无权提出异议。

（二）在进口国检验

在进口国检验是指在进口国目的地卸货后进行货物的质量与数量的检验，包括目的港卸货时检验和用户所在地检验两种。

1. 目的港卸货时检验

目的港卸货时检验是指卸货时由约定的检验机构对货物的质量、重量等进行检验，出具检验证明，并以此作为卖方交货的最后依据，即到岸品质和到岸重量（landed quality and landed weight）。若卸货时发现货物的质量与重量与合同规定不符，卖方要承担责任，对此，买方有索赔的权利。

2. 用户所在地检验

对于一些不便在目的港卸货时检验的货物，例如，密封包装、在使用之前打开有损于货物质量或会影响使用的货物，或是规格复杂、精密程度高、需要在一定操作条件下用精密仪器或设备检验的货物，一般不能在卸货地进行检验，需要将检验延迟到用户所在地进行。使用这种方法时，货物的品质和重量（数量）以用户所在地的检验结果为准。

（三）出口国检验，进口国复验

货物在装船前必须进行检验鉴定，但出具的检验证明不能作为卖方交货的最后依据，而只是作为卖方向银行结算货款的凭证。货物到达后，在双方约定的时间内，买方有权对货物进行复验，复验后若发现货物与合同规定不符，可根据复验结果向卖方索赔。此方法兼顾了双方的权益，比较公平合理，因而在国际贸易中经常被采用。

（四）装运港检验重量、目的港检验质量

交货重量以装运港约定的检验机构出具的重量检验证明作为最后依据，交货品质以目的港约定的检验机构出具的品质检验证书作为最后依据，即离岸重量、到岸品质。这种方法多用于大宗商品检验中，以调和双方在商检问题中存在的矛盾。

三、检验机构

在国际贸易中，交易双方除了自行对货物进行必要的检验外，通常还要委托第三方对货物进行检验。这种对商品进行检验、鉴定和管理的机构就是商品检验机构，简称检验机构或商检机构。

1. 国外的检验机构

世界上大多数国家都设有自己的商品检验、鉴定或公证机构，有的属于综合性的，有的属

于专业性的；有的是国家设立的，有的是私人或同业公会经营的。属于国家设立的官方检验机构，如美国的动植物检验署（Animal and Plant Health Inspection Service，APHIS）、食品与药品管理局（Food and Drug Administration，FDA），法国国家实验检测中心，日本通商产业检查所等；属于民间性质的私人协会或同业公会，如日本的海事鉴定协会（NKKK）、美国安全试验所（UL）、瑞士的日内瓦通用鉴定公司（SGS）、国际羊毛局（IWS）、加拿大标准协会（CSA）等。

2. 我国的检验机构

2018 年国务院进行机构改革，明确将国家质量监督检验检疫总局的出入境检验检疫管理职责和队伍划入海关总署。海关总署设在省、自治区、直辖市以及进出口商品的口岸、集散地的直属海关和口岸海关，管理所负责地区的进出口商品检验工作。在进出口商品检验工作方面，海关的主要职能是承担进出口商品安全风险评估、风险预警和快速反应工作；承担国家实行许可制度的进口商品验证工作，监督管理法定检验商品的数量、重量鉴定；依据多边、双边协议承担出口商品检验工作；承担出入境动植物、动植物产品的检验检疫、监督管理工作；承担进口食品企业备案注册和进口食品、化妆品的检验检疫、监督管理工作；承担出入境卫生检疫、传染病及境外疫情监测、卫生监督等工作。此外，海关还负责进出口商品一般原产地证与优惠性原产地证签证工作以及与外国和国际组织开展合作。

国家质检总局（2018 年国务院机构改革前）和海关总署根据进出口商品检验工作的需要，可以指定符合规定资质条件的国内外检测机构进行进出口商品检测。中国检验认证（集团）有限公司[China Certification & Inspection（Group）Co., Ltd.，CCIC，原名为中国进出口商品检验总公司]，是于 1980 年 7 月经国务院批准成立的民间商品检验机构。中国检验认证（集团）有限公司在全国各省、自治区、直辖市设有分支机构，接受对外贸易关系人的委托，办理各项进出口商品检验鉴定业务。中国检验认证（集团）有限公司还在世界上 20 多个国家和地区设有分支机构，处理装船前的检验和对外贸易鉴定业务。深圳市天海检测技术有限公司（Shenzhen Tianhai Test Technology Co., Ltd.）于 2019 年 6 月获海关总署批准，可从事电子电器产品、化妆品、建材及轻工产品、玩具及婴童产品、纺织、服装、鞋材、饰品的检验检测工作。

四、我国《商检法》对检验方式的相关规定

根据我国《商检法》的相关规定，由设在各地的海关依法对列入目录的进出口商品实施法定检验，其中对于符合国家规定免予检验条件的，由收货人或发货人申请，经国家商检部门审查批准，可以免予检验，同时，对法定检验以外的商品可以实施抽查检验。

1. 法定检验

法定检验是指海关对列入目录的进出口商品以及法律、行政法规规定须经海关检验的其他进出口商品实施的检验。列入法定检验的商品必须经海关检验合格方可进出口。目前，我国实施法定检验的商品一般包括以下几种。

微课堂
法定检验和约定检验

（1）列入海关实施检验的进出口商品目录的商品。

（2）进出口食品的卫生检验，动植物的病虫害检验检疫。

（3）出口危险物品的包装容器的性能检验和使用鉴定。

（4）装运出口易腐烂变质食品、冷冻品的车辆、船舱和集装箱。

（5）有关国际条约、协议规定须经商检机构检验的出口商品。

关于进出口商品是否属于法定检验的范围，可通过查询我国当年的海关实施检验的进出口商品目录获知，如表 8.1 所示。

表 8.1　目录内容举例

商品编号	商 品 名 称	监管条件	检验检疫类别
0710100000	冷冻马铃薯（不论是否蒸煮）	AB	RSPQ
0710809020	冷冻的香菇（不论是否蒸煮）	AB	RSPQ
4101502090	重 > 16 千克整张生马皮	AB	MPQ
5101110001	未梳的含脂剪羊毛	tAB	MPQ
8516500000	微波炉	A	LMR
8609001100	20 英尺的保温式集装箱	AB	PQ

说明：其中，海关监管条件代码含义为

A：实施进境检验检疫　B：实施出境检验检疫

检验检疫类别代码含义为

M：进口商品检验　N：出口商品检验　P：进境动植物、动植物产品检疫

Q：出境动植物、动植物产品检疫　R：进口食品卫生监督检验　S：出口食品卫生监督检验

L：民用商品入境验证

2. 抽查检验

抽查检验是指海关对法定检验以外的进出口商品，根据相关规定按照统一的内容、程序、方法、标准等实施抽查检验的一种方式。抽查检验的商品包括以下几种。

（1）可能危及人体健康、财产安全以及环境保护的商品。

（2）进出口数量大、质量不稳定或发生过较大质量事故的商品。

（3）国内外消费者投诉较多、有关用户反映质量问题较多、出口退货严重的商品。

（4）国内外有新的特殊技术要求的商品。

> **即时查询**
>
> 报关之前，需要了解进出口商品的海关监管条件，做好报关前的准备工作。
>
> 读者可登录通关网（hscode），输入进出口商品的 HS 编码，即可了解该商品的海关监管条件。

3. 免检

免检是指对于法定检验范围内的商品，经过规定的程序，对符合国家规定免检条件并经批准的免检商品免于法定检验，检验机构根据申请人提供的有关质量合格方面的文件直接做出评定结论的合格评定活动。

五、检验证书

检验证书（certificate of inspection）是进出口商品检验机构检验、鉴定货物后出具的证明文件。此外，经买卖双方同意，也可采用由出口商品的制造商、出口商、进口商或者进口商的代理出具的证明文件。它是证明卖方所交货物的品质、数量、包装等内容是否符合合同规定的依据；也是货物通关的凭证和出口商结算货款的有效单据之一；当货物品质、数量等与合同不符时，也是买方向有关当事人（如承运人、保险人、出口商）提出索赔的有效依据。常见的检验证书有以下几种。

（1）品质检验证书（inspection certificate of quality），即证明进出口商品品质、规格、等级、效能等实际情况的书面文件。

（2）重量检验证书（inspection certificate of weight），即按不同的计重方式证明进出口商品重量的书面文件。

（3）数量检验证书（inspection certificate of quantity），即按不同的计量单位证明进出口商品数量的书面文件。

（4）包装检验证书（inspection certificate of packing），即证明进出口商品包装情况合格的书面文件。

（5）兽医检验证书（veterinary inspection certificate），即证明动物产品在出口前经过兽医检验，符合检疫要求的书面文件。

（6）卫生检验证书（sanitary inspection certificate），即证明出口供食用的动物产品系来自安全非疫区、未经传染病感染、可供食用的检验证书。

（7）消毒检验证书（disinfecting inspection certificate），即证明出口动物产品经过高温或药剂消毒、商品卫生品质合格的书面文件。

（8）熏蒸检验证书（inspection certificate of fumigation），即证明出口粮谷、油籽、皮张等商品，以及包装用木材与植物性填充物等已经过熏蒸灭虫处理的书面文件。

（9）温度检验证书（certificate of temperature），即证明出口冷冻商品温度符合要求的书面文件。

（10）残损检验证书（inspection certificate of damaged cargo），即证明进口货物发生残损情况的证书。

（11）船舱检验证书（inspection certificate on tank/hold），即证明承运出口商品的船舱情况符合要求的证书。

（12）价值检验证书（certificate of value），即证明出口商品价值的证书，通常用于证明发货人发票所载的单价、总值正确、属实。

六、合同中的商检条款

在我国的出口贸易中，一般采用在出口国检验、进口国复验的办法。装船前，由我国具备资质的检验机构检验并签发证书，作为结算货款的凭证；货到后允许进口商行使复验权，并以目的港检验机构出具的检验证明作为索赔依据。

【例】

买卖双方同意以出口国具备资质的检验机构签发的品质和重量（数量）检验证书作为信用证项下议付所提交单据的一部分，买方有权对货物的品质、重量（数量）进行复验。复验费用由买方负担。如发现品质或重量（数量）与合同规定不符，买方有权向卖方索赔，并提交经卖方同意的公证机构出具的检验报告。索赔期限为货到目的港××天内。

It is mutually agreed that the certificate of quality and weight (quantity) issued by authorised inspection organization in export country shall be part of the documents to be presented for negotiation under the relevant L/C. The buyer shall have the right to reinspect the quanlity and weight (quantity) of the cargo. The reinspect fee shall be borne by the buyer. Should the quality and weight (quantity) be found not in conformity with the contract, the buyer are entitled to lodge with the seller a claim which should be supported by survey reports issued by a recognized surveyor approved by the seller. The claim, if any, shall be lodged within ×× days after arrival of the cargo at the port of destination.

第二节　出入境检验检疫的一般工作流程

出入境检验检疫工作流程可以概括为申请检验—实施检验—检验检疫收费—签证、放行四个环节。

一、申请检验

1. 报检

申报单位从中国国际贸易单一窗口标准版门户网站进入登录界面，从左侧选项中选择“出（进）口整合申报”，在下拉列表中点击“出（进）境检验检疫申报”，进入检验检疫申报界面进行数据录入。

（1）出口商品报检。凡属于法定检验的商品，以及买卖合同规定由出口口岸商检机构检验出证的，以及境外政府要求出口前签发检验证书的，出口商或其代理人需向相关的商检机构申请检验。填明申请检验和鉴定项目的要求，并提供合同、信用证、来往函电等有关证件。报检的时间一般在发运前 7～10 天，对于鲜货应在发运前 3～7 天报检，如申请单位不在商检机构所在地，则报检时间应为发运前 10～15 天。

（2）进口商品报检。凡属于法定检验的商品，以及买卖合同中规定在目的港（地）检验的进口商品，以及进口商品在卸货时发现残损或者数量、重量短缺的，收货人或其代理人需向相关商检机构申请检验。填明申请检验和鉴定项目的要求，并提供合同、发票、铁路/空运/邮运单或海运提单、品质证书、装箱单等有关证件。进口商品的报检时间，一般应在货物到达报检地点 3 天内或合同规定的索赔期限内。

2. 受理

受理是指商检机构在收到出入境货物报检申请后，受理人员须对申请单上所填内容逐项审核，并对所附的有关单证逐一核对的过程。在审核无误的基础上，对报检申请进行登记编号，受理报检。之后，将全套单证移交有关检验部门，安排检验。

二、实施检验

实施检验阶段分为现场抽样和检验或鉴定两个环节。

现场抽样是按照规定的方法和标准，从整批商品中抽取一定数量的代表性样品，一般使用随机抽取的方法。

检验或鉴定就是根据合同或有关技术标准的规定，对样品的有关特征进行检查、试验、测量或计算。检验或鉴定是进出口商品检验工作的中心环节。

三、检验检疫收费

检验检疫收费包括出入境检验检疫费，考核、注册、认可认证、签证、审批、查验费，出入境动植物实验室检疫项目费，鉴定业务费和检疫处理费等。近年来，出入境检验检疫费用逐年降低，2017 年 4 月 1 日起，出入境人员、货物、运输工具、集装箱及其他法定检验检疫物停征出入境检验检疫费。

四、签证、放行

凡法律、法规或国际公约规定须经检验检疫机构检验的进出境货物，经检验检疫合格的，海关核放货物。凡进出口合同中规定由相关商检部门出证的或国外要求出口前签发检验证书的，检验机构签发相关的证书。出口检验证书一般使用英文。进口方面，货物经检验后，检验机构签发“检验情况通知单”或“检验证书”，供对外结算或索赔使用。进口检验证书使用中英文合并本。

第三节　报关及海关监管货物的基本报关程序

一般而言，报关是指进出口货物收发货人、进出境运输工具负责人、进出境物品所有人或者其代理人向海关办理货物、物品或运输工具进出境手续及相关海关事务的过程。

国际物流、国际交流和交往活动，往往与运输工具、货物、物品和人员的进出境情况有关。报关是与运输工具、货物、物品的进出境密切相关的一个概念。根据《中华人民共和国海关法》（以下简称《海关法》）规定，进出境运输工具、货物、物品，必须通过设立海关的地点进境或出境。海关依照本法或其他有关法律、行政法规，监管进出境的运输工具、货物、行李物品、邮递物品和其他物品，征收关税和其他税费，稽查走私，并编制海关统计和办理其他海关业务。因此，由设立海关的地点进出境并办理规定的海关手续是运输工具、货物、物品进出境的基本规则，也是进出境运输工具负责人、进出口货物的收发货人、进出境物品的所有人应履行的一项基本义务。

根据其涉及的对象不同，报关可分为运输工具报关、货物报关和物品报关，由于性质不同，海关的监管要求不同，报关程序也各不相同。本节涉及的内容仅针对进出境货物的报关。

一、报关的分类

货物报关可从不同的角度进行分类。

根据报关的目的不同，可分为进境报关、出境报关。由于海关对货物的进出境有不同的管理规定，根据货物进境和出境的目的分别形成了一套进境报关手续和出境报关手续。

根据报关行为性质的不同，可分为自理报关和代理报关。

（1）自理报关是指进出口货物收发货人自行办理报关手续的行为。根据我国《海关法》规定，进出口货物收发货人必须依法向海关注册登记后方能自行办理报关业务。

（2）代理报关是指接受进出口货物收发货人的委托，代理其办理报关手续的行为。我国海关法律把有权接受他人委托办理报关业务的企业称为报关企业。报关企业必须在依法取得报关企业注册登记许可并向海关注册登记后方能从事代理报关业务。

根据代理报关法律行为责任的承担不同，代理报关又分为直接代理报关和间接代理报关。直接代理报关是指报关企业接受委托人的委托，以委托人的名义办理报关手续的行为。间接代理报关是指报关企业接受委托人的委托，以自己的名义办理报关手续的行为。目前，我国报关企业大多采用直接代理报关，经营快件业务的营运人等国际货物运输代理企业采用间接代理报关。

二、海关监管货物的基本报关程序

海关传统的通关流程是接受申报、审单、查验、征税、放行的“串联式”作业流程，全国通关一体化改革之后，采用“一次申报，分步处置”的新型通关管理模式，在完成企业报关和税款自报自缴的手续后，安全准入风险主要在口岸通关现场处置，税收风险主要在货物放行后处置。

海关在“分步处置”模式下，第一步，由风险防控中心分析货物是否存在违反禁限管制要求，侵权，品名、规格、数量伪报瞒报等安全准入风险并下达查验指令，由口岸海关通关监管力量实施查验。对于存在重大税收风险且放行后难以实施海关稽查或追补税的货物，由税收征管中心预设放行前验估指令，交由风险防控中心统筹下达，实施放行前验估。验估中无法当场得出结论的，通过必要的取样、留影等手段存证后放行。第二步，由税收征管中心在货物放行后对报关单、税收征管要素实施批量审核，筛选风险目标，统筹实施放行后验估、稽（核）查等作业。

（一）进出口申报

进出口货物的收发货人经与直属海关、第三方认证机构（中国电子口岸数据中心）签订电子数据应用协议后，可在全国海关适用“通关作业无纸化”的方式，通过“中国国际贸易单一窗口”或“互联网+海关”平台向海关发送报关单数据。海关直接对电子报关单及随附单据的电子数据进行无纸化审核。

1. 申报单证

准备申报单证是进行申报工作的第一步。申报单证可以分为报关单和随附单证两大类，其中随附单证包括基本单证和特殊单证。

报关单是指进出口货物报关单或者带有进出口货物报关单性质的单证，如特殊监管区域进出境备案清单、进出口货物集中申报清单、过境货物报关单、快件报关单等，由报关人员按照海关规定的格式填写。

基本单证是指进出口货物的货运单据和商业单据，主要有进口提货单据、出口装货单据、商业发票、贸易合同、装箱单、代理报关委托书等。

特殊单证主要有进出口许可证件、加工贸易电子化手册和电子账册、征免税证明、原产地证明书等。

准备单证的原则是：基本单证、特殊单证必须齐全、有效、合法，填制报关单必须真实、准确、完整，报关单和随附单证的数据必须一致。

2. 申报期限

进口货物应自装载货物的运输工具申报进境之日起 14 日内向海关申报。出口货物应当在运抵海关监管场所后，装货的 24 小时前向海关申报。进口货物超过规定期限向海关申报的，海关依法对收货人征收滞报金。出口货物及过境、转运、通运货物均不征收滞报金。

自运输工具申报进境之日起，超过 3 个月未向海关申报的进口货物，由海关提取依法变卖处理，对不适宜长期保存的货物，海关可以根据实际情况提前变卖。

海关接受进出口货物申报后，报关单电子数据不得修改或者撤销。确有正当理由的，可通过平台预录入系统的“修撤单申请”功能向海关办理进出口货物报关单的修改或撤销手续。

案例 8.1

2019年8月24日出口方就S/C NO. 15QFIE0702（见示范3.6）销售确认书中的出口货物向广州埔新港办（关区代码为5202）申报出口，填写出口货物报关单（见示范8.1）。填写时须参考第九章的相关单据，如发票（见示范9.2）、装箱单（见示范9.3）、提单（见示范9.5）。

（二）配合海关查验

查验是海关为确定报关单位向海关申报的内容是否与进出口货物的真实情况相符，或者为确定商品的归类、价格、原产地等，依法对进出口货物进行实际核查的执法行为。

海关通过查验，核实有无伪报、瞒报、申报不实等走私、违规行为，同时也为海关的征税、统计、后续管理提供可靠的资料。海关查验时，进出口货物收发货人或其代理人应当在场。查验原则上应当在口岸地海关监管区内实施，因特殊情况不适宜在海关监管区内实施查验的，经申请，海关可派员到海关监管区外实施查验。海关查验一般会以书面通知的形式通知进出口货物收发货人或其代理人，约定查验的时间。

查验分为人工查验和机器查验。人工查验包括开箱查验和外形查验。海关可以根据货物情况及实际执法需要，确定具体的查验方式。

（1）开箱查验，即对货物开箱（包）查验，对货物品种、规格、数量、重量、原产地、货物状况逐一与申报的报关单详细核对。

（2）外形查验，即对货物的包装、唛头等进行查验，包括货物的外包装有无开拆、破损等痕迹，以及有无反动、黄色文字及图像等。

有下列情况之一的，海关可径行开验：①进出口货物有违法嫌疑的；②经海关通知查验，报关单位未派人到场的。海关行使径行开验权利时，应当通知货物存放场所的管理人员或其他见证人到场，并由其在海关的查验记录上签字确认。

海关在查验中要求进出口货物的收发货人或其代理人必须到场，并配合海关做好以下工作。

（1）按海关的要求负责办理货物的搬移、拆装箱和重封货物的包装等工作。

（2）预先了解和熟悉所申报货物的情况，如实回答查验人员的询问以及提供必要的资料。

（3）协助海关提取需要进一步检验、化验或鉴定的货样，收取海关出具的取样清单。

（4）查验结束后，认真阅读查验人员填写的“海关进出境货物查验记录单”，并对具体的开箱情况、货物的残损情况及造成残损的原因、提取货样的情况、查验结论等签名确认。

（三）缴纳税款

进出口报关单电子审结后，海关业务系统会自动向电子口岸发送税（费）信息，电子口岸将签约企业的税（费）信息发送至“中国国际贸易单一窗口”或“互联网+海关”平台。企业可登录“中国国际贸易单一窗口”或“互联网+海关”平台查询税（费）信息，并发送税（费）扣税指令，扣税成功且符合放行条件的，海关可办理放行手续。

示范 8.1 中华人民共和国海关出口货物报关单

预录入编号：　　　　海关编号：

境内发货人 （914406930019528742） 佛山奇飞进出口贸易有限公司	出境关别 埔新港办 （5202）		出口日期		申报日期		备案号
境外收货人 BOLTITI CORONA S.A.	运输方式 水路运输（2）		运输工具名称及航次号 JINLONG /0097		提运单号 FS 09856		
生产销售单位 （914406930019528742） 佛山奇飞进出口贸易有限公司	监管方式 一般贸易 （0110）		征免性质 一般征税（101）		许可证号		
合同协议号 15QFIE0702	贸易国（地区） 德国（DEU）		运抵国（地区） 德国（DEU）		指运港 汉堡（DEU063）		离境口岸 黄埔新港码头(442102)
包装种类 其他包装（99）	件数 71	毛重（千克） 4291.3	净重（千克） 4000	成交方式 CIF	运费 USD/2100/3	保费 0.3/1	杂费
随附单证及编号	Y:0103665						
标记及唛码 BOLTITI HAMBURG NOS. 1-71							

项号	商品编码	商品名称及规格型号	数量及单位	单价/总价/币制	原产国（地区）	最终目的国（地区）	境内货源地	征免
01	6430990090	手工制作的皮鞋 HMS12	1260KGS 500 双 500 双	11.50/5750.00/美元	中国（CHN）	德国（DEU）	佛山其他 （44069）	照章征税（1）
02	6430990090	手工制作的皮鞋 HMS26	720KGS 300 双 300 双	9.25/2775.00/美元	中国（CHN）	德国（DEU）	佛山其他 （44069）	照章征税（1）
03	6430990090	手工制作的皮鞋 HMS29	1500KGS 592 双 592 双	7.70/4558.40/美元	中国（CHN）	德国（DEU）	佛山其他 （44069）	照章征税（1）
04	4203299090	手工制作的手套 HMG12	320KGS 1072 双 1072 双	2.15/2304.80/美元	中国（CHN）	德国（DEU）	佛山其他 （44069）	照章征税（1）
05	4203299090	手工制作的手套 HMG18	200KGS 800 双 800 双	1.75/1400.00/美元	中国（CHN）	德国（DEU）	佛山其他 （44069）	照章征税（1）

报关人员　报关人员证号　电话　　兹申明对以上内容承担如实申报、依法纳税之法律责任	海关批注及签章
申报单位　　　　申报单位（签章）	

（四）货物获得放行

货物放行一般是指进出口货物收发货人或其代理人凭海关电子放行指令或打印的“通关无纸化查验/放行通知书”提取进口货物或将出口货物装上运输工具离境。

自测题

一、单项选择题

1. 以下不是检验证书的作用的是________。
   A. 作为证明卖方所交货物的品质、数量、包装等内容是否符合合同规定的依据
   B. 确定检验标准和检验方法的依据
   C. 作为出口商结算货款的有效单据之一
   D. 作为海关验关放行的凭证
2. 在出口国检验、进口国复验的这种检验条款________。
   A. 对卖方有利
   B. 对买方有利
   C. 比较公平合理，照顾了买卖双方的利益
   D. 对保险公司有利
3. 进口货物的申报期限为自装载货物运输工具申报进境之日起________内。
   A. 14 日　　B. 24 日　　C. 24 小时　　D. 30 日
4. 关于收发货人或其代理人配合海关查验的主要工作表述错误的是________。
   A. 搬移货物、开拆和重封货物的包装
   B. 回答查验关员的询问
   C. 协助海关提取需要做进一步检验、化验或鉴定的货样
   D. 填写“海关进出境货物查验记录单”

二、判断题

1. 所有的进出口商品在办理进出口清关手续时，都必须向海关提供商检机构签发的检验证书，否则，海关不予放行。(　　)

2. 若合同中规定以离岸品质、离岸重量为准，则以双方约定的商检机构在出口货物装船前出具的品质、数量、包装等检验证明，作为决定品质、重量的最后依据。(　　)

3. 若买方没有利用合理的机会检验货物，就是放弃了检验权，即丧失了拒收货物的权利。(　　)

4. 出口货物应当在运抵海关监管场所后，装货的 24 小时前向海关申报。(　　)

5. 海关对进出口货物有违法嫌疑的，或经海关通知查验，进出口货物收发货人或其代理人届时未到场的，可以径行开验。(　　)

三、案例分析题

1. 我国某出口公司以 CIF Singapore 条件向新加坡商人出口一批花生，新加坡商人又将该货物转卖给马来西亚商人，货到新加坡后，新加坡商人发现货物的质量有问题，但仍将原货转

船至马来西亚。其后，新加坡商人在合同规定的索赔期限内凭马来西亚商检机构签发的检验证书，向该出口公司提出退货要求。

试问：该出口公司应该如何处理？为什么？

2. 我国 A 出口公司与国外 B 公司签订一份外销合同，合同规定货物在出口前由 B 公司指定人员到生产工厂进行检验，由于该人员临时有事，无法按时到达厂家，致使货物无法按时出运，而合同中对于发生此种情况该如何处理又无具体规定。

请问：如果你是具体经办人员，该如何处理？

课后阅读资料

卖方索赔是否有效

2016 年 5 月，卖方与买方在广州签订一份买卖合同。合同约定：销售罐装蘑菇，以 CFR 香港价格成交，总价为 65 万美元；装运期为 2016 年 7 - 12 月；支付方式为不可撤销信用证；特别条款为“假如货物未能通过进口国卫生检验，如果在付款到期日内买方向银行提交了拒绝入境卫生检验证书，银行有权停止支付货款，并通知卖方”；检验及索赔条款为“货物以装运港出具的检验证书为准。买方在货物抵达目的港 30 天内提出索赔，对易坏货物的索赔应在货物抵达目的港后立即提出”。

合同订立后，买方按时向银行申请开来信用证，前 3 批货物顺利运达。而第 4 批货物由于单据与信用证不符，双方同意改为“D/P at sight”。12 月中旬，货物运抵中国香港，但单据尚未到，为了赶上赴美班轮，买方请求先放行货物。卖方出于信任，同意买方在未付款的情况下提货转运。但买方在收到单据后拒不付款，并于 2017 年 2 月传真称货物被美国卫生检验当局拒绝。此后，卖方要求买方提供检验证书以确认，买方没有答复。2017 年 5 月 1 日，买方书面答复称“货物运抵美国后经检验属低品质，要求减价 30%”。卖方说货物装船前经中国出入境检验检疫局检验品质完好，于是其在买方拒不付款的情况下，向法院起诉。

案例分析

本案合同规定的检验条款是以装运港检验机构出具的商检证书作为认定货物品质及数量的最后依据。虽然这种做法不符合有关国际惯例，但买方既已接受，就应当受其约束。卖方提交的商检证书表明货物装船时品质良好，因此，买方不能以品质不符为由索赔，除非其能举证商检证书是错误的，或能证明货物品质与合同不符发生在装船之前。但买方始终没能作出以上举证，传真中的指责是没有任何法律依据的。

合同规定，在货物到达目的港后应在合理的时间内提出货物品质的异议。本案合同规定的目的港是香港，而香港既非货物的最终销往地，也非检验货物的适当场所，买方应有权在货物抵达美国后开始计算的合同约定的检验期限内提出索赔。而在本案中，货物抵达美国近 4 个月买方才提出货物质量与合同不符，买方已丧失了索赔权。

本案中的付款方式由“L/C”改为“D/P at sight”后，又改为买方提货后付款，对卖方的保障一降再降。事实上，买方是有意图谋不正当利益，故采取种种手段，不付款先提货。经调查后查明，本案中，买方事实上早已由于经营不善而亏损严重，故在最后一笔交易中做了手脚。因此，遇到类似情况，卖方必须在买方付款后才能交出单据及货物。一旦遇到买方拒不付款的情况，卖方仍有权收回货物转销他人，同时还能向买方索赔。

第九章

制单结汇

【学习目标】

货物装船出运后，出口公司应该根据合同或信用证的要求，立即制作全套结汇单据，并在信用证的有效期及交单期内，递交银行办理结汇手续。所以，制单结汇是国际贸易业务中重要的一环，尤其是采用信用证结算的业务，货款能否及时收回关键要看单据的质量如何。在实际业务中，由于单证不符造成出口方收汇困难甚至遭到拒付的案例不胜枚举。

学习本章后，应了解出口结汇的方式、常见的结汇单据以及缮制单据的基本要求，掌握缮制单据的基本技能。

【导入案例】

单证不符致损案

国内 A 公司与阿联酋迪拜 B 公司签订一份出口合同，B 公司按合同约定向开证行申请开立了不可撤销信用证，信用证中对提单的规定为“full set of original clean on board ocean bill of lading”（全套正本清洁已装船提单）。A 公司在合同规定的期限内装货，并按期向议付行交单议付。但不久就接到议付行转来的开证行的拒付通知，称：“你方第***号信用证项下的单据经我行审核，发现提单上缺少‘已装船’批注，与申请人联系后，其亦不同意接受该不符点。单据暂代保管，听候你方的处理意见。”

A 公司立即复查了提单，发现确实少了“已装船”批注，遂向申请人联系，说明该错误是由 A 公司业务人员的疏忽所致，但货物确实是如期装船的。A 公司同意申请人在收到目的港船运代理公司的到货通知单后再向开证行付款赎单。

结果由于当地市场行情下跌，B 公司坚持要求 A 公司降价 30%才肯接受单据，最后 A 公司只好降价处理，了结此案。

第一节　信用证项下制单的要求和出口结汇

货物装运后，出口企业按照合同或信用证的要求，缮制各种单据，并在信用证规定的交单期内，将信用证要求的全套单据送交指定银行办理结汇手续。

一、信用证项下单据的基本要求

在信用证项下，开证行在审核单据与信用证完全相符后，才承担付款责任。所以，单证质量的高低直接关系到企业能否安全、迅速收汇，这也是出口贸易的目的所在。为确保安全、迅速收汇，单证必须达到“正确、完整、及时、简明、整洁”的要求。

1. 正确

单证要做到正确无误，必须遵循“四相符”原则，即“单证相符”“单单相符”“单货相符”“证同相符”。具体来说，就是单据要和信用证条款的规定相符；单据和单据之间的内容要相符；单据上记载的内容要和实际发货情况相符。要做到上述三相符，前提是要确保信用证条款符合贸易合同的规定。只有这样，单据才能真正代表货物，防止错装、错运事故的发生。

2. 完整

单据的完整性，一方面指的是信用证项下提交的单据必须齐全，不能短缺，单据的种类、每种单据的份数都必须完整；另一方面指的是每一种单据本身的内容必须完备齐全，如果单据格式不当、项目漏填、文理不通、签章不全，就不能构成有效文件，也就不能被银行接受。

3. 及时

信用证项下各种单据的出单日期必须合理可行。例如，提单上显示的发运日期不能晚于信用证规定的装运期限，装运通知必须在货物装运后立即发出，保险单据的日期不得迟于提单的发运日期，除非保险单据表明保险责任不迟于提单发运日生效。一旦这些日期出现差错，就会造成单证不符或单单不符，影响收汇。

除此之外，还要注意把握好信用证装运期、交单期及截止日，确保在规定的时间内将单据送交指定银行办理兑用手续。也可在货物装运前先将有关单据送交银行预审，以便银行有较充足的时间审核单据、发现错误，出口方可及时改正。在必要时，也可及时和进口商联系修改信用证，避免装运出口后因单证不符而被拒付。

微课堂
各种支付方式下的文单要求

4. 简明

单据的文字内容应按照《UCP600》《ISBP745》(《关于审核跟单信用证项下单据的国际标准银行实务》)和信用证的要求填写，力求简单明了，切勿加列不必要的内容，以免画蛇添足。

5. 整洁

单据整洁指的是单据格式力求规范化和标准化，单据表面清洁，重点项目突出，尽量减少或不出现涂改现象，确实必须更改的，在更正处简签（只写姓或名字中的一部分）或加盖更改章。有些数据，如提单、汇票以及其他重要单据的主要项目，如金额、件数、数量等，不宜更改。

二、我国出口结汇的主要方式

所谓结汇，是指将出口货物销售所得的某种外币按售汇之日银行外汇牌价的买入价卖给银行。根据 2012 年 8 月 1 日开始实施的货物贸易外汇管理制度，企业贸易外汇收入应当先进入出口收入待核查账户，然后企业可根据实际需要选择结汇或将出口外汇收入划入企业经常项目外汇账户中。企业如需结汇，可与银行协商按以下方法之一结汇。

（1）收妥结汇，是指银行收到出口企业的单据后，经审核无误，将单据寄交国外付款行索取货款，待收到付款行将货款拨入银行账户的贷记通知书（credit note）时，才按当日外汇牌价，将货款折成人民币拨入出口企业账户。也就是说，无论即期还是远期，银行都是收到货款后，才将货款转给受益人的。

（2）押汇，又称买单结汇，是指议付行在审单无误的情况下，按信用证条款买入出口企业的单据，从票面金额中扣除从议付日到估计收到票款之日的利息，将余款按议付日外汇牌价折成人民币，拨给出口企业。银行之所以做出口押汇，是为了给出口企业提供资金融通的便利，有利于加快出口企业的资金周转速度。

（3）定期结汇，是指银行根据向国外付款行索汇所需的时间，预先确定一个固定的结汇期限，到期后主动将票款金额折成人民币拨给出口企业。

第二节　信用证项下结汇所需的单据

出口单据种类繁多，主要有汇票、发票、装箱单、重量单、尺码单、海运提单、保险单、原产地证明书、商检证书等。

一、汇票

汇票通常包括一式两份正本，两份具有同等法律效力，其中一份付讫，另一份自动失效。汇票内容不得改动。填制汇票应注意下列问题。

（1）汇票的出票时间和地点，一般位于汇票的右上角。出票地点是受益人所在地，出票时间应不早于提单签发日期，不晚于信用证截止日且在信用证规定的交单期内。

（2）汇票金额。汇票金额分大写、小写两种表达方式，包括币种和数额两部分。汇票金额一般与发票金额一致，有时，根据信用证的不同规定，可能小于发票金额，但不能超出信用证规定的最大金额。

（3）出票条款，也称出票依据，一般填写开证银行名称、信用证号码和开证日期。需注意的是开证行名称要写全称，不要写缩写，要填上具体分行的名称。

（4）汇票期限，即付款人履行付款义务的日期，在汇票中用“At…”表示。即期汇票的填写方式是“At sight”。远期汇票的填写有多种方式，最常见的是“见票后若干天付款”，如“At 30 days after sight”。

（5）收款人，信用证项下汇票的收款人可以是受益人或兑用银行。

（6）付款人，根据信用证规定填写，如信用证无指定付款人，一般填写开证行，信用证项下的汇票切勿以开证申请人为付款人。托收方式下付款人为买方。

（7）出票人，一般位于汇票右下角，一般是合同的卖方或信用证中的受益人。

思考与训练 9.1

国内 A 公司与国外 B 公司达成一笔交易，交易总额为 CFRC 5% USD 69 320.20，凭不可撤销信用证支付。B 公司通过开证行按时开来信用证，信用证某一条款规定：Invoice must show CFR value including 5% commission at the time of negotiation, 5% commission must be deducted from drawing under this credit.

请分析 A 公司开立的发票及汇票金额分别为多少？

二、发票

发票通常指商业发票，是由卖方开立的载有货物名称、数量、价格等内容的价目清单，作为双方交接货物和结算货款的主要单证，也是进出口报关完税不可缺少的单证之一。

1. 常见的发票种类

发票根据不同的需要可划分为不同的种类。

（1）商业发票（commercial invoice）。

（2）海关发票（customs invoice）：非洲、美洲、大洋洲等某些国家海关规定的格式，由出口商填写，供进口商报关用的一种特别的发票。

（3）领事发票（consular invoice）：有些国家，如拉丁美洲国家、菲律宾等国家规定，凡输往这些国家的货物，国外出口商必须领取进口国在出口地的领事馆签发的发票，作为进口国征收关税的依据。如来证中有要求我国出口商提供领事发票的条款，我方应慎重考虑是否可以接受。

（4）形式发票（proforma invoice）：出口商应进口商的要求，开出一份有货名、规格、单价内容的非正式参考性发票，供进口商申请进口许可证或外汇额度或其他证明之用。

如果信用证在货物描述后有“As per proforma invoice No. …dated…”，此时，要把这句话填写在商业发票货物描述一栏。如果来证附有形式发票，制单时要按形式发票的内容填写。

（5）厂商发票、联合发票、样品发票等。

2. 制作商业发票应注意的问题

商业发票是全套出口单据的核心，其余单据的制作均需参照商业发票进行。在制作商业发票时应注意以下几个问题。

（1）出口商名称。发票顶端一般有出口商的名称、地址、电话、传真等内容。

（2）发票抬头人。一般为信用证的开证申请人，在汇付或托收方式下为合同中的买方。

（3）唛头可以由买方规定，或由卖方自行设计。如果没有唛头，则填写“N/M”（no mark）。

（4）对货物的描述必须与信用证要求完全相符，不能有任何遗漏，如信用证没有规定详细品质或规格，可按合同内容加注，但不能与信用证内容有抵触。

（5）发票的单价和总值必须经过认真计算，数据必须准确，注意列明贸易术语。

三、装箱单、重量单、尺码单

这些单据属于包装单据，是商业发票的补充和说明。买方在货物到达目的港（地）时依据这些单据核对货物的品种、花色和规格，海关也据此查验货物。对于不同特性的货物，买方关注的方面也不同。装箱单（packing list）着重表示外包装情况，包括装箱编号、包装种类、包装数量等包装细节；重量单（weight list）着重强调每件货物的毛重和净重，整批货物的总毛重和总净重等；尺码单（measurement list）着重记载货物外包装的长、宽、高和总体积，供买方和承运人了解货物的尺码，以便合理安排运输、储存及计算运费。

为简化起见，出口公司通常将货物的外包装资料，包括包装细节、毛重、净重、外包装尺码等内容制作在一张单据上，根据客户的需要冠以不同的名称。缮制这类单据应注意以下三个问题。

（1）除非信用证另有规定，装箱单一般不用签名、不显示抬头人、不显示货物的单价和金额。

（2）为了保持跟发票一致，其号码和日期应与发票完全相同，对货物的描述一般使用统称。

（3）包装号码必须连号。

四、海运提单

海运提单（以下简称提单）是指用来证明海上货物运输合同和货物已经由承运人接收或者装船，以及承运人保证据其交付货物的单证。它是物权凭证，是重要的结汇单据之一。

现在许多公司使用的提单既可以用于港到港的运输，又可以用于联合运输。联合运输提单是一种收妥待运提单，所以，只有加上“已装船” 批注才可以转化为已装船提单。不同船公司所使用的提单格式不尽相同，但各项内容基本一致。缮制提单应注意下列问题。

1. 提单的收货人

提单的收货人，又称提单的“抬头”，在信用证项下要严格按照信用证要求填写。

（1）若信用证规定“Full set of B/L consigned to ABC Co.”，则收货人一栏填写“ABC Co.”。

（2）若信用证规定“Full set of B/L made out to order and blank endorsed”，则收货人填写“To order”。

（3）若信用证规定“Full set of B/L made out to order of shipper and endorsed to our order”（凭托运人指示并背书给开证行），则收货人一栏填写“To order of shipper”。

2. 提单通知人

提单通知人是货物到达目的港后船方发到货通知的对象，通常是进口方或其代理人。如信用证规定“Bill of lading…notify applicant”，则此栏填写开证申请人的详细名称和地址。

3. 装运港和卸货港

装运港和卸货港应填写具体的港口名称。特别是当信用证没有明确规定装运港时，如信用证规定“44E：port of loading / airport of departure：any Chinese port”，这时，要根据实际装运安排，填写具体的港口名称。因不同国家的港口有重名现象，填写装卸港时应加注国名。如要转运，可在卸货港名称后加注转运港名称，如“ROTTERDAM W/T HONGKONG”。

4. 运费和费用

运费和费用需要根据信用证规定填写。如果信用证未规定，应按价格条件而定。如合同采用 FOB、FCA 或 FAS 价格条件成交，此栏应填写“FREIGHT COLLECT”或“FREIGHT PAYABLE

AT DESTINATION”；如合同采用 CIF、CIP、CFR 或 CPT 等价格条件成交，此栏应填写“FREIGHT PREPAID”。一般没有必要将具体的运费费率和运费金额列出，除非信用证有特别规定。有的可以填写“FREIGHT AS ARRANGED”。

5. 提单份数

如果信用证规定了缮制提单的份数，则必须要求船公司签发规定份数的提单。如果信用证没有规定提单份数，根据《UCP600》的规定，开立全套正本提单可以仅有一份正本提单或一份以上的正本提单，此时要求船公司签发一份或两份或三份提单均可。所以“全套提单”的份数就是提单正面注明的已签发的正本份数，可能是一份，也可能是两份或三份，大多数船公司都会签发三份正本。只要凭其中一份提货，其他各份均告失效。近年来，有些信用证要求卖方在装船后寄一份正本提单给买方，这种做法在近洋运输或商品易变质的情况下对于买方提货有利，但对卖方是有风险的，要慎用。

6. 提单的出具日期

提单的出具日期将被视为发运日期，除非提单载有表明发运日期的“已装船”批注，此时“已装船”批注中显示的日期将被视为发运日期。注意，发运日期不得晚于信用证规定的最晚装船日期。如果实际船期晚于规定的装运期，托运人可以向船方以担保函换取较早日期的提单，这种情况属于“倒签提单”；如果货未装船就要求船方出具已装船提单，这种情况属于“预借提单”。这些做法都是违规操作，一旦暴露，可能会导致买方索赔甚至拒收货物，从而给卖方造成巨大损失。

知识链接

指示性提单及背书

凭开证行指示（to order of issuing bank），此种提单经银行背书后方可转让给买方，有利于银行在向买方收款前牢牢掌握物权，在买方破产倒闭或拒绝付款赎单时，银行可凭提单提货并通过拍卖或转让来自行处理货物，因而银行乐于接受。

凭开证申请人指示（to order of applicant），此种提单须经开证申请人背书后才可转让，发货人和银行均难以掌握物权。

凭托运人指示（to order of shipper），这种提单等同于“凭指示”（to order）提单。由托运人押汇时将提单背书转让给议付行，议付行将单据寄交开证行，再由开证行转交给收货人。这种提单对托运人有利。

五、保险单

保险单是保险公司与投保人（被保险人）之间订立的保险合同，当承保货物发生保险范围内的损失时，它是保险受益人索赔和保险公司理赔的重要依据。CIF 或 CIP 条件下卖方必须提交保险单。缮制保险单应注意下列问题。

1. 被保险人

在 CIF 或 CIP 条件下，出口货物由出口方申请投保，在信用证没有特别规定的情况下，信用证受益人为被保险人。出口方在提交单据时，需要在保险单的背面签字进行背书，以表示将索赔的权益转让给保险单的持有人。FOB 条件下，如果境外买方委托卖方代办保险，此栏可填写“×××（卖方）on behalf of ×××（买方）”，并由卖方背书。

2. 保险险别

本栏是保险单的核心内容，是确定理赔责任范围的主要依据，所以必须慎重填制，严格与信用证要求相符。信用证对保险条款的责任规定有重复的，只要不扩大责任范围，应尽量满足信用证的要求，使单证一致。即使信用证中没有规定，保险单的险别也要标出该险别适用的文本名称及其日期，如：

Covering all risks and war risks as per ocean marine cargo (all risks) clauses and ocean marine cargo war risks clauses of PICC Property and Casualty Company Limited dated 2009。[投保一切险和战争险，以 2009 年中国人民财产保险股份有限公司海洋运输货物（一切险）条款和海洋运输货物（战争险）条款为准。]

如果按照伦敦保险协会的“海运货物保险条款”投保，表达方法如下：Covering marine risks clauses（A） as per institute cargo clause dated 1/1/2009。

3. 保险金额

按照《UCP600》和《2020 通则》的规定，保险金额至少为发票总值再加 10%，即按发票总金额的 110%投保。信用证项下的保险单必须按照信用证规定办理。注意，保险金额不表示辅币，小数点以下采用向上进位方式。如保险金额按发票总金额的 110%计算，结果为 USD 12 809.30，则保险单中保险金额栏应填写 USD 12 810.00。

4. 赔付代理人

一般由保险公司根据其《货损核定、理赔代理人名册》选择在目的港或目的港附近有关机构为货损核定、理赔代理人。保险单上一定要详细注明赔付代理人的地址，以便收货人联系、查找。如果保险单上注明保险责任的终止不是在港口，而是在内陆，则应填写内陆代理人的名称和地址。如当地没有所承保的保险公司的代理机构，可注明由当地法定检验机构代为核定。如信用证规定由进口方指定某某为理赔代理人，出口方不能接受，代理人应由承保的保险公司指定。

思考与训练 9.2

某出口商收到一份不可撤销的跟单信用证，其中对保险单据的要求是：Insurance policy or certificate in 2 folds for 110% of the invoice value indicating claim payable in the currency of draft at destination covering ocean transportation all risks and war risks.（保险单或保险凭证一式两份，按发票价的 110%投保海运一切险和战争险，标明以汇票所用货币在目的地赔付。）

在出口商向议付行提交的单据中，提单的签发日和 on board 日期均为某年 5 月 4 日，此日期在信用证规定的最迟装运日以内。保险单的签发日期为某年 5 月 5 日，保险单上没有以文字形式明确表明该保险单最迟于装运当天生效，但单据表面标明了装运日期、船名、装运港和卸货港，所列内容均与信用证和其他单据保持一致。

请问该保险单可以接受吗？

六、原产地证明书

原产地证明书是一种证明货物原产地或制造地的文件，是进口国（或地区）海关征税的依据。常见的原产地证明书有一般原产地证和普惠制产地证格式 A 及各种区域性优惠原产地证。

1. 一般原产地证

一般原产地证（certificate of origin）是证明出口货物在其国家（地区）生产和制造的证明文件，几乎可以用在任何国家（地区）。在我国，一般可由出口地海关或中国国际贸易促进委员会签发此证。

2. 普惠制原产地证格式 A

普惠制原产地证格式 A（generalized system of preference certificate of origin form A，GSP Form A）是普惠制的主要单据，是依据给惠国要求出具的能证明出口货物原产自受惠国的证明文件，并能使货物在给惠国享受普遍优惠关税待遇。截至 2019 年底，给予我国普惠制优惠待遇的国家有欧盟 28 国（英国、法国、德国、意大利、荷兰、比利时、卢森堡、丹麦、爱尔兰、希腊、葡萄牙、西班牙、奥地利、瑞典、芬兰、马耳他、塞浦路斯、波兰、匈牙利、捷克、斯洛伐克、斯洛文尼亚、爱沙尼亚、拉脱维亚、立陶宛、罗马尼亚、保加利亚、克罗地亚）、澳大利亚、新西兰、加拿大、挪威、哈萨克斯坦、乌克兰、白俄罗斯、俄罗斯联邦、瑞士、土耳其、列支敦士登公国、亚美尼亚、吉尔吉斯斯坦。2019 年 4 月 1 日起日本不再给予中国输日货物普惠制待遇。美国作为发达国家一直未给予中国普惠制待遇。

缮制普惠制原产地证时应注意下列问题。

（1）发货人。按实际出口商的业务名称、地址、国别填写，一定要填写详细地址，包括街道名、门牌号。如果是属于信用证项下的证书，必须与信用证规定的受益人名称相符。

（2）收货人。填写实际给惠国的最终目的地收货人的名称、地址、国别，不得填写中间商名称。

（3）官方使用栏。发货人对本栏应留空不填，供出证机构——海关在必要时填写。如原证丢失，在重新补发时，签证当局在此栏填写原证编号、日期并声明原证作废，同时，盖红色“duplicate”印章（This certificate is in replacement of certificate of origin No. … dated … which is cancelled.）。

（4）包装数量及商品名称。包装数量要求填写阿拉伯数字及对应的英文全称，如“ONE HUNDRED AND SIXTY (160) CARTONS”。商品名称要求填具体名称，要与发票一致，不能填统称。即使信用证规定统称，亦应加注具体商品名称。本栏内容填写完毕后要加上结束符号，以防其他人员再伪加其他内容。

（5）原产地标准。本栏的字数最少，却是本证书的核心内容，本栏所填字母含义如下：

P——完全原产，无进口成分。

W——后面标明该产品的 HS 四位品目号，表示有进口成分，但符合原产标准，产品输往欧盟、瑞士、列支敦士登、土耳其时使用。输往澳大利亚、新西兰的含进口成分的商品此栏也做如此处理或留空不填。

F——含进口成分，产品输往加拿大时使用，非原产成分的价值未超过产品出厂价的 40%。

Y——在其后加上进口成分占该出口产品离岸价格的百分比，产品输往俄罗斯、白俄罗斯、哈萨克斯坦、乌克兰等国时使用。

3. 各种区域性优惠原产地证

区域性优惠原产地证是订有区域性优惠贸易协定的国家（或地区）之间进行贸易时，由官方机构签发的、可享受相互减免关税待遇的凭证。自由贸易区优惠原产地证是区域性优惠原产地证的主要形式。此种证书签发的依据是贸易国或地区的政府之间签署了双边或多边的优惠贸易协定。如出口产品属于优惠贸易协定下可以享受关税减免的产品，并符合相应的区域性优惠原产地规则，则可由出口国授权的相关机构签发此证。我国各地的海关是签发此类证书的官方机构，中国国际贸易促进委员会及其各地分会也获得授权，可签署此类优惠原产地证（FORM P 除外）。

国际贸易单据实物照片

佛山汇洋经贸有限公司收到信用证，按信用证要求履行交货义务后，于信用证的有效期内向指定付款行（渣打银行深圳分行）提供的全套单据。

截至 2019 年 12 月 31 日，相关机构签发的区域性优惠原产地证有《中国-东盟自贸区》优惠原产地证（FORM E）、《亚太贸易协定》优惠原产地证（FORM B）、《中国-巴基斯坦自贸区》优惠原产地证（FORM P）、《中国-智利自贸区》优惠原产地证（FORM F）、《中国-新西兰自贸区》优惠原产地证、《中国-新加坡自贸区》优惠原产地证、《中国-秘鲁自贸区》优惠原产地证（FORM R）、《中国-哥斯达黎加自贸区》优惠原产地（FORM L）、内地与港澳《关于建立更紧密经贸关系的安排》（CEPA）原产地证书、《台湾海峡两岸经济框架协议》（ECFA）原产地证书、《中国-瑞士自贸区》优惠原产地证、《中国-冰岛自贸区》优惠原产地证、《中国-澳大利亚自贸区》优惠原产地证、《中国-韩国自贸区》优惠原产地证、《中国-格鲁吉亚自贸区》优惠原产地证。

七、商检证书

各种商检证书分别用来证明货物的品质、数量、重量和卫生条件等。在我国，这类证书可由有关商品检验部门出具，如合同或信用证无特别规定，也可以分不同情况，由出口企业出具。但应注意，证书名称及所列项目或检验结果应与合同和信用证规定相符。

案例 9.1

佛山奇飞进出口贸易有限公司根据信用证（见示范4.3）和销售确认书（见示范3.6）的要求，缮制并备齐全套的结汇单据，于8月26日把整套结汇单据提交到通知行（交通银行佛山分行）所在之处。全套的结汇单据包括汇票（见示范9.1）、商业发票（见示范9.2）、装箱单（见示范9.3）、保险单（见示范9.4）、提单（见示范9.5）、原产地证（见示范9.6）、商检证书（见示范9.7）。

示范 9.1　汇票

BILL OF EXCHANGE

凭
Drawn Under　COMMERZBANK

不可撤销信用证
Irrevocable L/C No.　329898871232

日期
Date　July 15th, 2019

支 取
Payable with interest

按____息____付款
@_____%

号码
No.　QF296

汇票金额
Exchange for　USD 16 788.20

佛山
Foshan　Aug. 26th, 2019

见票
AT　****

日 后 (本 汇 票 之 副 本 未 付) 付 交
sight of this First of exchange (Second of exchange being unpaid)

Pay to the order of　BANK OF COMMUNICATIONS, FOSHAN CITY BRANCH

金额
the sum of　U.S.DOLLARS SIXTEEN THOUSAND SEVEN HUNDRED AND EIGHTY-EIGHT POINT TWENTY ONLY.

此致
To　COMMERZBANK
20349 HAMBURG, GERMANY

For：
FOSHAN QIFEI I/E TRADE CO., LTD.
赵飞飞

示范 9.2 商业发票

佛 山 奇 飞 进 出 口 贸 易 有 限 公 司

FOSHAN QIFEI I/E TRADE CO., LTD.

NO. 187 ZHONGSHAN ROAD, FOSHAN, CHINA

TEL: 0086-757-83512680 FAX: 0086-757-83512683

COMMERCIAL INVOICE

INVOICE NO.: QF296

TO:

MESSRS

BOLTITI CORONA S.A.

ARTURO PRAT 476

HAMBURG, GERMANY

DATE: AUG 20TH,2019

S/C NO.: 15QFIE0702

TERMS OF PAYMENT: L/C

FROM GUANGZHOU, CHINA TO HAMBURG, GERMANY

Shipping mark	Name of commodity	Quantity (pairs)	Unit price	Amount CIF HAMBURG
BOLTITI HAMBURG NOS. 1-71	hand-made leather shoes HMS12 HMS26 HMS29	 500 300 592	 USD11.50 USD9.25 USD7.70	 USD5 750.00 USD2 775.00 USD4 558.40
	hand-made leather gloves HMG12 HMG18 DETAILS AS PER S/C NO.: 15QFIE0702 DATED JULY 2, 2019	 1 072 800	 USD2.15 USD1.75	 USD2 304.80 USD1 400.00
	Total	3 264 pairs		USD16 788.20
TATAL: U.S.DOLLARS SIXTEEN THOUSAND SEVEN HUNDRED AND EIGHTY-EIGHT POINT TWENTY ONLY.				

FOSHAN QIFEI I/E TRADE CO., LTD.

赵飞飞

Authorized signature

示范 9.3 装箱单

佛 山 奇 飞 进 出 口 贸 易 有 限 公 司

FOSHAN QIFEI I/E TRADE CO., LTD.

NO. 187 ZHONGSHAN ROAD, FOSHAN, CHINA

TEL: 0086-757-83512680 FAX: 0086-757-83512683

PACKING LIST

TO: INVOICE NO.: QF296

MESSRS DATE: AUG. 20TH, 2019

BOLTITI CORONA S.A. S/C NO.: 15QFIE0702

ARTURO PRAT 476 TERMS OF PAYMENT: L/C

HAMBURG, GERMANY

FROM GUANGZHOU, CHINA TO HAMBURG, GERMANY

Shipping mark	Name of commodity	Quantity (PAIRS)	Packages (CTNS)	G. W. (KGS)	N. W. (KGS)	Measurement (CBMS)
BOLTITI HAMBURG NOS. 1-71	hand-made leather shoes	1392	58	@68.60 /3978.80	@60.00 /3480.00	@70cm × 65cm × 60cm 15.834
	hand-made leather gloves	1872	13	@72.50 942.50	@40.00 /520	@65cm × 60cm × 60cm 3.042
	Total	3264	71	4 921.30	4 000	18.876

TOTAL PACKING: SEVENTY ONE CARTONS ONLY.

FOSHAN QIFEI I/E TRADE CO., LTD.

赵飞飞

Authorized signature

示范 9.4 保险单

PICC
中国人保

总公司设于北京　　1949 年创立　　保险单号（Policy No.） NC038

Head Office Beijing　　Established in 1949

货物运输保险　保险单 CARGO TRANSPORTATION INSURANCE POLICY

发票号（Invoice No.） QF296　　　　提单号（B/L NO.）

合同号（Contract No.） 15QFIE0702　　　　信用证号（L/C No.）329898871232

被保险人 Insured： FOSHAN QIFEI I/E TRADE CO., LTD

中国人民财产保险股份有限公司（以下简称本公司）根据被保险人的要求，以被保险人向本公司缴付约定的保险费为对价，按照本保险单列明条款承保下述货物运输保险，特订立本保险单。

This policy of Insurance witnesses that PICC Property and Casualty Company Limited (hereinafter called "the Company"), at the request of the insured and in consideration of the agreed premium paid to the Company by the insured, undertakes to insure the undermentioned goods in transportation subject to the conditions of the policy as per the clauses printed below.

标记 (Marks & Nos.)	保险货物项目 (Goods)	包装及数量 (Package & Quantity)	保险金额 (Amount Insured)
BOLTITI HAMBURG NOS. 1-71	hand-made leather shoes and gloves FSCU7594198/EM9018(20' GP)	3 264 PAIRS 71CTNS	USD18 468.00

总保险金额（Total Amount Insured）： U.S. DOLLARS EIGHTEEN THOUSAND FOUR HUNDRED AND SIXTY EIGHT ONLY

保费（Premium）： AS ARRANGED　起运日期（Date of Commencement）： AS PER B/L

装载运输工具（Per Conveyance）： JINLONG V.0097

自（From）： GUANGZHOU, CHINA　经（Via）： HAMBURG, GERMANY　至（To）： HAMBURG, GERMANY

承保险别（Conditions）：

COVERING ALL RISKS AND WAR RISKS AS PER OCEAN MARINE CARGO CLAUSES DATED 2009 OF THE PICC PROPERTY AND CASUALTY COMPANY LIMITED.

所保货物，如发生本保险单项下可能引起索赔的损失或损坏，应立即通知本公司下述代理人查勘。如有索赔，应向本公司提交保险单正本（本保险单共有 2 份正本）及有关文件。如一份正本已用于索赔，其余正本则自动失效。

In the event of loss or damage which may result in aclaim under this Policy, immediate notice must be given to the Company's Agent as mentioned hereunder. Claims, if any, one of the Original Policy which has been issued in TWO original (s) together with the relevant documents shall be surrendered to the Company. If one of the Original Policy has been accomplished, the others to be void.

Insurance agent : SELMA SHIDE INSURANCE CO.
P.O.BOX 6650 HAMBURG, GERMANY

保险服务请联系：
Contact information of insurace service
中国人民财产保险股份有限公司佛山分公司
PICC Property and Casualty Company Limited Foshan Branch

赔款偿付地点（Claim payable at） HAMBURG IN USD　　地址（ADD）：佛山市禅城区季华 5 路

日期（Date） AUG. 22' 2019　　保险人（Underwriter）：

示范 9.5 提单

Consignor FOSHAN QIFEI I/E TRADE CO., LTD. NO. 187 ZHONGSHAN ROAD, FOSHAN, CHINA	B/L NO.: FS09856 Voyage Logistics Ltd as the Carrier COMBINED TRANSPORT BILL OF LADING RECEIVED in external apparent good order and condition except as otherwise noted. The total number of packages or units stuffed in the container, the description of the goods and weights shown in the B/L are furnished by the merchant.
Consignee TO THE ORDER OF COMMERZBANK	
Notify party BOLTITI CORONA S.A. ARTURO PRAT 476 HAMBURG, GERMANY	

Pre-carriage by	place of receipt
Ocean vessel. voy. No. JINLONG V. 0097	Port of loading GUANGZHOU, CHINA
Port of discharge HAMBURG, GERMANY	Place of delivery HAMBURG, GERMANY

Mark and No.	No. of PKGS	Kinds of packages, description of goods	Gross weight	Measurement
BOLTITI HAMBURG NOS. 1-71 FSCU7594198/EM9018(20' GP) CY-CY	71CTNS	shipper's load &count & seal S.T.C. hand-made leather shoes and gloves	4 921.30KGS	18.876CBMS

ORIGINAL

L/C NO.: 329898871232

SHIPPING AGENT:

ETS TRANSPORT & LOGISTICS

VIOLENSTR 27.28951, HAMBURG, GERMANY

TEL:04102-5129 FAX:04102-5128

Total number of packages : ONE CONTAINER (1*20') ONLY

Freight and charges FREIGHT PREPAID		Signed for the carrier: VOYAGE LOGISTICS (GUANGZHOU) LTD. BETTY AS AGENT FOR THE CARRIER: VOYAGE LOGISTICS LTD
No. of originals B(s)/L THREE(3)	Place and date of issue Guangzhou Aug. 25th, 2019	
Laden on board the vessel Aug. 25th, 2019		

示范 9.6 原产地证

1. Goods consigned from (Exporter's business name, address, country)

FOSHAN QIFEI I/E TRADE CO., LTD.
NO. 187 ZHONGSHAN ROAD, FOSHAN, CHINA

Reference No.

GENERALIZED SYSTEM OF PREFERENCES

CERTIFICATE OF ORIGIN

(Combined declaration and certificate)

FORM A

Issued in THE PEOPLE'S REPUBLIC OF CHINA

(country)

See Notes overleaf

2. Goods consigned to (Consignee's name, address,

BOLTITI CORONA S. A.
ARTURO PRAT 476
HAMBURG, GERMANY

3. Means of transport and route (as far as known)

SHIPMENT FROM GUANGZHOU, CHINA TO HAMBURG, GERMANY BY SEA ON OR ABOUT AUG. 25TH, 2019

4. For official use

5. Item number	6. Marks and numbers of packages	7. Number and kind of packages; description of goods	8. Origin criterion (see Notes overleaf)	9. Gross weight or other quantity	10. Number and date of invoices
01	BOLTITI HAMBURG NOS. 1-71	FIFTY EIGHT (58) CTNS OF HAND MADE LEATHER SHOES	"P"	3978KGS	NO. QF296 AUG. 20TH, 2019
02		THIRTEEN (13) CTNS OF HAND MADE LEATHER GLOVES	"P"	942.5KGS	
		**			

11. Certification

It is hereby certified, on the basis of control carried out, that the declaration by the exporter is correct.

FOSHAN Aug. 23rd, 2019 张莉 （盖章）

Place and date, signature and stamp of certifying authority

12. Declaration by the exporter

The undersigned hereby declares that the above details and statements are correct, that all the goods were

produced in CHINA

(country)

and that they comply with the origin requirements specified for those goods in the Generalized System of Preferences for goods exported to

GERMANY

(importing country)

FOSHAN Aug. 23rd, 2019 赵飞飞 (盖章)

Place and date, signature and stamp of authorized signatory

示范 9.7 商检证书

广州检验检测认证集团有限公司

Guangzhou Inspection Testing and Certification Group Co., Ltd.

检验证书

INSPECTION CERTIFICATE OF QUALITY

发货人:

Consignor: FOSHAN QIFEI I/E TRADE CO., LTD.

NO. 187 ZHONGSHAN ROAD, FOSHAN, CHINA

收货人:

Consignee: BOLTITI CORONA S. A. ARTURO PRAT 476 HAMBURG, GERMANY

品名: 手工制作的皮鞋及手套

Commodity: HAND-MADE LEATHER SHOES AND GLOVES

标记和号码:

Marks & No.

BOLTITI

HAMBURG

NOS. 1-71

报验数量、重量:

Quantity/Weight declared: 71 CARTONS

HAND-MADE LEATHER SHOES 1392 PAIRS / 3480 KGS

HAND-MADE LEATHER GLOVES 1872 PAIRS / 520 KGS

合同号:

Contract No. 15QFIE0702

检验结果:

Results of inspection:

UPON INSPECTION, WE CERTIFY THAT THE QUALITY OF THE ABOVE GOODS ARE IN CONFORMITY WITH THE REQUIREMENT OF THE L/C.

L/C NO. 329898871232.

签证地点:

Place of Issue: GUANGZHOU

签证日期:

Date of Issue: Aug. 23rd, 2019

CERTIFIED BY

王毅

Chief inspector

（盖章）

第三节 信用证遭到拒付后的解决方法

在国际贸易的信用证业务中，许多出口商都有被拒付的经历，一些经验不足的出口商在接到开证行提出不符点的通知时，往往惊惶失措，匆匆忙忙接受客户降价的要求，直接导致了经济损失。其实，信用证项下的款项被拒付，并不意味着出口项下的货款已无法挽回，降价也不是解决问题的唯一办法。所以，我们大可不必谈"不符点"色变，自己先乱了方寸。对于信用证被拒付，我们可以从以下几个方面着手来解决问题。

一、认真审核不符点

如果开证行提出的不符点不成立，出口商应立即进行反驳。一是因为各家开证行的信誉良莠不齐，一些信誉欠佳的开证行往往极力配合开证申请人，对单据无端挑剔，以无害不符点拒付甚至无理拒付；二是银行国际结算业务人员素质参差不齐，对国际惯例的理解也不一样，有时提出的不符点经不起推敲，这就给我们反驳不符点创造了机会。审核不符点是否成立，要求审核者通晓《UCP600》《ISBP745》等国际惯例，并具有丰富的国际结算经验和熟练的技巧，对此，出口商可向银行咨询。

一般来说，审核不符点是否成立包括以下两部分内容。

1. 以《UCP600》和《ISBP745》为依据，看开证行所提的不符点是否成立

开证行以单证一致、单单一致为条件来决定是否接受信用证项下的单据。单据不符可以拒付，若单据相符，则其必须接受单据并履行信用证项下的付款责任。开证行不得以单据以外的理由拒付，如提出货物的实际品质、数量与单据不符等理由。因此，如果单据表面上符合信用证条款，同时单据与单据之间并无不符，出口商可以认定开证行所提不符点不成立，可以理直气壮地要求开证行履行付款的义务。

2. 看开证行提出不符点的前提是否满足《UCP600》的规定

看开证行提出不符点是否满足以下条件。

（1）开证行在合理时间内提出不符点，即按指定行事的指定银行、保兑行（如有的话）及开证行是否从交单次日起5个银行工作日内提出不符点。

（2）拒付通知中列明拒付所依据的每一个不符点。

（3）通知不符点的同时，必须在拒付通知书上明确表明不符单据的处置方法。

（4）通知必须无延迟地以电信方式到达提示者，如做不到，需以其他快捷方式将不符点通知提示者。

以上条件必须同时满足，如有一项条件开证行未做到，开证行便无权声称单据有不符点并拒付。

二、及时与进口商沟通协调

拒付有不符点的单据是《UCP600》赋予开证行的权利。所以出口商接到拒付通知后，应及

时将不符点提示给开证申请人，因为进出口贸易毕竟是进出口双方的交易，赚取利润是买卖双方共同的愿望，出口商应积极与进口商进行商量，说服进口商放弃不符点接受单据。在通常情况下开证申请人会放弃不符点，并到银行付款赎单。

三、更换不符点单据

根据《UCP600》的规定，如果开证行提出的拒付单据的不符点确实存在，出口商的反应一定要快，可考虑有无在交单期内更换单据的可能性。一般情况下，交单期在货物装船后的15～21天之间，由于交通、通信的便利，通过快递寄送单据，2～3天就可以送到，开证行用电信方式通知拒付单据，出口商立即就能收到。因此，当开证行拒付单据时，交单期往往还剩余一些时间，如果时间来得及，出口商可更换单据并及时将单据交到指定银行。

当不符点单据出自出口商自行出具的发票、装箱单等单据时，更换单据就比较简单，只需按开证行提出的不符点进行修改就可以了。将重新制作的符合信用证要求的单据，通过快递寄给开证行即可，同时宣布原单据作废。如果不符点单据是提单等由其他机构出具的单据时，更换单据就比较困难，所需时间也比较长，因为出证机构要在收回原单据的前提下才会重新出单，并且也不可能完全按受益人的意愿更改。因此，对这类单据的更换应更慎重。

四、和有关银行加强沟通

如果在向开证行提交单据之前，出口商已经知道单据有不符点，但是，由于种种不得已的原因，信用证来不及修改或出口商无法更换单据，只能提供不符点单据。如果贸然向开证行提交不符点单据，必然会遭到开证行的拒付。出口商可考虑与银行协商按以下方法处理。

（1）表提。出口商在提交的单据出现不符点时，向议付行出具保函，要求凭保函议付。议付行把不符点开列在寄单函上，征求开证行意见，由开证行接洽开证申请人是否同意付款。表提的做法一般适用于单证不符情况不是很严重，或虽然是实质性不符，但事先已经和进口商确认可以接受的情形。

（2）电提。在出现单证不符时，议付行暂不向开证行寄单，而是以电信方式通知开证行单据不符点，征求开证行的意见。如果开证行同意接受不符点单据，议付行按正常程序向开证行提交单据，开证行接受单据，在扣除不符点费用后支付单据款项。

（3）跟单托收。在单据出现严重不符点，或信用证有效期已过，已无法利用手上的信用证时，出口商只能委托银行在向开证行发出的寄单函中注明“信用证项下单据作托收处理”，这种做法也称为“有证托收”，以表示和“无证托收”的区别。

以上三种方法，出口商都失去了开证行的付款保证，信用证的银行信用变成了商业信用。

五、密切关注货物下落

在信用证业务中，相关各方处理的是单据，而不是与单据相关的货物或服务。之所以如此，最主要的原因是信用证所涉及的单据，尤其是作为物权凭证的单据，使信用证的当事人拥有货物控制权。所以，《UCP600》规定，银行如果拒付，银行必须留存单据听候交单人指示，或留存单据直到其从开证申请人处接到放弃不符点的通知并同意接受该放弃，或将单据退回或按之前从交单人处获得的指示处理。也就是说，开证行拒付后，如果不经受益人或交单行同意，不得擅自向开证申请人放单，否则，开证行必须付款。

如无法收回货款，为了避免有单无货的现象，受益人必须及时与承运人取得联系，争取将货物由原船运回，避免承运人在目的港“无单放货”，或货到目的港后由于无人提货被当地海关当成“无主”货物而被拍卖。

思考与训练 9.3

我国A公司按FOB天津条件向韩国B公司出口一批价值10万美元的货物，支付方式为不可撤销即期信用证。A公司收到信用证后，即开始备货装船，待拿到船公司签发的提单后，持全套单据到银行交单议付，议付行审单无误后向开证行寄单索汇，不料却遭到开证行的拒付，理由是买方发现实际交货数量和信用证不符。原来A公司由于备货不足，实际只交付了9.5万美元的货，为顺利结汇，发票金额填写10万美元，并准备近期向B公司补交余下的5 000美元的货。A公司自知理亏，只好和B公司协商，最后B公司同意按D/P方式支付货款。当议付行将单据寄交开证行委托收款时，开证行再次退单，理由是B公司拒付。此时，A公司从有关方面获悉，B公司已经将货物提走并在市场上销售，深感事态严重。很显然，B公司在没有海运提单的情况下提货肯定是船公司的责任。A公司随后又和船公司进行交涉，最后，在有关各方的共同努力下，A公司历时半年多才收回了货款。

在这个案例中，我们应该从A公司身上吸取什么教训？

自测题

一、单项选择题

1. 信用证项下商业发票的抬头人一般是________。

A. 受益人　　B. 开证申请人　　C. 开证行　　D. 其他人

2. 根据《UCP600》的规定，海运提单中货物的描述________。

A. 不得使用统称　　B. 必须使用货物的全称

C. 与商业发票完全一致　　D. 与信用证的描述不抵触，可用货物统称

3. 发票唛头应按信用证或合同规定填写，如无规定，则填写________。

A. NO.　　B. N/M　　C. N/V　　D. N/N

4. 普惠制原产地证格式A可由我国________签发。

A. 出口商　　B. 银行　　C. 进口商　　D. 各地海关

5. 在信用证条件下，提单通知人一栏应按信用证要求填制。如信用证规定“Notify applicant”，此栏填写________。

A. 开证行全称　　B. 受益人全称　　C. 开证申请人全称　　D. 兑用银行全称

6. 在信用证条件下，提单收货人一栏应按信用证规定填写。如信用证规定“Full set of B/L made out to order”，此栏填写________。

A. To order　　B. To order of … bank

C. To order of shipper　　　　　　　　　D. To order of …

二、判断题

1. 在信用证和托收条件下，汇票的出票依据是合同。(　　)

2. 汇票、提单、保险单的抬头人分别是付款人、收货人、被保险人。(　　)

3. 通常不使用海关发票和领事发票的国家，可要求提供产地证以确定对货物征税的税率。(　　)

4. 在信用证条件下，究竟提供何种结汇单据，包括单据的份数和制作要求，都要严格按照合同规定确定。(　　)

5. 保险单是一种权益的凭证，经背书后可以随货物所有权的转移而进行转让。(　　)

6. 保险单上的赔付地点一般为装运港（地），如有特殊要求可事先说明。(　　)

7. 承运人一般签发正本提单两份，也可以应收货人的要求签发两份以上，每份正本的效力不同，其中一份可以用来提货。(　　)

8. 提单日期不得晚于信用证规定的装运日，并应在信用证的有效期内。(　　)

课后阅读资料

9.1　对国际贸易惯例认识不足误认为单证不符

国外B银行开立一张不可撤销的自由议付信用证，经通知行A银行通知了受益人，该信用证对单据的要求如下：商业发票、装箱单、由S检验机构出具的检验证书、清洁已装船的海运提单，做成凭开证行指示抬头。

受益人在货物出运后将全套单据交A银行议付，A银行审核单据后发现下列不符点。

（1）检验证书的出单日期迟于货物的装运期，并且未标明具体的检验日期。

（2）装箱单上未印有受益人名称、地址等文字，并且装箱单未经受益人签字。

A银行将上述不符点通知受益人，受益人要求其电询开证行意见。开证行联系开证申请人，开证申请人答复不能接受不符点，因为其无法确定该批货物是否确实经过检验、货物是否已经出运，除非到货后检验货物的结果表明货物完好无损，否则，将拒付货款。

案例分析

关于装箱单的不符点是不成立的。《UCP600》第34条规定："银行对任何单据的形式、充分性、准确性、内容真实性或虚假性、法律效力，或对单据中规定或添加的一般或特殊条件，概不负责。"如果信用证中没有特别规定，只要提交的单据内容与任何其他提交所规定的单据的内容无矛盾，银行则应接受这类单据。

由于信用证根本未指明装箱单由哪方开立，只要装箱单的内容与其他单据不矛盾，银行理应接受。此外，除非信用证明确规定装箱单要签署，否则未经签署的装箱单也是可以接受的。

关于银行对检验证书提出的不符点也是不成立的。《ISBP745》第A12段a款规定："一份单据，比如但不限于分析证明、检验证明或熏蒸证明，注明的出具日期可以晚于装运日期。"c款规定："当信用证要求一份单据，比如但不限于检验证明时，这不视为要求单据证实一个装运前发生的事件，其注明的日期无须早于装运日期。"综上所述，受益方的单据并不存在不符点，

A银行可放心议付受益方货款并凭相符单据要求开证行付款。

9.2 对正本提单的理解

国外某银行开立了一份不可撤销可议付信用证，信用证关于提单的规定如下：“必须提供全套3/3正本清洁已装船提单……”受益人提交的单据中包括3份清洁已装船提单，每一份均由承运人手签，且分别标明“original”“duplicate”“triplicate”，议付行审核单据后，认为符合信用证规定，遂向开证行寄单索汇。

开证行收到单据后，认为有一处不符点：全套提单没有全部标上“original”，与《UCP600》第20条a款不符。

议付行认为，提单上“original”“duplicate”“triplicate”应理解为“first original”（第一联正本）、“duplicate original”（第二联正本）、“triplicate original”（第三联正本），这是目前国际银行界和运输界普遍接受的。《ISBP745》第A28段有如下规定：单据不止一份的正本可以标注为“正本（original）”“第二联（duplicate）”“第三联（triplicate）”“第一正本（first original）”“第二正本（second original）”等。这些标注都不否定单据为正本。

开证行坚持认为，《UCP600》第20条a款规定：“提单如果出具了多份正本，应是提单中显示的全套正本份数。”

案例分析

信用证要求提供全套3/3正本提单，而受益人按要求提供全套3份正本，符合《UCP600》第20条a款的规定。运输单据中的“duplicate”“triplicate”字样不能被认为是副本。因为《UCP600》第17条b款规定：“银行应将任何带有看似出单人的原始签名、标记、印戳或标签的单据视为正本单据，除非单据本身表明其非正本。”而受益人提交的提单是由承运人手签的，因此，标有“duplicate”“triplicate”字样的提单不能因为未标有“original”字样而被拒绝，这已是公认的习惯做法，且《ISBP745》第A28段也对此作出了明确的规定。

此案给我们的启示是：作为受益人，熟悉《UCP600》和《ISBP745》这两个惯例并灵活应用其规定维护自己的利益是非常重要的。受益人所提交的单据如被开证行提出不符点并被拒付，受益人应联系议付行审议开证行提出的不符点是否成立，推敲上述两个惯例的相关规定并利用相关规定进行反驳，据理力争得到开证行的付款。

第十章

出口贸易的后续工作

【学习目标】

学习本章后，应掌握出口贸易的相关后续工作内容，熟悉货物贸易外汇收支信息申报与出口退税工作，熟悉索赔与理赔、不可抗力与仲裁条款并了解相关的法律法规。

【导入案例】

索赔时效与依据

A公司以CFR条件向德国出口一批小五金工具。合同规定货到目的港后30天内检验，买方有权凭检验结果提出索赔。A公司按期发货，德国客户也按期凭单支付了货款。半年后，A公司收到德国客户的索赔文件，称上述小五金工具有70%已经生锈，并附有德国内地某商检机构出具的检验证书。对德国客户的索赔要求，A公司应如何处理？

第一节　货物贸易外汇收支信息申报与出口退税

从事货物贸易的进出口企业，应遵守《中华人民共和国外汇管理条例》《货物贸易外汇管理指引》《货物贸易外汇管理指引实施细则》等文件的规定。对从境外、境内保税监管区域收回的出口货款，向境外、境内保税监管区域支付的进口货款，从离岸账户、境外机构境内账户收回的出口货款，向离岸账户、境外机构境内账户支付的进口货款，深加工结转项下境内收付款，转口贸易项下收付款，以及其他与贸易相关的收付款，企业应该按国家外汇管理局的相关规定办理货物贸易外汇收支信息申报并接受其监督管理。如出口的产品属于出口退税范围内的商品，企业完成收汇后可凭相关凭证申请退税。

一、货物贸易外汇收支信息申报

为大力推进贸易便利化，进一步改进货物贸易外汇服务和管理，国家外汇管理局、海关总署、国家税务总局决定，自2012年8月1日起在全国实施货物贸易外汇管理制度改革，并相应调整出口报关流程，优化升级出口收汇与出口退税信息共享机制。自该日起，取消实行多年的进出口收付汇核销制度，国家外汇管理局分支局（以下统称外汇局）对企业的贸易外汇管理方式由现场逐笔核销变为非现场总量核查。外汇局通过货物贸易外汇监测系统，全面采集企业货物进出口和贸易外汇收支逐笔数据，定期比对、评估企业货物流与资金流总体匹配情况，便利合规企业贸易外汇收支；对存在异常的企业进行重点监测，必要时实施现场核查。基于外汇局监测的需要，企业必须配合做好以下工作。

1. 办理贸易外汇收支企业名录登记手续

企业依法取得对外贸易经营权后，需持《货物贸易外汇收支企业名录登记申请书》（见示范10.1）、法定代表人签字并加盖企业公章的《货物贸易外汇收支业务办理确认书》（以下简称《确认书》，见示范10.2）及下列资料有效原件及加盖企业公章的复印件，到所在地外汇局办理贸易外汇收支企业名录登记手续。

（1）“企业法人营业执照”或“企业营业执照”副本。

（2）“中华人民共和国组织机构代码证”。

（3）“对外贸易经营者备案登记表”，依法不需要办理备案登记的可提交“中华人民共和国外商投资企业批准证书”或“中华人民共和国台、港、澳投资企业批准证书”等。

（4）外汇局要求提供的其他资料。

外汇局审核有关资料无误后为企业办理名录登记手续。完成名录登记后，外汇局为企业办理监测系统网上业务开户。外汇局通过监测系统向金融机构发布全国企业名录信息。

从事对外贸易的保税监管区域的企业在按照保税监管区域外汇管理有关规定办理外汇登记手续时，应当签署《确认书》。保税监管区域内企业在取得相关外汇登记证明并签署《确认书》后自动列入名录。

2. 开立出口收入待核查账户

金融机构在为企业开立出口收入待核查账户（以下简称待核查账户）时，应通过外汇账户信息交互平台查询该企业是否已在开户地外汇局进行基本信息登记；基本信息已登记的，金融机构可直接为其开立待核查账户。金融机构为企业开户后，应于次日按照外汇账户管理信息系统报送数据的要求将相关数据及时报送外汇局。金融机构在为企业办理外汇资金入账时，应先将企业货物贸易外汇收入划入待核查账户。货物贸易项下人民币收入不进入企业的待核查账户，可直接划入企业的人民币账户。

3. 货物贸易外汇收支信息申报

企业应当根据贸易方式、结算方式以及资金来源或流向，凭相关单证在金融机构处理贸易外汇收支，并按规定进行贸易外汇收支信息申报。企业通过“国际收支网上申报系统（企业版）”完成申报的，可不填写相关纸质申报单证。

贸易收支信息申报凭证包括“境外汇款申请书”“对外付款/承兑通知书”“境内汇款申请书”“境内付款/承兑通知书”“涉外收入申报单”“境内收入申报单”等。

4. 贸易信贷业务、融资业务、转口贸易收支业务等业务报告

符合下列情况之一的业务，企业应当在货物进出口或收付汇业务实际发生之日起30天内，通过监测系统向所在地外汇局报送对应的预计收付汇或进出口日期等信息。

（1）A类企业30天以上（不含）的预收货款或预付货款、B类和C类企业在监管期内发生的预收货款或预付货款。

（2）A 类企业 90 天以上（不含）的延期收款或延期付款、B 类或 C 类企业在监管期内发生的 30 天以上（不含）的延期收款或延期付款。

示范 10.1

货物贸易外汇收支企业名录登记申请书

国家外汇管理局××分（支）局：

本公司因业务需要，申请加入“货物贸易外汇收支企业名录”。现根据《货物贸易外汇管理指引》及实施细则要求填写相关信息并提交以下资料，请予以登记。本公司保证所提供的信息和资料真实无讹。

□《企业法人营业执照》或《企业营业执照》副本

□《中华人民共和国组织机构代码证》

□《对外贸易经营者备案登记表》/《中华人民共和国外商投资企业批准证书》/《中华人民共和国台、港、澳投资企业批准证书》

（注：以上资料均需提供原件及加盖企业公章的复印件。）

企业代码		企业名称	
经济类型代码及名称		行业类型代码及名称	
是否保税监管区域企业	是　　　否	保税监管区域类型	
法定代表人姓名		法定代表人身份证/护照号码	
海关注册号		工商注册号	
外币注册币种		外币注册资金	
人民币注册资金		最初设立日期	
经营范围			
企业地址			
邮编		电话	
传真		电子邮箱	
企业联系人		联系人移动电话	

法定代表人签字：　　　　　　　　　　单位公章：

申请日期：　　年　　月　　日

（3）对于 90 天以上（不含）的远期信用证、海外代付以及其他进口贸易融资业务，预计付款日期在货物进口日期之后的。

（4）同一合同项下转口贸易收支日期间隔超过 90 天（不含）且先收后支项下收汇金额或先支后收项下付汇金额超过等值 50 万美元（不含）的业务。

（5）其他应当报告的事项，如差额业务报告、贸易主体不一致业务报告、辅导期业务报告和其他特殊交易报告等。

对已报告且未到预计进出口或收付汇日期的上述业务，企业可根据实际情况调整相关报告的内容。

核查期内企业遵守外汇管理相关规定，且贸易外汇收支经外汇局非现场或现场核查情况正常的，可被列为A类企业；如有违规或严重违规情况的，将被列为B类或C类企业。为便利合规企业贸易外汇收支，对A类企业需办理的手续相应简化；对B类、C类企业在贸易外汇收支单证审核、业务类型、结算方式等方面实施严格监管。

示范 10.2

货物贸易外汇收支业务办理确认书

本企业已知晓、理解《中华人民共和国外汇管理条例》以及货物贸易外汇管理法规规定，并已仔细阅读、知晓、理解本确认书告知和提示的外汇局监管职责。

一、依法从事对外贸易。对于本企业具有真实、合法交易基础的货物贸易外汇收支，在按规定提交有关真实、有效单证的前提下，享有根据外汇管理法规规定便利办理货物贸易外汇收支的权利。

二、对外汇局的具体行政行为包括行政处罚等，享有依法进行申诉、提起行政复议和行政诉讼等法定权利。

三、接受并配合外汇局对本企业货物贸易外汇收支进行监督检查，及时、如实说明情况并提供相关单证资料；按规定进行相关的业务登记与报告；按照外汇局分类管理要求办理货物贸易外汇收支业务。

四、若违反外汇管理法规规定，接受外汇局依法实施的包括罚款、列入负面信息名单、限制贸易信贷规模和结构、限制结算方式、对外公布相关处罚决定等在内的处理措施。

五、知晓并确认本确认书适用于货物贸易外汇收支。本企业资本项目、服务贸易等其他项目外汇收支按照相关项目的外汇管理法规规定依法办理。本确认书未尽事项，按照有关外汇管理法规规定执行；相关外汇管理法规规定发生变化的，以新的外汇管理法规规定为准。

六、本确认书自本企业签署时生效。本企业将认真学习并遵守货物贸易外汇管理法规规定，积极支持配合外汇局对货物贸易外汇收支业务的管理。

企业（公章）：

法定代表人（签字）：

年　　月　　日

A类企业出口收汇无须联网核查，进入待核查账户的资金可直接结汇或转入企业经常项目外汇账户；进口付汇单证简化，可凭进口报关单、合同或发票等任何一种能够证明交易真实性的单证在银行直接办理付汇。B类企业贸易外汇收支由银行实施电子数据核查，B类企业待核查账户的资金结汇或划出、进口付汇、开证都必须由金融机构实施电子数据核查并按规定审核相关单证后方可办理。C类企业贸易外汇收支须经外汇局逐笔登记后方可办理，C类企业待核查账户的资金结汇或划出、进口付汇、开证都必须持书面申请、收入申报单和进出口相关资料

（进出口合同、进出口货物报关单等）到所在地外汇局办理登记手续。

二、出口退税

出口退税就是将出口货物在国内生产和流通过程中缴纳的间接税退还给出口企业，使出口商品以不含税的价格进入国际市场。它是国际贸易中通常采用的，并为各国接受的一种鼓励出口货物公平竞争的税收措施。

我国出口退税退的是出口商品在国内已经缴纳的增值税和消费税。我国出口货物退税办法包括“先征后退”和“免、抵、退”。生产企业自营出口或委托代理出口的货物，一律先按照《中华人民共和国增值税暂行条例》规定的税率征税，然后由主管出口退税业务的税务机关在国家出口退税计划内按规定的退税税率审批退税。

1. 享受退税的出口货物范围

根据我国出口货物退（免）税的相关规定，对出口的凡属于已征或应征增值税、消费税的货物，除国家明确规定不予退（免）税的货物和出口企业从小规模纳税人购进并持普通发票的部分货物外，都属于出口货物退（免）税的货物范围，均应予以退还已征增值税和消费税，或免征应征的增值税和消费税。准予退（免）税的出口货物，除另有规定者外，必须同时具备以下四个条件。

（1）必须是增值税和消费税征收范围内的货物。增值税和消费税的征收范围，包括除直接向农业生产者收购的免税农产品以外的所有增值税应税货物，以及烟、酒、化妆品等 11 类列举征收消费税的消费品。

（2）必须是报关离境出口的货物。所谓出口，即输出关境，它包括自营出口和委托代理出口两种形式。凡在国内销售、不报关离境的货物，除另有规定者外，不论出口企业是以外汇还是以人民币结算，也不论出口企业在财务上如何处理，均不得视为出口货物予以退税。

（3）必须是在财务上作出口销售处理的货物。出口货物只有在财务上作出口销售处理后，才能办理退（免）税。也就是说，出口退（免）税的规定只适用于贸易性的出口货物，而对非贸易性的出口货物，如捐赠的礼品、在国内个人购买并自带出境的货物（另有规定者除外）、样品、展品、邮寄品等，因其一般在财务上不作销售处理，故按照现行规定不能退（免）税。

（4）必须是已收汇的货物。按照现行规定，出口企业申请办理退（免）税的出口货物，必须是已收外汇的货物。此外，生产企业（包括有进出口经营权的生产企业、委托外贸企业代理出口的生产企业、外商投资企业，下同）申请办理出口货物退（免）税时必须增加一个条件，即申请退（免）税的货物必须是生产企业的自产货物（外商投资企业经省级外经贸主管部门批准收购出口的货物除外）。

2. 出口退税基本程序

为加强出口退税的管理，我国实行出口收汇与出口退税信息共享机制。办理出口退税的程序如下。

（1）申请。出口企业申请出口退税，填写出口产品退税申请表，向国家税务机关提交银行出具的结汇水单、出口货物报关单（目前 A 类企业不需提交纸质报关单）、出口销售发票、出口购货发票，送当地对外经贸行政管理部门稽查签章，然后报所在地主管出口退税业务的税务机关。

（2）上报。由企业所在地主管出口退税业务的税务机关进行审核，符合条件和要求的按照税收退税审批权限，逐级上报上级税务机关。

（3）批复。企业所在地主管出口退税业务的税务机关接到上级税务机关批准的退税通知后，签发“税收收入退还书”给企业，并把退税款项划入企业的银行账户。

第二节 索赔与理赔

国际贸易涉及的面很广，情况复杂多变，在履约过程中，若在某个环节出了问题，就有可能影响合同的履行，导致一方当事人违约或毁约，给另一方当事人造成损害，从而引起争议。受损害的一方为了维护自身的权益，会向违约方提出赔偿的要求，违约方要对受害方的索赔要求进行处理。

一、违约的法律责任

合同一经成立，当事人各方即受合同的约束。任何一方不履行合同义务或不按合同规定履行合同均构成违约。对违约的处理，各国的法律和《公约》所规定的办法不尽相同，但概括起来主要有三种办法，即要求实际履行、损害赔偿和撤销合同。

《公约》规定：一方当事人违反合同的结果，如使另一方当事人蒙受损害，以致实际上剥夺了其根据合同规定有权期待得到的东西，即为根本性违约。如果另一方当事人根本违反合同，另一方当事人有权撤销合同并要求损害赔偿；如非根本违反合同，受损方只能要求损害赔偿，不能撤销合同。

微课堂
根本性违约与非根本性违约

二、索赔与理赔的含义

索赔（claim）是指受损的一方，根据合同或法律规定，向违约方提出赔偿要求的行为。而违约的一方对索赔进行处理的行为，即为理赔（claim settlement）。索赔和理赔是一个问题的两个方面。对受损方而言，称为索赔；对违约方而言，称为理赔。

索赔是处理违约的一种最常见的补救措施。此外，还可以采取退货、更换、修理、减价、延迟履行、替代履行、解除合同等方式。按照一般规定，在采取其他违约补救措施时，不影响受损方提出索赔的权利。但受损方提出索赔时可否同时要求撤销合同，则要视违约的具体情况而定。

索赔案件的发生，主要有以下原因：①卖方违约，如不交货，不按时交货，不按合同规定的品质、数量、包装等条件交货，或提供的单证与合同和信用证规定不符等；②买方违约，如不按时开证，不按时付款赎单，无理拒收货物，在买方负责运输的情况下，不按时派船或签订运输合同等；③买卖双方均有违约责任，如合同是否成立，双方国家法律规定和惯例解释不同，合同条款规定不明确，致使双方解释不一致，造成一方违约，引起纠纷。

三、索赔与理赔应注意的问题

索赔和理赔是一个问题的两个方面，受损方和违约方应本着实事求是的原则，根据相关法律的规定来解决问题。

1. 索赔需注意的问题

受损方向违约方提出索赔时应注意以下问题。

（1）注重实际，查明责任。受损方应查明对方是否确实违约，如是对方的责任，可向对方提出索赔；如是船运公司或保险人的责任，应向船运公司或保险人索赔。

（2）把握索赔期限。索赔必须在合同规定的期限内提出，若合同没有规定索赔期限，则应在相关法律规定的索赔期限内提出。如《公约》规定：如果买方不在实际收到货物之日起两年内将货物不符合合同的情形通知卖方，就丧失声称货物不符合合同的权利。

（3）确定索赔额度。如果合同规定有损害赔偿金额，按合同预先规定的金额提出索赔；如果没有规定，则根据实际损失情况确定适当的索赔金额。

（4）备齐索赔单证。索赔单证一般包括提单、发票、保险单、装箱单、磅码单、商检机构出具的货损检验证书或由船长签署的短缺残损证明，以及索赔清单。

2. 理赔应注意的问题

违约方在处理索赔事件时应注意以下问题。

（1）对方的索赔理由是否充足、属实。

（2）对方的索赔单证是否齐全、清楚，有无夸大损失等。

（3）合理确定赔付办法，如赔付部分货物、退货、换货、补货、修整、赔付一定金额、对索赔货物给予价格折扣或按残损货物百分比对全部货物降价等办法。

导入案例分析

导入案例中A公司可以拒绝赔偿，理由如下。

（1）因为买方索赔的时间已超过了索赔期限。双方在合同中规定，货到目的港后30天内检验。尽管这是一个买方复验的期限，但实质上也是索赔的期限。而德国客户却在半年后才向A公司提出索赔，显然该索赔已超过索赔的期限。因此，按照有关法律，德国客户已丧失了向A公司索赔的权利。

（2）德国客户索赔理由不够合理。尽管索赔文件中声称有70%的货物已锈损，但客户无法证明这些锈损是装船前就已经存在的，还是装船后才发生的。按照CFR条件成交，买卖双方的风险划分以货物在装运港装上船为界。因此，卖方只承担货物装船前锈损的风险，而装上船后发生的货物锈损风险只能由买方自己承担。

在本案例中，买方已按期凭单支付了货款，这说明卖方提交的交货单据是齐全合格的，同时也说明了卖方装上船的货物是符合合同要求的。因此，货物发生的70%的锈损可能是装上船后形成的。在这种情况下，买方除非能证明这种锈损是货物本身固有的瑕疵所致，否则卖方将不承担任何责任。

（3）德国客户提供的索赔依据不符合要求。一般情况下，当双方规定在货到目的港后××天内检验时，买方提供的检验证书应由目的港的检验机构出具。而就本案例而言，买方提供的检验证书却是德国内地的检验机构出具的，此索赔依据显然不符合要求，这也容易使人产生联想，认为这批货物的锈损，可能是买方自己在接受货物后和上市销售前因保管不善所致。因此，这份索赔文件的依据是不充分的，卖方是有理由拒赔的。

四、买卖合同中的索赔条款

国际货物买卖合同的索赔条款有两种规定方式：一个是异议和索赔条款（discrepancy and

claim clause）；另一个是罚金条款（penalty clause）。

（一）异议和索赔条款

异议和索赔条款的内容，主要包括索赔依据和索赔期限等。

1. 索赔依据

索赔依据是指索赔时应提供的证据及出证机构。索赔依据包括法律依据和事实依据。法律依据是指合同和法律规定，当事人在对违约事实提出索赔时，必须符合有关国家法律的规定。事实依据是指违约的事实、情节及其证据，是提出索赔要求的客观基础。

2. 索赔期限

索赔期限是指受损方向违约方提出索赔的有效时限。在规定的期限内，受损方有权向违约方提出索赔，过了规定的期限，受损方就无权向违约方提出索赔。因此，对索赔期限的规定很重要。索赔期限的确定有以下两种方法。

（1）约定索赔期限。约定索赔期限是指买卖双方在合同中明确规定索赔期限。索赔期限不宜规定得过长，也不宜规定得太短。规定索赔期限时，需对索赔期限的起算方法作出具体规定，通常有以下几种起算方法：①货物到达目的港后××天起算；②货物到达目的港卸离海轮后××天起算；③货物到达买方营业场所或用户所在地后××天起算；④货物经检验后××天起算。

（2）法定索赔期限。法定索赔期限是指合同适用的法律规定的索赔期限。法定索赔期限一般比较长。例如，《公约》规定的索赔期限为自买方实际收到货物之日起两年内；我国《合同法》规定的索赔期限为自当事人知道或应当知道其权利受到侵犯之日起四年内。法定索赔期限只有在买卖合同中未规定索赔期限时才起作用。在法律上，约定索赔期限的长度可以超过法定索赔期限。

（二）罚金条款

罚金条款亦称违约金条款或罚则，是指在合同中规定，如一方未履约或未完成履约，其应向对方支付一定数额的约定罚金，以弥补对方的损失。罚金，就其性质而言是违约金，一般适用于卖方拖延交货、买方拖延接货和延迟开立信用证等情况。罚金多少视延误时间长短而定，并规定有最高的罚款金额，违约方被罚后仍须履行合同。如不履行合同，除罚金外，违约方还要承担由于不履约而造成的各种损失。

思考与训练 10.1

某出口公司以CIF鹿特丹价格出口食品1 000箱，采取即期信用证付款方式。货物装运后，出口公司凭已装船清洁提单和已投保一切险和战争险的保险单向银行收妥货款。货到目的港后经进口商复验发现下列情况。

（1）该批货物共有10个批号，抽查20箱，发现其中2个批号涉及200箱的货物内含有的沙门氏细菌超过进口国标准。

（2）收货人只实收998箱，短少2箱。

（3）有15箱货物外表状况良好，但箱内货物共短少60千克。

试分析以上情况，进口商应分别向谁索赔？并说明理由。

第三节 不可抗力

不可抗力（force majeure）又称人力不可抗拒，是指签订买卖合同后，不是由于合同当事人的过失或疏忽，而是由于发生了合同当事人无法预见、无法预防、无法避免和无法控制的事件，以致不能履行或不能如期履行合同。发生不可抗力事件的一方可以免除履行合同的责任或者延迟履行合同。

一、不可抗力事件的认定

不可抗力事件是指当事人在订立合同时不能预见、对其发生和后果不能避免并且不能克服的事件。

1. 不可抗力事件的构成条件

构成不可抗力事件应当具备以下三个条件：①意外事件必须发生在合同成立之后；②意外事件不是由于合同当事人的过失或疏忽造成的；③意外事件的发生及其后果是当事人无法预见、无法控制、无法避免和无法克服的。

2. 不可抗力事件的范围

不可抗力事件通常包括两种情况。

（1）自然力事件。该事件是指人类无法控制的自然界力量所引起的灾害，如水灾、火灾、风灾、旱灾、雨灾、冰灾、雪灾、雷电和地震等。

（2）社会力事件（政府行为事件和社会异常事件）。政府行为事件是指合同成立后，政府当局发布了新的法律、法规和行政禁令等，致使合同无法履行。社会异常事件是指战争、罢工、暴动、骚乱等事件，给合同履行造成障碍。

并非所有自然原因和社会原因引起的事件都属于不可抗力事件，如汇率变化、价格波动等正常贸易风险，或如怠工、工厂关闭、船期变更等都不属于此范围。

二、不可抗力的法律后果

不可抗力事件发生后所引起的法律后果，主要有两种：一是解除合同；二是延迟履行合同。至于什么情况下可以解除合同，什么情况下不能解除合同只能延迟履行合同，应视不可抗力事件对履行合同的影响程度而定，也可以由双方当事人通过协商在买卖合同中加以规定。一般可以遵循的原则是：如果不可抗力事件的发生使合同履行成为不可能，则可解除合同；如果不可抗力事件只是暂时阻碍了合同的履行，则只能延迟履行合同。

不管是解除合同还是延迟履行合同，发生不可抗力事件的一方无须向对方承担损害赔偿的责任。但需注意《公约》对免责有效期间的规定，不可抗力事件的免责“对障碍存在的期间有效”。若合同未经双方同意宣告无效，则合同关系继续存在，一旦履行障碍消除，双方仍须继续履行合同义务。

三、不可抗力事件的处理

我国《合同法》规定：当事人一方因不可抗力不能履行合同的，应当及时通知对方，以减轻可能给对方造成的损失，并应当在合理期限内提供证明。即不可抗力事件发生后，不能履约的一方必须及时通知另一方，并提供必要的证明文件，并在通知中提出处理意见，否则，不予免责并自负后果。例如，合同中可规定“一方遭受不可抗力事件之后，应以电信方式，并应在 15 天内以国际快递方式提供事故的详细情况及其对合同履行影响程度的证明文件”条款。

在境外，出具证明的机构通常是事故发生地的商会、公证机构或政府主管部门。在我国，则由中国国际贸易促进委员会出具证明文件。

四、国际货物买卖合同中不可抗力条款的表述

不可抗力条款属于免责条款，为了避免当事人之间产生纠纷，防止一方当事人任意扩大或缩小对不可抗力事件范围的解释，或在不可抗力事件发生后在履约方面提出不合理要求，买卖双方应在买卖合同中对不可抗力条款作出尽可能明确、具体的规定。

不可抗力条款的中英文示例如下：

由于战争、地震、火灾、水灾、雪灾、暴风雨或其他不可抗力事件，致使卖方不能全部或部分装运或延迟装运合同货物，卖方对于这种不能装运或延迟装运本合同货物不负有责任。但卖方须用电信方式通知买方，并应在 15 天内通过国际快递向买方提供由中国国际贸易促进委员会出具的证明此类事件的证明书。

If the shipment of contracted goods is prevented or delayed in whole or in part by reason of war, earthquake, fire, flood, heavy snow, storm or other causes of force majeure, the seller shall not be liable for nonshipment or late shipment of the goods of this contract. However, the seller shall notify the buyers by teletransmission and furnish the letter within 15 days by international courier service with a certificate issued by the China Council for the Promotion of International Trade attesting such event or events.

思考与训练 10.2

我国某企业与某外商按国际市场通用规格订约进口某化工原料。订约后不久，市价明显上涨。交货期限届满前，外商生产该化工原料的工厂失火被毁，外商遂以工厂火灾属不可抗力事件为由要求解除其交货义务。对此，我方企业应如何处理？为什么？

第四节 仲 裁

在国际货物贸易中，买卖双方如在合同履行过程中因种种原因发生争议，解决争议的一般方式有协商、调解、诉讼和仲裁。本节介绍仲裁这种争议解决方式。

一、仲裁的含义及特点

仲裁（arbitration）是指双方当事人通过协议，自愿将有关争议交给双方同意的仲裁机构进

行裁决，裁决的结果对双方都有约束力。

与诉讼相比，采用仲裁方式解决争议具有以下特点。

（1）双方当事人可以选择仲裁员。仲裁员通常是各行业资深的专家、学者或者知名人士，其裁决案件较为中肯和及时。

（2）仲裁机构是非官方机构，审理案件不受外界干扰，可以有效地保证裁决的公正性，这就进一步增强了当事人对采用仲裁方式解决争议案件的信心。

（3）仲裁案件的审理一般不公开，可以有效地保守商业机密、维护当事人的商业信誉。

（4）仲裁程序比诉讼程序简单，而且仲裁裁决一般都是终局性的。因此，采用仲裁方式解决争议通常比诉讼要迅速、及时，而且，当事人所支出的仲裁费用也较低。

（5）跨国仲裁的裁决执行起来比较有保障。

二、仲裁协议的形式和作用

仲裁协议（arbitration agreement）是指有关当事人自愿将已经发生或可能发生的争议提交仲裁机构解决的书面协议。

1. 仲裁协议的形式

仲裁协议有以下三种形式。

（1）合同中的仲裁条款（arbitration clause）。该类协议是指争议发生之前订立的，买卖双方同意将可能发生的争议提交仲裁裁决的协议。这种协议一般作为合同条款包含在买卖合同中。

（2）提交仲裁的协议（submission arbitration agreement）。该类协议是指争议发生之后订立的，买卖双方同意将已经发生的争议提交仲裁裁决的协议。这种协议既可以采用协议书的形式，也可以采用双方的往来函电、传真和电子邮件等可以有形表现所载内容的形式。

（3）援引（reference）式仲裁协议。该类协议是指争议发生之前或之后，通过援引方式达成的仲裁协议，即当事人不直接拟定协议的具体内容，而只是同意将有关争议按照某公约、双边条约、多边条约或标准合同中的仲裁条款所述内容进行仲裁。

2. 仲裁协议的作用

仲裁协议的作用体现在以下三个方面。

（1）约束双方解决争议的行为。当事人不能随意改变仲裁协议中规定的仲裁机构或地点。同时，协议也是提交仲裁的依据，没有仲裁协议不能提交仲裁。

（2）授予仲裁机构对仲裁案件的管辖权。超出仲裁协议约定范围的，仲裁机构不能审理。

（3）排除法院对有关争议案件的管辖权。凡有仲裁协议的，双方只能以仲裁方式解决，不得向法院起诉。

上述作用中最关键的是第三条，即排除法院对有关争议案件的管辖权。如果一方违反仲裁协议，自行向法院提起诉讼，另一方可根据协议要求法院停止司法诉讼程序，把争议案件发还仲裁机构处理。如一方当事人对仲裁裁决不服，向法院起诉或上诉，法院一般也不受理。

虽然上述三种不同形式的仲裁协议在法律上具有相同的效力，但是在实际业务中，如果买卖双方在争议发生前没有在合同中订立仲裁条款或没有以援引的方式签订仲裁协议，那么，一旦发生争议，由于双方处于对立的地位，往往很难达成仲裁协议，一方当事人很可能向法院起诉。因此，如果当事人不愿意将日后可能发生的争议通过司法诉讼予以解决，而是希望交付仲裁，就应该在买卖合同中加列仲裁条款，以免争议真的发生后，双方因不能达成提交仲裁的协议而不得不诉诸法院。

三、买卖合同中的仲裁条款

国际买卖合同中的仲裁条款通常包括仲裁范围、仲裁地点、仲裁机构、仲裁程序与规则、仲裁效力、仲裁费用等内容。

1. 仲裁范围

仲裁范围是指当事人提交仲裁解决的争议范围，也是仲裁庭依法管辖的范围。当日后争议超出规定的仲裁范围时，仲裁庭无权受理。所以，在仲裁协议中一般都规定将有关合同的一切争议事项都提交仲裁。

2. 仲裁地点

仲裁地点是指仲裁所选择的地点，一般是指仲裁的所在国。交易双方一般都愿意在本国仲裁，这是因为以下两点：一是当事人对本国仲裁机构和有关程序规则比较了解，且没有语言障碍，还可以节省费用；二是仲裁地点与仲裁所适用的程序法，甚至与买卖合同所适用的实体法都有着密切的关系。根据许多国家法律的解释，凡属于程序方面的问题，一般都适用审判地法律，即在哪个国家仲裁，如果没有相反的规定，就适用哪个国家的仲裁法规。至于确定双方当事人权利与义务的实体法，如果合同中未作其他的规定，一般由仲裁员根据仲裁地点所在国的法律冲突规则予以确定。由此可见，选择不同的仲裁地点，仲裁所适用的法规就有可能不同，对买卖双方权利与义务的解释也就有所差异。

在我国订立进出口合同的仲裁条款时，关于仲裁地点的规定，应首先力争在我国仲裁，如争取不到在我国仲裁，可以选择在对方所在国仲裁或规定在双方同意的第三国仲裁。

3. 仲裁机构

仲裁机构是指受理案件并作出裁决的机构。一种是临时仲裁机构，另一种是常设仲裁机构。

（1）临时仲裁机构，它是指由争议双方共同指定的仲裁员自行组成的临时仲裁庭。它是为审理某一具体案件而组成的，案件审理完毕，仲裁庭自动解散。

（2）常设仲裁机构，它是指根据一国的法律或者有关规定设立的，有固定名称、地址、仲裁员设置和具备仲裁规则的仲裁机构。世界上很多国家都设有从事国际商事仲裁的常设机构，如斯德哥尔摩商会仲裁院（Arbitration Institute of Stockholm Chamber of Commerce）、美国仲裁协会（American Arbitration Association）等。中国国际经济贸易仲裁委员会（China International Economic and Trade Arbitration Commission）是我国的常设涉外经济贸易仲裁机构，仲裁委员会设在北京，在深圳和上海分别设有分会。

明确了仲裁地点，买卖双方还应在合同中对仲裁机构加以确定。选用哪种仲裁机构，取决于双方当事人的共同意愿。选用常设仲裁机构时，应考虑其信誉、仲裁规则的内容、费用、所用语言等因素。如果仲裁地点无常设仲裁机构，或者双方为解决特定争议而愿意指定仲裁员专审争议案件时，当事人可选用临时仲裁机构予以仲裁。

4. 仲裁程序与规则

仲裁程序与规则是指进行仲裁的程序和具体做法，包括如何提交仲裁申请、如何进行答辩、如何指定仲裁员、如何组成仲裁庭、如何进行仲裁审理、如何作出裁决及如何交纳仲裁费等。这为当事人和仲裁员提供了一套仲裁时的行为准则，以便在仲裁时有所遵循。

一般情况下，在哪个仲裁机构仲裁，就应遵守哪个机构的仲裁规则。但也有不少国家允许选用仲裁地点以外的仲裁规则，但以不违反仲裁地国家仲裁法的规定为前提。至于临时仲裁机构适用的仲裁规则，则由当事人自行约定。

5. 仲裁效力

仲裁效力是指仲裁机构所作的裁决对双方当事人是否有约束力、是否是终局性的及能否向法院上诉要求变更裁决等。

多数国家都规定，仲裁裁决具有终局效力，对双方均具约束力，任何一方都不得向法院起诉要求变更。只有在发现仲裁员未按仲裁规则审理案件时，法院才可撤销裁决。仲裁裁决作出后，如果败诉方拒不履行仲裁裁决，而仲裁机构又不具有强制执行的权力，胜诉方可以向法院提出申请，要求强制执行。

6. 仲裁费用

仲裁费用一般由败诉方承担，但也可由仲裁庭酌情决定。

合同中的仲裁条款，可表达如下：

凡因执行本合同所发生的或与本合同有关的一切争议，双方应通过友好协商解决，如通过协商无法达成解决方案，应提交××国××地××仲裁机构，并根据其仲裁程序规则进行仲裁，仲裁裁决是终局性的，对双方都具有约束力，仲裁费用由败诉方承担。

All disputes arising out of performance of, or relating to this contract, shall be settled amicably through friendly negotiation. In case no settlement can be reached through negotiation, the case shall then be submitted to … for arbitration, in accordance with its rules of arbitration. The arbitral award is final and binding upon both parties. The charges arising from the arbitration shall be undertaken by the losing party.

思考与训练 10.3

我国某公司与外商订立一项出口合同，其中明确规定了仲裁条款，约定在履约过程中如果发生争议，在中国由中国国际经济贸易仲裁委员会进行仲裁。后来，双方在商品的品质方面发生争议，对方在其所在地法院起诉我方公司。法院发来传票，要求我方公司出庭应诉。对此，你认为我方公司该如何处理？理由是什么？

自测题

一、单项选择题

1. 根据我国相关外汇管理条例及文件的规定，下列表述不正确的是________。

A. 核查期内企业遵守外汇管理相关规定，且贸易外汇收支经外汇局非现场或现场核查情况正常的，可被列为A类企业

B. A类企业待核查账户的资金可直接结汇或转入企业经常项目外汇账户；进口付汇可凭任何一种能够证明交易真实性的单证在银行直接办理付汇

C. B类企业待核查账户的资金结汇或划出、进口付汇、开证都必须由金融机构实施电子数据核查并按规定审核相关单证后方可办理

D. C类企业不能从事进出口业务及贸易外汇收付

2. 当卖方遭遇不可抗力事件时，按照法律和惯例________。

A. 直接要求免除交货责任

B. 只能延展交货日期

C. 可以减少交货的数量

D. 有时可以免除交货责任，有时可以延展交货日期，视具体情况而定

3. 下列因素中，________不是不可抗力因素。

A. 政府禁令　　B. 发生地震　　C. 市价跌落　　D. 战争因素

4. 仲裁协议是仲裁机构受理争议案件的必要依据。仲裁协议________达成。

A. 必须在争议发生之前

B. 既可以在争议发生之前，也可以在争议发生之后

C. 只能在争议发生之后

D. 必须在争议发生的进程中

5. 向卖方提出索赔的最长时效，按《联合国国际货物销售合同公约》的规定，为买方收到货物之日起不超过________年。

A. 1　　B. 2　　C. 3　　D. 4

二、多项选择题

1. 在一般的贸易合同中，索赔条款一般包括的内容有________。

A. 索赔的法律依据和事实依据　　B. 罚金条款

C. 索赔期限　　D. 买卖双方违约的情况

2. 下列说法中对仲裁描述正确的有________。

A. 双方当事人要把争议交由仲裁庭解决的话，必须在合同中签订仲裁条款或提交仲裁协议

B. 仲裁裁决是终局性的，当事人不能向法院上诉

C. 仲裁机构对争议具有强制管辖权

D. 仲裁庭必须公开审理案件，并公开裁决结果，以便双方当事人执行

3. 国际贸易中解决争议的方式有多种，其中建立在有第三方参与并自愿基础上的有________。

A. 协商　　B. 调解　　C. 仲裁　　D. 诉讼

4. 构成不可抗力的基本条件为________。

A. 意外事故必须发生在合同签订之后

B. 意外事故不是因为合同双方当事人自身的过失或疏忽而导致的

C. 意外事故是双方当事人所不能控制的、无能为力的

D. 意外事故是当事人能预见的

5. 我国出口货物退税办法包括________。

A. 先征后退　　B. 先征不退　　C. 免、抵　　D. 免、抵、退

三、判断题

1. 某公司与外商签订一份进口货物合同后，因国际市场中该商品价格猛涨，外商按国际惯例援引不可抗力条款，要求解除合同责任，某公司应同意接受。(　　)

2. 在国际货物买卖中，如果交易双方愿意将履约中的争议提交仲裁机构裁决，则必须在买卖合同中订立仲裁条款，否则仲裁机构将不予受理。(　　)

3. 我方出口合同中规定买方复验商品质量/数量（重量）的期限，就是买方可向我方提出索赔的期限，超过约定期限的索赔，在法律上无效。(　　)

4. 仲裁裁决是终局性的，败诉方不能向法院提出上诉。(　　)

5. 买卖双方已经签署仲裁协议，如执行合同过程中发生仲裁协议范围内的争议，则双方只能以仲裁方式解决，任何一方不得向法院起诉。(　　)

四、案例分析题

1. A 公司从国外 B 公司进口机器一台，合同规定索赔期限为货物到达目的港后 30 天。货到目的港卸船后，因 A 公司厂房尚未建好，机器无法安装试车。半年后厂房完工，机器安装完毕并进行试车，此时 A 公司发现机器不能正常运转。经过商检机构的检验证明该机器是旧货，于是 A 公司向 B 公司提出索赔，但 B 公司拒绝赔偿，A 公司因此遭受了巨大的经济损失。

请问我们应从中吸取什么教训？

2. 某出口商以 CIF 条件出口货物一批，合同规定装运期为 10/11 月（shipment during Oct./Nov.）。10 月 20 日，出口国政府公布一项条例，规定从 11 月 1 日起，除非有特别许可证，否则禁止该类货物出口。卖方未能装运货物，于是买方请求赔偿损失。

请问在此案中，卖方是否可以免除其交货义务？为什么？

课后阅读资料

10.1 报关单的计量单位有误而影响正常退税

A 公司在某年委托其客户指定的船公司出口近 50 万美元的货物，涉及 50 多万元人民币的出口退税。具体情况是，由于 A 公司采购时是以“盒”为单位采购的，A 公司提供的报关单上也是注明“500 000 BOXES”，所以工厂的增值税发票也是以“盒”为单位。由于船公司在重新填写报关单时将“BOXES”漏打，只标明“6 000KGS”，因此海关计算机上该产品的数量为“6 000 千克”，导致报关单上的内容与发票上的数量和单位不同，A 公司不能正常退税。A 公司要求船公司办理改单（修改报关单据），即在品名下注明“500 000 BOXES”，但是船公司一再拖延，导致 A 公司无法办理退税手续。A 公司不断催促船公司办理改单，考虑到手续麻烦，需要较长时间，便要求对方必须在 3 个月内将改后的单据退还，否则要其承担由于不能正常退税造成的相关经济损失。3 个月后，总算了结此案。

10.2 国际货物买卖中双方的履约先后问题

申请人A公司与被申请人B公司签订了花生仁买卖合同，由申请人向被申请人提供每盎司标准粒数为40/50的中国产花生5 000吨，价格为每吨715美元FOB天津，总金额3 575 000美元，支付方式为由买方在装船期前15天开出不可撤销、可转让信用证，装运期为某年4月至5月。

申请人诉称：合同签订后，申请人按规定积极备货，于3月及5月期间与被申请人共同看货，以便被申请人及早开出信用证，但被申请人没有开证。5月31日，被申请人以所剩时间来不及安排装船为由宣布解除其合同项下的义务。申请人仍希望继续履行合同，直至6月30日双方谈判破裂。申请人遂提出索赔，并宣告合同解除。申请人认为，在FOB合同项下，申请人只有义务在货物装船时保证所交货物的质量、规格符合合同的规定，没有义务在卖方未开证、未派船的情况下履行上述义务。被申请人不履行其开证、派船的义务是根本性违约。申请人因被申请人没有开立信用证，被迫将花生榨成油后变卖，造成巨大损失，因此，被申请人应赔偿申请人全部5 000吨花生仁的利润损失和其他损失。

被申请人答辩指出：合同签订之后，被申请人一再催促申请人应在合同规定的装船期之前备妥货物以便检验，并由被申请人开证。申请人于3月、5月期间与被申请人共同验货，但检验结果不符合合同标准，直至5月30日，申请人曾再次请求被申请人验货。这一事实证明，被申请人与申请人在长期贸易关系中已确立了被申请人开证时间应为双方共同验货合格后的合理时间的惯例。双方订立合同时对此均有明确表示，其作为双方长期合作的惯例一直被双方作为默示条件而遵照执行。因此，被申请人没有开证完全是申请人没有备妥合同规定的货物所致。被申请人没有违约。

仲裁结果：仲裁庭裁决被申请人赔偿因其根本性违约而给申请人造成的合理损失52 200美元，驳回申请人的其他请求。

案例分析

（1）当事人之间的习惯操作不能对抗合同的明文规定。此案中，双方对于被申请人没有开证这一事实没有异议，其争议在于这一事实是否违约。

合同规定的价格条款是FOB天津，合同中没有关于被申请人开证时间应为双方共同验货合格后的合理时间的约定，相反，却明文规定买方应在装运期前15天开出信用证。无论双方在以往的长期合作中是否有先验货后开证的习惯，如果合同有明确的相关规定，即构成明示的约定，明示的约定自然取代对默示的推定。故被申请人应根据合同，在装运期前15天开出信用证。被申请人没有依约履行义务，并于5月31日传真申请人宣布解除合同，已构成对合同的根本违反，应承担违约责任。

（2）合同价格与时价之差为合理的利润损失。根据《公约》第77条的规定：声称另一方违反合同的一方，必须按情况采取合理措施，减轻由于另一方违反合同而引起的损失，包括利润方面的损失；如果他不采取这种措施，违反合同一方可以要求从损害赔偿中扣除原可以减少的损失数额。在被申请人明显违约的情况下，申请人应采取合理的措施将货物按照当时的市价转卖，以减少损失数额。合同规定的价格与时价之差应当是申请人合理的、直接的损失。被申请人应对申请人的这一损失负责赔偿。申请人未能及时转卖货物，而是将货物榨油后变卖，因此而扩大的损失，应由申请人自行承担。

附 录

自测试卷（含答案）

A 卷

B 卷

章后自测题参考答案

更新勘误表和配套资料索取示意图

更新勘误及意见建议记录表

说明 1：自测试卷和章后自测题参考答案为学习参考资料，读者扫描二维码后可直接查看。

说明 2：本书配套教学资料存于人邮教育社区（www.ryjiaoyu.com），资料下载有教师身份、权限限制（身份、权限需网站后台审批，参见示意图）。

说明 3：“用书教师”，是指为学生订购本书的授课教师。

说明 4：本书配套教学资料将不定期更新、完善，新资料会随时上传至人邮教育社区本书相应的页面内。

说明 5：扫描二维码可查看本书现有“更新勘误记录表”“意见建议记录表”。如发现本书或配套资料中有需要更新、完善之处，望及时反馈，我们将尽快处理！

咨询邮箱：13051901888@163.com

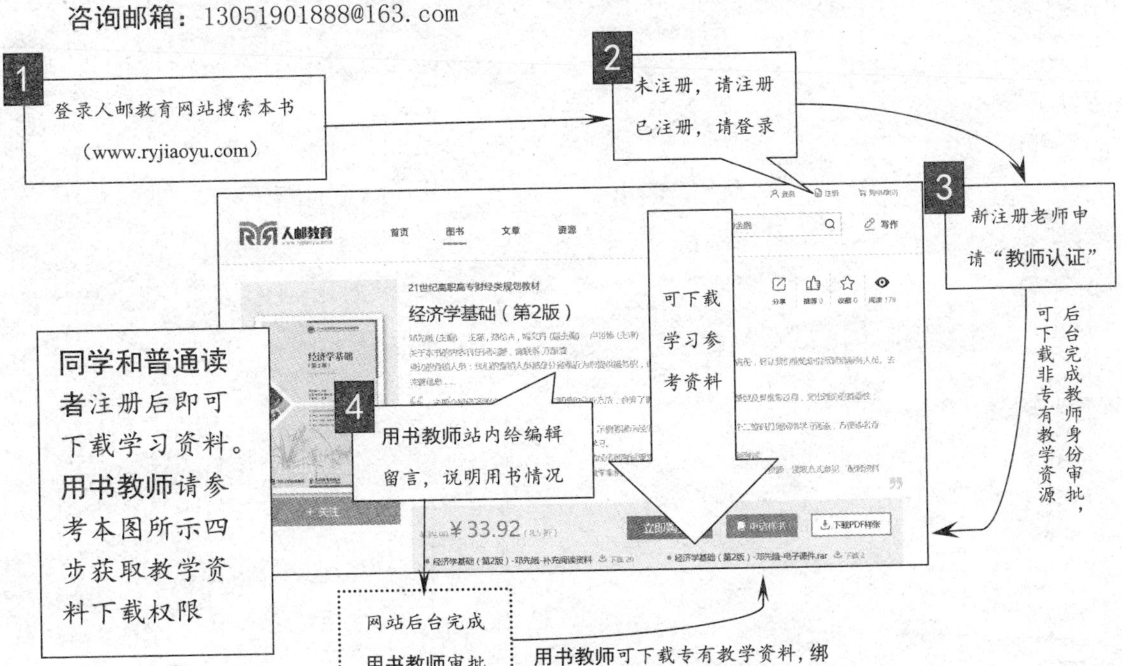

主要参考文献

[1] 国际商会中国国家委员会，2006. ICC 跟单信用证统一惯例（UCP600）[M]. 北京：中国民主法制出版社.

[2] 国际商会中国国家委员会，2013. 关于审核跟单信用证项下单据的国际标准银行实务（ISBP745）[M]. 北京：中国民主法制出版社.

[3] 姜宏，2015. 进出口业务操作 [M]. 北京：清华大学出版社.

[4] 李晓红，吴沙沙，2015. 国际贸易实务[M]. 大连：东北财经大学出版社.

[5] 刘德标，2009. 外贸实务案例精华 80 篇[M]. 北京：中国海关出版社.

[6] 刘文广，张晓明，2006. 国际贸易实务[M]. 北京：高等教育出版社.

[7] 王洪梅，2018. 报关实务[M]. 北京：北京邮电大学出版社.

[8] 杨茅甄，2015. 集装箱运输实务[M]. 北京：高等教育出版社.

[9] 毅冰，2018. 外贸高手客户成交技巧 [M]. 北京：中国海关出版社.

[10] 曾理，赵崎，2016. 报检实务与操作[M]. 北京：清华大学出版社.

[11] 中国国际商会/国际商会中国国家委员会，2020. 国际贸易术语解释通则 2020[M]. 北京：对外经济贸易大学出版社.

[12] 邹建华，王燕萍，2016. 国际贸易实务[M]. 北京：高等教育出版社.